清华大学地区研究丛书·译著 IIAS
Area Studies Book Series, Tsinghua University-Translation

姜景奎　张　静　主编

21世纪的经济发展

来自非洲历史的经验

Economic
Development in the
Twenty-first Century

Lessons for Africa
Throughout History

［加纳］马修·科菲·奥克伦　著
（MATTHEW KOFI OCRAN）

杨崇圣　王书剑　朱鹏飞　译

中国社会科学出版社

图字：01－2021－2713 号

图书在版编目（CIP）数据

21 世纪的经济发展：来自非洲历史的经验／（加纳）马修·科菲·奥克伦著；
杨崇圣，王书剑，朱鹏飞译.—北京：中国社会科学出版社，2024.5

书名原文：Economic Development in the Twenty-first Century：Lessons for Africa
Throughout History

ISBN 978－7－5227－3682－2

Ⅰ.①2…　Ⅱ.①马…②杨…③王…④朱…　Ⅲ.①经济史—研究—非洲
②世界经济—经济发展—研究　Ⅳ.①F140.9②F113.4

中国国家版本馆 CIP 数据核字(2024)第 109031 号

First published in English under the title
Economic Development in the Twenty-first Century：Lessons for Africa Throughout History
by Matthew Ocran, edition：1
Copyright © Matthew Kofi Ocran, 2019
This edition has been translated and published under licence from
Springer Nature Switzerland AG.

出 版 人　赵剑英
责任编辑　黄　晗
责任校对　党旺旺
责任印制　王　超

出　　版　中国社会科学出版社
社　　址　北京鼓楼西大街甲 158 号
邮　　编　100720
网　　址　http：//www.csspw.cn
发 行 部　010－84083685
门 市 部　010－84029450
经　　销　新华书店及其他书店

印　　刷　北京君升印刷有限公司
装　　订　廊坊市广阳区广增装订厂
版　　次　2024 年 5 月第 1 版
印　　次　2024 年 5 月第 1 次印刷

开　　本　710×1000　1/16
印　　张　20
字　　数　288 千字
定　　价　108.00 元

系列主编

邓 钢

伦敦政治经济学院

伦敦，英国

《帕尔格雷夫经济史研究系列》旨在阐明和丰富我们对过去不同经济体和经济现象的理解。该系列涉及的主题非常广泛，包括金融史、劳工史、发展经济学、商业化、城市化、工业化、现代化、全球化，以及世界经济秩序的变化。

更多该系列的信息，请访问：http：//www. palgrave. com/gp/se-ries/14632。

献给我的父母，
感谢他们的爱与付出

前言和致谢

　　本书的写作始于 2015 年。最初的想法源于我 2014 年年底的教授就职演讲，当时演讲的重点是非洲经济发展挑战背景下的资源民族主义。作为讲座准备工作的一部分，我清楚地认识到，对 21 世纪的经济发展成功案例进行更具时代性的讨论是非常有必要的，这能为非洲的政策选择提供参考。因此，本书的目的是将非洲的经济发展论述置于经济史中。本书的写作基于非洲史学以及 21 世纪经济发展的事实、理论和证据等的演变。此外，本书还对特定东亚国家令人惊叹的经济发展成功经验进行了考察，并尝试为非洲总结出经验教训。虽然本书无意成为一项理论研究，但就政策选择而言，本书所涉及的主题和探讨的观点对非洲的发展经济学具有理论意义。

　　在过去的四个世纪里，非洲的经济发展经历可谓是一波三折。但值得反思的是，对于独立后经济发展成果的惨淡，相关讨论在本质上往往是非历史的。虽然 20 世纪 60 年代独立后的第一批非洲领导人实行了部分错误的政策，并导致这些国家容易受到国际经济冲击，但将原因完全归咎于政策失误是无益的。我在书中认为，历史遗留问题和国际经济秩序的现实情况在一定程度上导致了经济发展的不良结果。因此，在不考虑非洲特殊历史和 21 世纪国际经济秩序的情况下就提出刺激长期经济增长和发展的政策建议是错误的。从本质上讲，经济发展理论必须同历史经验教训和近期在经济发展方面取得长足进步的国家经历相符。在此，东亚的经验很有启发意义。

　　在本书的写作过程中，我得益于许多人的鼓励和帮助。首先，我要感谢《帕尔格雷夫经济史研究系列》主编、伦敦经济学院的邓钢（Kent Deng）教授。他在本书写作的各个关键阶段都提出了重要的意见和建议。同时，我也要感谢匿名审稿人在初期提出的意见。其次，我要感谢帕尔格雷夫·麦克米伦公司的劳拉·佩西（Laura Pacey）和她的同事克拉拉·希思科克（Clara Heathcock），感谢她们在写作期间对我的耐心和支持。

马修·科菲·奥克伦

开普敦，南非

2018 年 11 月

目　　录

第一部分
总体背景和治理问题

第一章

为何历史在非洲的经济发展
叙事中如此重要？

第一节 引言

非洲的经济发展叙事是人们极为关切的问题之一，尤其是相较于世界其他地区来说。然而，必须指出的是，非洲并非总是贫穷的。非洲大陆当前的贫穷及其与西方和世界上其他富裕国家的巨大差异，可以追溯到 15 世纪以来的"改变游戏规则"的事件。尽管如此，必须指出的是，在国际社会其他国家，尤其是发达国家的支持下，非洲国家自身在过去 60 年里已经做出了审慎的努力以发展其经济。以前将非洲国家和政体视为可以促进本国发展型企业的资源库的发达国家开始关注非洲的经济发展问题。事实上，经过 400 年的奴役和殖民化，非洲以自己的思维方式充分参与全球市场促进经济发展的能力似乎受到了严重损害。这是一个笔者将在本书后续章节中进一步探讨的问题。

因此，从 15 世纪开始，非洲被大量剥削以为世界农业经济提供急需的劳动力，特别是新建立的美洲殖民地。把非洲人作为商品进行大规模贸易始于中世纪末期，导致在将近 400 年的时间里从非洲大陆迁移和运输的人口超过了 1300 万。① 这种贸易肇始于葡萄牙人，

---

① 在跨大西洋奴隶贸易期间，从非洲运走的奴隶的确切数量很难确定。然而，各种可靠的消息来源表明，估计数在 1100 万至 1500 万之间；因此，声称实际数量在 1300 万左右是有益的。参见 Dunbar（1861）、Curtin（1969）、Inikori（1976）和 Rawley（1981），以及 Lovejoy（1982）对各种估计的综述。

教皇赐予了他们在非洲大陆进行贸易的垄断权，① 但是后来其他一些欧洲国家也加入其中。参与非洲奴隶贸易的主要欧洲国家包括西班牙、英国、法国、荷兰、丹麦和瑞典。非洲奴隶被贩卖到南美洲、加勒比海和北美洲等欧洲领地内的甘蔗种植园、矿场以及家庭中工作。

尽管跨大西洋奴隶贸易被认为在非洲人贸易总额中占据了最大份额，但众所周知的是，在更早以前，撒哈拉沙漠和印度洋之间就已经存在非洲人贸易。②

在19世纪非洲奴隶贸易废除之后，非洲大陆再次成为北方强国新一轮争夺的对象，在此期间，非洲大陆作为殖民地被瓜分。在1885年那场臭名昭著的、被称作"瓜分非洲"的柏林会议上，国家边界被重新划定，并强加于非洲大陆。奴隶贸易的主要国家——英国、法国、西班牙和葡萄牙，再次领导了殖民化进程。③ 在这一时期，非洲在全球经济中的参与开始被边缘化。虽然非洲大陆的黄金和其他大量珍贵矿产资源不断被开采，但是非洲经常受到破坏。唯一一段属于非洲自己管理自己的事务，而且很少受外界干扰的时期是中世纪之前的那段时期。同样值得注意的是，除了一条横跨北非的狭长地带，也就是今天的北非南部属于罗马帝国的统治之外，非洲大陆剩余部分处于无数个土著帝国的管辖之下，与欧洲的大部分地区相似。

到了19世纪末，非洲大部分已经被瓜分，并且被置于殖民权力的牢固控制之下。实际上，很多时候，人们有意识地努力确保殖民地不仅成为宗主国工业原材料的来源，而且成为宗主国商品的市场。因

---

① 1454年，教皇尼古拉五世通过一项教皇诏书或法令授予葡萄牙国王阿方索五世对波加多角（今西撒哈拉）以南所有土地的垄断权。

② 在这种情况下，阿拉伯人是奴役者。有趣的是，最早关于非洲的文字记录或手稿是在14世纪的阿拉伯资料中获取的，即《廷巴克图手稿》。

③ 因此，整个非洲大陆实际上是由这些大国分享的。其他国家，如比利时、意大利和德国，这些国家并不是奴隶贸易的重要参与者，但都加入和参与了对非洲的争夺。

此，工业化在殖民地受到了强烈的阻碍。在一种隐晦的家长式关系中，非洲大陆的经济发展前景再次屈从于全球领先大国的经济发展。压制殖民地实现工业化的殖民政策，部分地解释了为什么在工业革命之后这么多年，非洲仍然不具备在欧洲发明和使用了几个世纪的基本技术。

直到 20 世纪 50 年代去殖民化之后，非洲才开始在一个不太受限制的环境中将经济发展作为一个整体概念进行探索和审视。因此，四个多世纪以来，非洲大陆缺乏空间和自由来适应、模仿、更新和定位其文化和制度，以推动人均收入的持续增长。非洲的弱势地位在一定程度上导致了非洲大陆无法有意义地参与有关经济进步的经济思想讨论。虽然不能把非洲的经济发展挑战完全归咎于西方大国，但不言而喻的是，如果不能很好地理解当前发展成果背后的历史渊源，就无法解释非洲大陆持续落后的状况。我们只有了解非洲发展落后的性质和深度，以及可能造成这种状况的因素，才能提出可信的解决办法以促进非洲经济的发展。

多年来，特别是在西欧，对经济思想和理论的深远理解，似乎对于指导非洲经济发展的方向没有多大帮助。这是因为，经济理论中的观点以及由此产生的政策并没有将非洲面对的特殊历史格局置于世界变化的动态背景下进行严肃审视。

例如，虽然任何形式的殖民化都是不可取的，但 19 世纪奴隶贸易之后非洲所遭受的那种殖民化在很大程度上是不利于经济发展的。现在，如果比较一下罗马帝国在前 476 年灭亡前在其统治下的国家和政体中留下的遗产，我们可以从中学到很多东西。罗马人在制度和物质基础设施方面留下了巨大遗产，为后来成为殖民者的欧洲国家的经济发展提供了基础。例如，罗马人严格划分私人财产权和公共财产权的原则后来被强调并促成了西方文明和资本主义在世界上的主导地位；古罗马的公共工程、建筑和法理学的遗产仍然继续积极地影响着现在许多西方发达国家的生活。

在过去 50 年中，许多资源被投入非洲大陆用以加快其经济发展，但在实质的发展成果方面鲜有显示。有大量文献研究了外国援助非洲的效果，结果喜忧参半。有趣的是，外国出于种种原因向非洲大陆提供的发展援助，其动机在大多数情况下是值得怀疑的。北方发达国家，特别是前殖民国家和前奴隶制国家的一些提议，主要是为了安抚他们对非洲大陆发展不足所扮演角色的良心。在某些情况下，外国发展援助是为了促进援助国的地缘政治利益，并间接支持援助国的经济，例如附带条件的援助。即使在国外发展援助出于善意的和利他的情况下，结果也不总是有利的。

例如，在冷战期间，非洲国家在西方和东方这两个主要的意识形态阵营之间纠结。代表这些意识形态阵营的大国试图通过各种类型的发展援助进行讨好，但令人沮丧的是，这些援助未能产生任何有意义的结果。关于发展援助功效的学术辩论已经催生出大量的文献。虽然目前尚无定论，但有大量的经验和相关证据表明，外国援助对促进非洲的经济发展并没有特别的帮助（Addison 等，2005；Dalgaard 等，2004；Gomanee 等，2005）。

虽然 50 年的独立显然不足以消解 400 多年来形成的经济进步的所有心理和物质障碍，但对世界的了解不仅能使非洲充分参与全球经济，更重要的是，还将为其人民带来经济发展。欧洲的分支国家，比如美国、加拿大、澳大利亚和新西兰都做得非常好，甚至在某种程度上已经超越了宗主国，这应该为非洲提供借鉴。例如，2013 年，澳大利亚、加拿大、美国和新西兰的人均国内生产总值均高于英国。这些国家的经济发展水平已经趋于一致。

来自学术界和其他领域的许多作者已经撰写了大量关于非洲为何不发达和贫穷的文章，但在这些讨论中，没有多少人试图将非洲的经济发展轨迹置于一个适当的、微妙的历史背景之中。虽然 2000—2010 年在经济增长方面被浪漫地描述为非洲的时代，但仍然存在严重的结构性和发展性挑战，而这些并没有得到非洲发展事业的决策者和其他利益相关者的关注。除非实施必要的结构性、物质性和制度性改革，否则最近的增长高潮将无法持续。

本书的目的是为非洲经济发展经验的演变提供一个更加细致的历史背景，并将非洲置于与进步有关的经济思想演变的讨论中。更重要的是，本书旨在探索非洲大陆在每个演变阶段的表现，并确定非洲未能像世界其他地区一样取得进步的原因。笔者还根据经济上和历史上的先例提出了政策方向，这些政策方向可能会使非洲大陆走上一条更加持续和共享的增长道路。笔者将在后文论证，非洲大陆在很大程度上一直处于边缘地位，并且在诸多事情规划中并不重要。虽然许多欧洲国家以及后来的西方分支国家，如美国、加拿大、澳大利亚和新西兰，都处于经济发展话语的中心，但非洲却被边缘化了。事实上，21世纪的非洲仍然没有取得其他大陆在19世纪工业革命期间就已经取得的技术进步，这一事实清楚地表明，结构性和制度性的障碍使得非洲继续处于困境之中。

为什么在发现改进农耕方法这么多世纪之后，非洲大陆仍然使用费力的、过时的农耕技术呢? 几个世纪前就已经发明的车轮，在非洲农民的耕作中仍然很难看到。西欧中世纪的技术仍未进入非洲大陆。为什么非洲在采用有利于经济持续发展的基本技术和制度模式方面能力不足? 同样，为何非洲大陆如此巨量的自然资源禀赋却未能确保非洲国家人均收入的持续增长? 最近良好的经济增长叙事是否表明非洲在人均国内生产总值的持续增长方面终于迎来了转机? 上述一系列问题在本书中都有涉及。

为了理解经济发展的必要性和非洲乃至发展中世界面临挑战的不断演变，对关于发展的经济思想之演变及非洲适用性等问题进行研究是有必要的。包括非洲学者在内的许多作家在描写非洲大陆的发展时，没有充分认识到整个发展问题所涉及的历史前因。亚当·斯密（Adam Smith）1776 年的著作很大程度上被认为是对与古典学派相关的经济理论进行系统讨论尝试的起点。然而，人们只有把斯密的作品放在适当的背景下，或者对重商主义进行回顾之后才能更好地理解古典学派的思想。这样一来，人们只有对中世纪时期保护生产和交换以及其他经济互动的时代背景有所了解，才能理解重商主义。领会从早期思想领袖的经济思想到当代经济思想的演变，可以为我们提供洞察力和理解力，从而为非洲发展事业的前进道路指明方向。

迄今为止，非洲或非洲人以及其他发展问题专家都没有考虑到与非洲相关的经济思想的整体历史，也未考虑如何在根据对世界，尤其是对与经济相关的问题有更细致了解的基础上定位非洲。

中世纪的世界显然在诸多方面都与现代世界不同，而且远远超出了一般发展经济学爱好者的认识范围。笔者将在本书中论证，非洲之所以挣扎，部分原因是经济发展方面的学者和研究人员未能向政策制定者提供令人信服的证据来表明应该改变认为非洲资源丰富是拯救非洲大陆经济的答案这一具有迷惑性的观念。资源禀赋为经济发展所提供的优势被严重高估了。

实际上，资源丰富带来的优势早在工业革命之前的 15—19 世纪就已经随着时间的推移而消失殆尽了。而且，随着知识的进步，这种优势在未来的几十年和几百年里将进一步减少。正是在这些观察的基础上，笔者在审视非洲和世界上其他发展中地区更加快速和更加共享的政策选择之前，对有关经济发展思想的历史渊源进行了更加深入的讨论。

第二节　什么是经济发展

在本书开端对经济发展进行定义，这是很重要的。尽管如此，仍必须承认，关于什么才是经济发展的真正内涵，存在许多不同观点。收入这一要素不能被排除在外，它似乎存在于所有经济发展的衡量标准中，包括非主流的衡量标准在内。很多时候，主流经济学家认为发展是人均收入的长期持续增长。然而，加勒比泛非学者沃尔特·罗德尼（Walter Rodney，1972）对经济发展采取了更广泛的看法，他的出发点是经济发展是随着社会成员征服环境能力的提高而实现的。他进一步认为，支配环境的能力本身就取决于一个民族掌握自然规律（科学)的能力以及在生产适当的工具(技术)时对自然理解的程度,把这种理解和工具制作相结合的是工作的组织。

根据罗德尼(1972)对经济发展的描述,我们不难发现,无论任何社会的任何时候,确实都有一种内在的发展潜力,而且在历史上,所有的社会都有发展。这一结论是基于这样一个事实:自人类诞生以来,维持生计的能力一直是人类的一部分。因此,可以说,自古以来人们便已经独立地展示出利用环境资源来提高技术手段并过上满意生活的能力。

从这一结论可以看出,随着时间的推移,每个大陆都独立地参与了扩大其对环境资源控制的尝试。因此,和世界其他地区一样,非洲也日渐参与对环境支配的努力中,并以此来支撑自己。因此,可以说,发展的概念是普遍的,因为经济扩张的条件同样是普遍的。罗德尼(1972)进一步指出,并且笔者非常同意他的观点,即人类在满足其基本物质需求方面经常面临着生存问题,为了解决这一问题,往往需要了解自然并创造更好的工具。但需要强调的是,虽然取得了自然方面的进步,但也有出于这样或那样的原因而发生逆转的情况。

一个社会所生产的物品数量的增加往往会带来物质福利的增长,因为数量可以转化为质量的提高。在按需生产的公有制社会中,专业化及其相关的产出增长造成了一定程度上的分配不平等。社会上的公有制主义运动也带来了行为上的改变。正如罗德尼(1972)指出的那样,卡尔·马克思(Karl Marx)被认为是最早承认社会具有不同进化阶段的人物之一,因为社会关系会随着发展带来的质变而发生变化。

根据欧洲历史和马克思的观点,在狩猎—采集这一经济发展阶段之后,第一个主要的经济发展阶段被认为是公有制主义(Rodney,1972)。在这一阶段,财产所有权归社群所共有。社群的工作也是以集体的方式来完成,产出被合理地平均分配。随后是奴隶制阶段,在这一阶段,社群中更具主导力量的成员侵占了社会弱势成员的劳动。奴隶制之后是封建主义，在该阶段，农业是最主要的经济活动和生计来源。在封建制度下，正如我们后来所了解到的那样，土地这一主要生产要素被少数人拥有，并且将土地租给农奴。因此，封建领主有权获得土地产出的最大份额。农奴还为其所属庄园的主人提供其他服务。农奴的子女同样受缚于庄园，就像奴隶的子女仍被视为奴隶一样。

在马克思看来，资本主义是从封建主义发展而来的；然而，在资本主义制度下，社会财富或主导性的生产资料不再来自农业，而是通过对机器的占有或工具的生产而获得。今天，资本主义也和生产资料的控制有关，就像在封建制度下一样，仅仅由一小撮人掌握。特权阶级可以比作与封建时代相关的商人和工匠，资本主义精英主要是领先的工业家和金融家。然而，在资本主义制度下，农奴可以自由离开土地到其他资本家的企业中寻找工作。根据马克思的观点，与公有制主义相类似的社会主义将是资本主义自然发展的结果。

还有人认为，从一个发展阶段向另一个发展阶段的过渡总是由于社会变迁的需要，因为这种社会变迁往往会阻碍人们从某种既定的生产秩序中获取全部利益。例如，罗马帝国放弃了作为生产劳动力主要来源的奴隶制，因为当时的奴隶们显然已经变得越来越不安分且容易发生动乱，而平息的代价又非常的高昂。因此，面对奴隶主的种植园惨遭破坏的可能性，释放奴隶进而与农奴签约进行土地耕种被认为是明智的。因此，奴隶主与奴隶的社会关系被地主与农奴的关系所取代。然而，由于奴隶的积极性不高且被要求从事非技术性工作，对创新的激励造成了巨大约束。

虽然有人认为，所有社会都有其固有的发展能力，但可以如实地说，社会拥有不同的发展能力，因此，在发展速度上也有所不同。因此，不同大陆之间或者某个大陆内部的社群之间存在不同的发展水平。人们已经注意到，在非洲内部存在明显不同的发展水平。例如，埃及在古代有能力创造可观的财富，因为它已经获得了对一些科学规律的理解，因此能够发展出灌溉、生产粮食以及从地球上开采资源的技术。在埃及可以夸耀其在技术和财富生产方面取得显著成就的时期，非洲其他地区的狩猎和食物生产仍然是用非常简陋的工具完成的。然而，在这个时期，世界其他地区，包括欧洲部分地区，在发展方面也远远落后于埃及。

欧洲最早的资本家被激励从生产中获取最大利润，这意味着他们需要不断积累大量资本。为了做到这一点，资本家需要对科学有更深的理解，以便创造更好的技术和加强企业生产。资本家的经济权力使他们能够对社会关系、制度和法律进行塑造，这些都构成了今天被称为"西方民主"的基本特征。因此，封建主义的废除和资本主义的兴起显然代表着一种过渡，它构成了一种显著的发展。也就是说，新的经济秩序仍然具有早期封建制度的一些深刻特征。例如，资本主义精英与封建地主一样，占有不均衡份额的劳动产出。然而，资本家在积累财富和追求利润最大化的过程中对劳动提供者的福利做出了贡献，尽管他们保留了不成比例的份额。

对多年来经济和社会制度演变的考察非常清楚地表明，没有任何一个时代的发展可被视为永恒。相反，我们可以通过发展期大体上都是短暂的来概括这一点。根据经济发展的演变，罗德尼（1972）推定，当两个具有不同经济发展水平的社会进入长期有效的接触时，二者发生变化的速度和特征都会受到严重影响，以至于产生了全新的模式。罗德尼（1972）提出了两个可能适用的一般原则。两个社会中较弱的一方，特别是经济能力较弱的社会，势必会受到不利影响，而这种不利影响的程度直接取决于两者之间经济能力的差距。历史上可以找到一些例子来充分证明这个结论。一方面，美洲土著人与资本主义的欧洲人接触时几乎被灭绝；另一方面，英国人与澳大利亚原住民的故事也充分体现了这一结论。

总之，经济发展的概念是一个非常复杂的现象，它不能脱离社会关系和发展。因此，虽然土地、劳动力、资本和技术等生产要素构成了经济发展的基本投入，但这些要素组合推动经济发展的背景是特定社群内和社群之间在任何时间都存在确定的社会关系。正是出于对经济发展复杂性的认识，联合国开发计划署（2016）设计了人类发展指数（HDI）作为衡量经济发展的标准。在讨论了经济发展的概念之后，审视何以构成欠发展/不发达（underdevelopment）同样重要。

第三节　什么是经济不发达？

"不发达国家"（underdeveloped countries）这一术语最初是由联合国及其机构用以描述除北方富裕国家（即大部分的西欧国家和日本）以外的国家的有关经济发展阶段。随着时间的推移，"不发达国家"一词逐渐让位于"欠发达国家"（less developed countries）一词，并且在一些情况中让位于"发展中国家"（developing countries）。近年来，联合国发展政策委员会也在讨论"发达国家""发展中国家"和"最不发达国家"①。

世界上有些地区比非洲、拉丁美洲和亚洲部分地区更加富裕，这一事实足以促使人们为各国之间的财富差距找到解释。值得注意的是，为国家间财富的比较差异寻求答案的愿望并非最近才有的现象。著名的英国经济学家斯密为寻求这一答案所做的努力最终汇编成经典著作《国富论》，该书试图解释为什么英国在18世纪能够比它的欧洲邻国发展得更快。

可以说，"欠发达国家""不发达国家"和"发展中国家"的概念都旨在为处于不同发展水平的国家建立一个比较的基础。更妙的是，这种概念可以应用到同一个国家来比较不同时间点的发展水平。如前所述，虽然目前世界各地发展水平的显著差异，尤其是非洲和西欧之间的差异，主要归因于对自然的理解和支配环境能力的巨大差距，但这种差异也部分归因于对世界欠发达地区的剥削和掠夺。正如本书随后章节所要详细讨论的那样，作为资本主义经济秩序实现进步之努力的一部分，包括非洲在内的世界欠发达地区被西欧通过奴隶

---

① 在世界上被称为最不发达国家的48个国家中，有33个在非洲。

制、殖民化和新殖民化进行剥削。

虽然各国会自然地处于不同的经济发展水平，但是在 16 世纪之后，随着西欧重商主义和资本主义的兴起以及随之而来的对其他国家的剥削，各国之间的差距扩大了。可以发现，随着西欧国家变得更加"发达"，非洲国家的发展能力被隐秘地和公然地削弱，以便这些国家能够持续地被剥削。

当我们审视一些经济和社会指标时，不难看出发达国家和发展中国家之间的显著差异。如果考虑国民收入①和人均国民收入数据②，会看到世界上发达地区和欠发达地区之间的明显差异。在一些实例中，发达国家和欠发达国家之间在财富方面的差距在过去 50 年中确实明显扩大了。

就经济发展的衡量而言，非洲的发展比世界其他地区要慢得多和落后得多（见表 1.1 和表 1.2）。此外，在成品钢和非成品钢③的生产方面，非洲远远落后于世界其他地区。更突出的是，非洲大陆钢铁产量的份额在 2005—2015 年减少了一半。2005 年，非洲成品钢生产和使用的份额分别为 1.6% 和 1.9%。然而，2015 年非洲成品钢的产出下降到世界产量的 0.8%，而使用量增加到了 2.6%。

表 1.1 **世界电力消耗**（2015 年）

地区	电力消耗量（太瓦时）	人口（十亿）	人口占比（%）	电力消耗量占比（%）
非洲	621	1.171	16	3
亚洲	8608	4.497	61	42

① 一个国家一年内生产的所有新商品和服务的最终产出总值。
② 在一个特定的国家，平均每个人都能得到的国民收入。然而，要注意，如果考虑到每个国家都存在巨大的收入差距，人均收入的衡量可能会有很大的误导性。同样，发展中国家的不平等往往比发达国家的不平等要高得多。尽管有明显的缺陷，人均收入仍然是衡量国家财富的最客观的标准之一。
③ 钢铁是每个国家工业化都需要的基本原材料。

续表

地区	电力消耗量（太瓦时）	人口（十亿）	人口占比（%）	电力消耗量占比（%）
欧洲	3291	0.738	10	16
拉丁美洲	1279	0.414	6	6
北美洲	4342	0.357	5	21
其他	2426	0.123	2	12
共计	20567	7.300	100	100

资料来源：《全球能源统计年鉴（2016）》，法国格勒诺布尔。

表1.2　　　　　　人类发展指数及其组成部分（2014年）

人类发展指数排名	国家	人类发展指数值	预期寿命（年）	平均受教育年限（年）	国民总收入（美元，2011年购买力平价）
非常高人类发展指数					
1	挪威	0.944	81.6	12.6	64992
2	澳大利亚	0.935	82.4	13.0	42261
8	美国	0.915	79.1	12.9	52947
11	新加坡	0.912	83.0	10.6	76628
14	英国	0.907	80.7	13.1	39267
17	韩国	0.898	81.9	11.9	33890
20	日本	0.891	83.5	11.5	36927
高人类发展指数					
50	俄罗斯	0.798	71.3	12.1	22352
63	毛里求斯	0.777	74.4	8.5	17470
75	巴西	0.755	74.5	7.7	15175
90	中国	0.727	75.8	7.5	12547
96	突尼斯	0.721	74.8	6.8	10404
中等人类发展指数					
106	博茨瓦纳	0.698	64.5	8.9	16646
108	埃及	0.690	71.1	6.6	10512
110	加蓬	0.684	64.4	7.8	16367
116	南非	0.666	57.4	9.9	12122
126	纳米比亚	0.628	64.8	6.2	9418
130	印度	0.609	68.0	5.4	5497

续表

人类发展指数排名	国家	人类发展指数值	预期寿命（年）	平均受教育年限（年）	国民总收入（美元，2011 年购买力平价）
中低水平的人类发展指数					
145	肯尼亚	0.548	61.6	6.3	2726
149	安哥拉	0.532	52.3	4.7	6822
152	尼日利亚	0.514	52.8	5.9	5341
163	卢旺达	0.483	63.2	3.7	1458
173	马拉维	0.445	62.8	4.3	747
174	埃塞俄比亚	0.442	64.1	2.4	1428
180	莫桑比克	0.416	55.1	3.2	1123
188	尼日尔	0.348	61.4	1.5	908

资料来源：联合国开发计划署：《2015 年人类发展报告：为人类发展而工作》，美国纽约，2015 年。

第 二 章

经济发展：事实、理论与证据

第一节　引言

　　自古以来，"物质福利"这一概念就是社会的重要关切。从历史上看，学者们一直在努力解释"人类进步"这一概念。进步意味着为实现一个目标或目的而做出的努力，但对于什么是人类进步依然存在多种看法。例如，20世纪初期，西蒙·帕顿（S. N. Patten，1912）认为存在两种相互竞争的进步概念，一种观点来源于生物学中的进化论，另一种观点则认为人类进步可以通过经济学解释。这种进步概念的二元争论分别与社会调整和种族进步相关。但是，到20世纪晚期，范·R. 波特（Van R. Potter，1962）通过更全面的回顾提出了人类进步的三种历史性概念：宗教的、物质的、科学哲学的，并进一步论证了这些概念之间的差异。波特认为，进步的概念会随时间的推移而演变，社会对进步的强调往往会从宗教①转向物质。他指出，科学哲学的进步概念通常是在物质发展取得巨大进展之后产生；但是，这一顺序并非自动形成。在17世纪和18世纪启蒙运动之前，至少在西方世界，教会一直是知识的中心。随着教会控制的衰弱，人们开始

---

　　① 这种观点往往同死亡的思想与信念相关。例如，波特（1962）认为人可以通过死亡进入一个更好的世界。波特引用《圣经》中的经文来说明物质进步和宗教进步之间的冲突。例如，在圣经中有富人与针眼的寓言，以及富人放弃财富的建议（马太福音第19章）。

寻求宗教以外的知识。人们现在相信，在制度与方法的保障下，人类是有可能改善物质福利并"实现终极完美"的。[①] 第三种进步的概念，即科学哲学的概念，则将知识获取视为根本，提倡"个人与社会同等重要，且个人发展为社会进步的最高检验标准"这一西方观念。

布鲁斯·马兹利什（Bruce Mazlish, 1963）在提及进步的概念演变时，观察到"我们不再震惊于进步概念取代天堂愿景成为现代人的核心关切。从 17 世纪初开始，这个取代过程虽断断续续，却一直在稳步推进，并且与哥白尼提出的地球和太阳间关系的革命性转变同等重要。伽利略的一句名言正好说明了这一取代过程的开端，即他更关心'天体如何运转'，而非'如何进入天堂'。"这一观察清晰地表明在启蒙运动后，宗教进步观不再重要（Bruce, 1963）。随着时间的推移，物质进步观成为主流。因此，人们在直觉上认为，人类进步应该以社会改良为核心。事实上，也有人使用"社会进步"（Leung, 2011）一词，例如，斯密就曾写过"英国向富裕和改善的进步"，这句话也被海因茨·沃尔夫冈·阿恩特（Heinz Wolfgang Arndt, 1981）引用。阿恩特认为，从斯密的时代一直到第二次世界大战前夕，物质进步是主流经济学家用来描述现在被广泛称为经济发展的表述。但阿恩特也进一步指出存在一些例外情况。例如，约瑟夫·熊彼特（J. A. Schumpeter）曾写过《经济发展理论》（*The Theory of Economic Development*）一书，该书于 1911 年首次以德文出版，后于 1934 年被译成英文。总体来说，在第二次世界大战后的主流经济学文献中，将经济发展与物质进步概念相联系被普遍接受。[②] 需要注意的是，马克思在 19 世纪后半叶写作的《资本论》中提到了"发展"概念，该书后来也被翻译成了英文。迈克尔·亨利（Michael Henry, 1991）指出，18 世纪和 19 世纪的经济学家普遍认为经济发展是通过经济增长来实现的，这包括自然资源的开发、生活水平的提高和作为整体的人

---

① 查尔斯·达尔文在讨论自然选择现象时的一句表述，详见 Potter（1962）。
② 阿恩特对"经济发展"一词的演变做了全面的回顾，见 Arndt（1981）。

类发展。

但第二次世界大战后，经济发展成为与贫困国家人均收入增长相类似的概念。著名的发展经济学家阿瑟·刘易斯（Arthur Lewis）认为，经济发展的目的是缩小富国和穷国之间的差距。刘易斯提出经济发展理论的著作标题即为"经济增长理论"（The Theory of Economic Growth）。将发展与经济增长概念联系起来的其他主要经济发展著作包括沃尔特·惠特曼·罗斯托（Walt Whitman Rostow，1960）关于经济发展阶段的著作。经济增长与经济发展概念间的联系根深蒂固，主流经济学文献经常将经济发展定义为人均收入的持续增长。在大多数解释经济发展的主流理论文献中，也经常会用人均收入增长表征经济发展。也就是说，在当前经济发展的理论文献中，有关"经济发展"与"经济增长"这两个词明确区分的讨论依旧不常见。

过去 20 年，联合国一直在推动一个新的经济发展重点，即以人为核心的全面发展。作为一份旨在追踪全球经济发展的重要出版物，《联合国人类发展报告》（United Nations Human Development Report）认为，"发展的基本目标是为人类创造一个有利的环境，使他们能够过上长寿、健康和有创造力的生活"（Kemal 和 Klugman，2011）。人类发展指数（HDI）于 1990 年首次发布，并用多个维度衡量经济发展，其中包括教育、健康和收入等方面的表现。多年来，联合国在确定经济发展目标方面，尤其是对于贫困国家而言，发挥了重要作用。这些目标涵盖了从"生活质量"理念到蕴含着更为宽泛的发展目标的"可持续发展"理念（United Nations，2015）。经济发展的核心是改善物质福利或人类进步。

第二节 撒哈拉以南非洲经济增长的典型事实

彼得·德鲁克（Peter Drucker）是当代著名的管理学思想家，其名言为"你如果不能测量它，你就不能改善它"。因此，在试图回顾"发展"这一概念的典型事实之前，我们必须考虑如何测量。虽然将联合国的人类发展指数作为测量经济发展的指标非常具有吸引力，但收入指标、人均国内生产总值（GDP）或人均国民总收入（GNI）等更受经济学家欢迎。一般来说，经济学家尝试测量生活水平的改善，并用人均经济产出（Todaro 和 Smith，2009）来指代。GDP 关注的是一个国家的产出，而 GNI 的重点则是所有居民的产出加上来自国外的净要素收入。这些测量指标通常用人均的方式表示，以调节各国人口规模的差异，并确保该测量标准能够用于不同国家间的比较。GDP 和GNI 这两个测量指标既可能很接近，也可能有相当大的差异，这取决于国外净要素收入的多少。人均 GDP 被广泛用于测量生活水平和描述一个国家的物质福利状况。需要补充的是，为了确保不同价格水平的国家之间也能进行有意义的 GDP 比较，"购买力平价"这一概念通过计算不同国家与时间上的货币购买力差异，给出了一套通用的指数。[①]

在确定了经济发展的概念及测量指标之后，笔者将回顾一些围绕长期经济增长的典型事实，然后介绍有关经济发展和增长的理论如何随时间的推移而演变。本章的最后一节将考察那些尝试解释撒哈拉以南非洲国家独立后经济增长表现不佳的实证研究。除历史事实外，通过总结典型事实、理论和实证工作，我们将能够判断目前对非洲经济发展的解释是否充分。

在尝试从文献中确定一系列典型事实之前，有必要暂停并审视一下为什么我们需要在讨论经济增长时考虑典型事实。虽然研究者一直在努力调整与经济增长相关的一系列典型事实——从观测到的经济数据中发现的经验性规律——这些事实实际上构成了增长理论的解释目标。增长理论提供的主要是解释与经济增长相关的经验规律模型。典型事实在评估经济增长理论中所扮演的角色非常重要。虽然经济学理论旨在丰富我们对现实世界现象的理解，但仍然有理由相信，与经济增长这一经验问题相关的一系列事实应该成为理论工作的关键出发

---

① 关于如何构建购买力平价指标以及使用该指标的目的，参见 Penn World Tables（Feenstra et al.，2015）。

点。保罗·罗默（Paul Romer，1989）是一位研究增长的重要经济学家，他更为直接地声称，"如果不以典型事实作为解释目标，理论家将会像是在黑暗中射击"。

英国经济学家尼古拉斯·卡尔多（Nicholas Kaldor）于1961年提出了经济增长的六个特殊典型事实。他认为，这些典型事实在大多数国家的国民收入账户数据中都能长期观察到。卡尔多的典型事实包括以下内容：（1）工人的平均产出持续增长，且生产力的增长没有出现下降趋势；（2）工人的平均资本率持续增长；（3）资本回报稳定；（4）资本产出比稳定；（5）分配给劳动与资本的总收入份额保持不变；（6）各国的生产力增长率存在较大差异。近半个世纪后，查尔斯·琼斯（Charles Jones）和罗默两位著名增长经济学家在2010年指出，卡尔多的典型事实围绕的仅仅是物质资本这一特定的状态变量①，并建议在讨论经济增长的典型事实时必须考虑新的经验规律。值得注意的是，琼斯和罗默主张在与长期经济增长相关的典型事实中加入与大多数经济体增长相关的另外四个特征：思想、制度、人口和人力资本。下面将讨论琼斯和罗默提出的新卡尔多典型事实。

（1）市场范围扩大。研究指出，全球化和城市化的深化有利于思想、金融和资本的流动。因此，思想、金融和资本流动范围的扩大见证了市场边界是如何扩大并影响全世界的生产者和消费者。琼斯和罗默用过去50年来全球贸易和国际直接投资的惊人增长来说明这一结果。据估计，1961—2006年，外国直接投资（FDI）在GDP中所占的份额已扩大了30倍。跨国专利的爆炸性增长证明了思想的丰富性和流动性（Jones和Romer，2010）。居住在城市的世界人口比例已从1950年的29.1%增长到2007年的49.4%。②

（2）加速增长。近几百年来，经济一直在稳步增长。经济在过去的1000多年里几乎没有增长，但在过去的一个世纪，增长速度大大

---

① 状态变量指的是存量变量，如资本存量，会随时间的推移而逐渐变化。

② 据联合国估计，2007年世界上有54%的人口生活在城市地区（见UNCTAD《2017年统计手册》）。

加快。根据麦迪逊（2008）关于世界人口和人均 GDP 增长的长期数据，我们可以发现，同过去两千年相比，20 世纪的增长速度更快，尤其是对于西方的富裕国家来说。如果用人口和人均 GDP 的增长率绘制图表，会呈现"曲棍球"模式（Jones 和 Romer，2010）。

（3）现代经济增长率存在差异。有充分的经验证据表明，如果一个国家与技术前沿的差距越大，那么该国与其他国家人均 GDP 增长率的差异也越大。这可能是众所周知的经济增长典型事实之一。例如，在过去 5 年内，大多数贫困国家的增长都不太稳定。当美国和其他富裕国家的经济长期保持在平均每年 2% 的增长速度时，撒哈拉以南非洲的一些国家却出现了负增长。1950 年，埃塞俄比亚经济增长速度低于美国 30 倍，这一差距到 2003 年已经增至 50 倍。非洲大多数国家的情况都如此。但同时，一些国家的发展水平向美国等发达国家靠拢的速度也快得多。琼斯和罗默（2010）指出：1950—1980 年日本经济以年均 6.5% 的速度增长，此后，中国作为世界上增长最快的经济体，其追赶式增长更快。1980—2004 年，中国经济年均增长率为 8.2%。可以看出，这些追赶式增长速度与阿根廷在 1870—1913 年的追赶式增长速度相比具有明显的提升。按现在的标准，阿根廷当时的追赶式增长速度仅为 2.5%。

（4）收入和全要素生产率差异巨大。与要素积累相比，全要素生产率在解释人均收入水平与增长率的差异方面更为重要。事实上，研究者认为投入只能解释不到一半的收入差异，而不同国家间的全要素生产率和收入差异高度相关。研究进一步指出，全要素生产率与收入的差异不一定是由穷国的低要素禀赋造成的，也有可能是因为这些穷国对投入要素的使用效率较低。这一论点得到了威廉·伊斯特利和罗斯·莱文（William Easterly 和 Ross Levine，2001）的有力支持，他们声称，与全要素生产率相比，要素积累在推动经济增长方面实际上并不重要。琼斯和罗默（2010）对全要素生产率的定义较为宽泛，包括思想流动、外部性、生产部门的结构变化和采用低成本的生产技术等一系列因素。他们还认为，制度质量部分地解释了经济增长率与全要素生产率之间的差异，以及在低收入国家中观察到的低收入和低全要素生产率。

（5）人均人力资本增加。据估计，世界各地的人均人力资本正以更快的速度在增长。这一典型事实与卡尔多的典型事实相同，即工人的人均资本一直持续增长。琼斯和罗默（2010）根据美国的数据指出，随着时间的推移，教育程度一直在持续增长。世界上大多数国家也是如此。正如前文在讨论撒哈拉以南非洲地区的初始社会经济条件时指出的那样，尽管起点很低，但其国民教育程度在独立后的50年里增长明显。

（6）实际工资长期稳定。相对于非熟练劳动力，人力资本的增加并没有导致其相对价格的持续下降。对这一现象的解释为，技术变革在很大程度上是偏向于技能的，这导致对高学历劳动力的需求远远超过了因高学历劳动力相对供给增加对工资溢价产生的负面压力（Jones和 Romer，2010）。

琼斯和罗默修正后的典型事实同卡尔多相比并非完全不同，只是将一些有关经济增长的细微改变纳入了新的事实清单中，而且这些差别在50年前并不明显。托马斯·斯泰格（Thomas Steger，2001）认为，经济学文献中经常使用的典型事实与描述发展中国家经济相关的经验规律并不完全相同。斯泰格进一步指出了同发展中国家经济结构有关的四个事实：（1）人均收入经济增长率差异巨大；（2）储蓄率与人均收入呈正相关；（3）人均收入与经济增长率呈正相关；（4）存在"驼峰"形经济增长模式——低收入国家的经济增长和人均收入之间呈正相关，但高收入国家的经济增长率和人均收入之间的相关性较低。同样，斯泰格提出的一些典型事实也与卡尔多1961年最初提出的典型事实相同。

伊斯特利和莱文（2001）也提出了一个由五个典型事实组成的清单，其中大部分与卡尔多提出的典型事实一致，但他们还增加了两个值得关注的事实。第一，"所有的生产要素都流向相同的地方，这表明了外部影响的重要性"。这句话表明，经济活动过度集中于富裕国家，但更重要的是，这种集中往往会导致世界上其他地方的生产要素被吸引至这些经济体。第二，强调政府政策对经济长期增长很重要。

第三节　经济发展和增长的理论

经济发展和经济增长的理论①要回应的主要是下述基本问题：为什么有些国家比其他国家更发达？经济增长的原因是什么？为什么一些国家的经济在增长，而其他国家却没有？为什么有些国家富裕，而其他国家贫困？本节将对经济学家为回答上述问题提出的理论进行回顾。

（一）关于发展的早期思考

虽然发展经济学是在第二次世界大战后才作为经济学的一个系统性分支学科出现，但在更早之前，斯密就对发展这一现象给出过非常重要的评论。因此，在讨论经济发展和经济增长概念的演变时，首先需要讨论的就是斯密和马克思这两位重要历史人物的截然不同的观点。在21世纪对经济发展进行有意义的讨论时，这两位重要学者的观点虽然相互对立，但作为讨论的出发点均具有指导意义。首先，让我们看看古典经济学派的思想先驱斯密是如何看待经济发展的。他将经济发展现象描述为"财富的自然发展"（natural progress of opulence），在《国富论》第三卷"论不同国家中财富的不同发展"中，他对这一主题给予了相当大的关注，并尝试解释当时众多欧洲国家的发展历程。

保罗·鲍尔斯（Paul Bowles，1985）在分析斯密关于"财富的自然发展"足以促进经济发展这一论断时认为，斯密尝试解释经济发展的前提假设是：如果不受阻碍，经济进步是可以"自然发生的"。不仅如此，鲍尔斯还指出，斯密认为相对于非农业劳动力，农业劳动力

---

① 经济增长和发展的理论非常多，笔者无法在这一节完整介绍所有相关理论。因此笔者要做的是总结那些有相当多支持者的理论。更重要的是，笔者将分别从主流文献与非主流文献两个角度进行总结。因此，这里的讨论并不是穷尽式的。

的生产率明显更高，因此也更加重要。正是在该基础上，斯密认为农业部门是经济增长更有力的引擎。因此，他论证道，"如果利润相等或几乎相等，多数人必宁愿投资于改良土地开垦土地，不愿投资于工业及国外贸易。投在土地上的资本，可受到投资人自身更直接的监察；与商人资本比较，他的财产不易遭遇意外。商人的财产，不但常须冒狂风巨浪的危险，而且由于商人常须对风俗情况都不易熟悉的远邦的人贷给信用，还要冒人类的愚蠢与不正行为这些更不可靠因素的危险。反之，地主的资本，却可固定在土地改良物上，可以说是尽了人事所做得到的安全"（Smith，1776）。因此，在某种程度上，斯密与重农主义者一样重视农业，他们都认为一个国家的财富完全由农业土地的价值决定。重农主义起源于 18 世纪上半叶的法国，是最早的系统性经济学理论之一。

鲍尔斯提供了一个由斯密的学生约翰·穆勒（John Millar）提出的相反观点。穆勒（1803）依据历史证据指出，商业才是经济进步的最主要动力，是商业的发展刺激了制造业的生产。穆勒（1803）对发展过程的描述如下："通过大量对外销售简单产品，欧洲的居民一定能经常观察到这一现象，即只要他们在本国产品上投入一点劳动，就能通过商品交换获得更多利润。如此一来，他们就有激励从事新材料加工、建立行会、熟练使用机械工具。如果我们研究商业国家的历史，特别是古代商业国家的历史，就会发现这是这类国家发展的一般过程；它们的制造业贸易起源于便利的海洋环境，这使它们不仅拥有便利的水上运输，还能为它们的货物打开遥远的市场，以促使他们从事对外贸易。"总之，如果把斯密"看不见的手"的概念与他在描述发展过程中有关"财富的自然发展"这一论断联系起来，那么毫无疑问，斯密在论述经济发展时非常重视非国家经济主体不受干涉的自由。尽管与他之后的其他学者相比，他选择的主要部门驱动力存在张力。

马克思最重要的著作《资本论》也提供了一种经济发展的观点，并与斯密及其随后一批英国古典经济学家的主张形成鲜明对比。这些人包括李嘉图（Ricardo）、穆勒等。在多卷本巨著《资本论》中，马克思对经济发展的讨论可以从多个角度进行解读。但是，马克思从人类历史角度对发展阶段的讨论可以成为解读的出发点。马克思描述了他所认为的资本主义的演变过程，他把这种演变描述为"原始积累的秘密"，并将其比作犹太—基督教神学中的原罪。马克思认为，四阶段的发展过程始于一个仅拥有基本组织结构的社会的转型，其中财产所有权是公有的，且"劳动资料和劳动的外部条件都属于私人"。第二次转型是奴隶制的演变。在这一阶段，社会由占少数的奴隶主和占多数的奴隶构成，其中奴隶的劳动被奴隶主凭暴力占有。在第三次转型中，封建制取代了奴隶制。封建制存在领主和农奴两个阶级。马克思认为，"在英国，农奴制实际上在 14 世纪末期已经不存在了。当时，尤其是 15 世纪，绝大多数人口是自由的自耕农，尽管他们的所有权还隐藏在封建的招牌后面，但是小农户仍然遍布全国，只是在有些地方穿插有较大的封建领地"。马克思指出，封建经济结构的崩溃是由两个主要阶级——农奴与无产阶级和领主之间的紧张关系导致的。他进一步指出，资本主义相较于封建主义更为先进。商人和企业家成了新的领主。随着工业革命的推进，新的工人阶级开始出现。马克思认为，在经济发展的第四个阶段，资本主义将自我毁灭。当资本主义系统无法持续创造利润也不再主导阶级斗争时，自我毁灭就会出现。

马克思在对资本主义的衰落进行预测时，将部分原因归结于生产资料所有者对工人阶级的剥削。剥削的理论基础是剩余价值理论，该理论同时也是马克思经济学理论的核心。马克思与斯密和后来的李嘉图、穆勒等古典学派的学者完全不同。例如，斯密认为，商品的价格或资本的价值由工资、地租和利润三部分组成，分别用于支付雇佣劳动者、土地所有者和资本所有者，相反，马克思认为产品由不变资本、可变资本和剩余价值三部分组成。生产过程中使用的机器和原材料构成了不变资本，工资则归工人所有。可变资本被定义为劳动力的工资，利润则代表剩余价值。资本家宣称的目标是使生产的剩余价值最大化。而实现这一目标的方法则是将工资固定在维持生存的水平、延长工人的工作时间，最后使用能提高生产力的机器和工具来减少所需的劳动量。因此，对工人的剥削就是从生产中尽可能多地榨取剩余价值。这也主要是以牺牲工人阶级的利益为代价的。工人阶级和生产资料所有者之间不可避免的阶级斗争，最终会演变为通过造反以瓦解阶级关系的冲突。但这并没有发生。

斯密和马克思的观点分别代表了经济发展的两个极端立场。如果回顾历史，我们会发现这两种范式似乎都不能为世界上大多数地区，特别是撒哈拉以南非洲地区的不发达提供有效的解决方案。

二　古典增长理论

第二次世界大战后，学者们为回答如何使经济增长速度更快这一问题，纷纷尝试建立系统性理论。20 世纪 40 年代末至 50 年代的大多数理论都认为增长过程中的资本积累最为重要（Domar，1947；Harrod，1948；Rostow，1960）。俄裔美国经济学家埃夫西·多马（Evsey D. Domar）和英国经济学家罗伊·F. 哈罗德（Roy F. Harrod）分别同时提出了增长理论，共同成为现代增长理论的先驱。在哈罗德和多马这两位正统古典经济学家提出的增长理论中有一个有趣的特征，即对于资本积累在经济发展中的作用，他们的理论在一定程度上借鉴了马克思的早期工作。而古典经济学家与马克思截然不同的地方恰恰是资本积累的方式。在马克思看来，欧洲的资本积累是通过剥削工人并榨取剩余价值实现的。[①]

1939 年，哈罗德发表了一篇论文，并于 1948 年出版了基于该论文的专著。在这篇论文中，哈罗德试图基于以下三个假设解释经济增长：收入水平是储蓄的重要决定因素；收入增长率是储蓄供应的关键驱动因素；需求与供给相平衡。资本存量增长主要取决于人口增长与技术进步。哈罗德通过指出资本深化（更多的工人人均资本）和资本

---

① 参见前文有关马克思经济发展观的讨论——早期的经济发展和增长思想。

扩张（为劳动力提供必要资本设备的净增加）的作用，进一步强调了资本的重要性。哈罗德认为，较高的储蓄倾向与较高的经济增长率是正相关的。多马（1946）在对资本积累与经济增长间关系进行分析前，首先指出了马克思在这一方面的重要贡献。多马还强调凯恩斯1936年的研究无法解释长期的经济增长。同哈罗德一样，多马（1946）也强调投资在促进经济增长与确保充分就业中的重要作用。对此，他认为："人们不一定要是凯恩斯主义者才相信就业在某种程度上取决于国民收入，以及国民收入与投资相关。但是，只要有投资，就不能排除会出现增长，因为对单个企业来说，投资可能意味着更多的资本和更少的劳动力，但对整个经济来说（在一般情况下），投资意味着更多的资本和更少的劳动力，如果要有效利用资本与劳动力，就必须增加收入。"

多马试图证明保持"国民收入增长率"需要"维持充分的就业"。多马（1947）通过模型分析总结道："通过技术和储蓄，人类在过去两百年中取得了显著进步，当我们现在的技术前景看起来如此光明时，我们更没有理由放弃它。"在这篇论文中，他进一步指出："一个坐在美国和苏联经济委员会中的旅行者，会对这两个国家在投资和技术进步方面的重视留下深刻印象。他将高兴地得出以下结论，即一个相对不发达的社会主义经济体和一个高度发达的资本主义经济体之间的差异，其实并不像通常被认为的那样大。两个国家都想要投资和技术进步。但如果他继续听取辩论，他就会开始怀疑这个结论。因为在苏联，对投资和技术的需求是为了扩大国家的生产能力，其主要作用是节省劳动力，即用更少的劳动力完成特定任务，从而为其他任务提供劳动力"。虽然多马同时认可社会主义和资本主义的观点，但他也进一步区分了这两种立场。他认为，美国对投资的需求来源于乘数效应——创造收入和就业，且很少像苏联一样考虑扩大生产能力。虽然他承认这两种观点都是正确的，但乘数效应被认为是非常有益的。

贯穿第二次世界大战后发展理论的另一条共同线索是将发展[①]描述为由一系列特定阶段组成的线性过程。罗斯托可能是第二次世界大战结束初期最为强调这一经济增长解释的学者。通过分析不同国家国民产出及相关组成部分的大量历史数据，罗斯托确立了"经济发展"的三个阶段：准备起飞阶段、起飞阶段、自动持续增长阶段。罗斯托用来分析这三个阶段的时间框架跨度较长，尤其是准备起飞阶段。据估计，准备起飞阶段需要一个世纪或更长的时间，而起飞阶段的时间跨度为 20—30 年。此后，我们将会迎来一段"自然且相对自动的长期增长"（Rostow，1956）。

起飞阶段的出现需要满足三个相互关联的前提条件。第一个条件是生产性投资的增长达到国民收入的 5%—10% 及以上。第二个条件是建立一个或多个大型制造业部门，并拥有较高的增长率。第三个条件是存在或及时创建一个有效的政治、社会和制度框架，以便能利用现代部门的增长和起飞带来的外部经济效应的潜在推动力，进而保持增长势头。虽然第三个条件要求的是调动国外资本的能力，但罗斯托也承认，在没有引进国外资本的情况下，也出现过经济起飞的现象，英国和日本即是例证。而美国、俄罗斯和加拿大则是因国外资本大量流入而实现经济起飞的国家。还有一些国家虽然满足了前提条件，但没有实现经济起飞。罗斯托（1956）进一步强调了投资对确保起飞的重要性，他说："定量证据表明，经济起飞部分取决于相对于人口增长的投资规模和生产率"。刘易斯也将经济增长起飞阶段所需的投资量确定为国民收入的 5%—10%。刘易斯于 1954 年指出："经济发展理论的核心问题是理解这样一个过程，即一个从前储蓄和投资占国民收入的 5% 或 4% 乃至更少的经济体是如何转变为一个自愿储蓄占国民收入的 12%—15% 乃至更多的经济体。这之所以是核心问题，是因为经济发展的核心是快速的资本积累（包括与资本相关的知识与技

---

① 同样，经济增长中的持续增长与经济发展内涵相似，所以罗斯托在他那篇关于经济发展的著名论文中经常交替使用经济发展和长期增长这两个词，该论文题为"从起飞进入自我持续增长"（The Take-Off into Self-Sustained Growth），参见 Rostow（1956）。

能）。除非我们能解释为什么相对于国民收入储蓄会增加，否则就无法解释任何‘工业’革命（像经济史学家们假装的那样）。"

因此，哈罗德和多马提出的增长模型①充分证明了储蓄与资本生产率对解释经济增长的重要性，虽方法不同，但其得出的结论基本相同。在各自的研究中，他们都提供了有力的理论分析来支持他们的论断。虽然储蓄和资本生产力对经济增长的速度很重要，但这两个因素显然不能决定一切。早期的理论家都明白技术进步对于长期增长的重要性，但他们对技术进步这一概念的广度和深度没有做过多的深入探讨，而是更加强调物质资本的积累。

哈罗德和多马提出的增长模型与瓦西里·列昂惕夫（Wassily Leontief）和约翰·冯·诺依曼（John von Neumann）等人早期提出的固定系数增长模型是一致的。其共同点是模型预测的经济前景较为惨淡。这些模型认为，除非储蓄增长率除以固定资本产出增长率正好等于劳动力增长率，否则该经济体的失业率将持续上升。

1954 年，刘易斯发表了一项有关经济发展的开创性研究。他将寻找解决 20 世纪 50 年代贫困地区经济发展困境的理论方案置于经济学讨论的中心。刘易斯的剩余劳动理论强调了许多落后经济体，特别是亚洲和非洲新独立经济体中的二元结构问题。这与哈罗德和多马等提出的早期古典增长理论完全不同，早期古典增长理论的假设与不发达地区的现实情况基本不吻合。刘易斯的研究在此后催生了一大批发展经济学的相关文献。毫无疑问，刘易斯的剩余劳动力理论依然属于古典学派。该模型基本建立在两部门之上：原始部门（包括自给自足的农业、临时工、小买卖等）和现代部门（商业和大规模的非农业部门）。刘易斯试图提供一个古典理论框架来分析收入分配、资本积累和经济增长间的关系。他的模型首先考虑的是一个封闭经济体，然后再拓展至开放经济体。刘易斯（1954）认为，他研究的主要动机是为"地球上广大地区"的发展挑战提供额外的洞见。

---

① 从本质上来说，哈罗德—多马模型表明，经济增长率取决于经济体的储蓄与资本生产力的比值（即资本产出比）。

在刘易斯模型中，农业部门被认为大多是可以自给自足的。该模型的核心论点为，自给自足型经济部门①需要重新分配到资本部门②的剩余劳动力。其中，劳动力的重新分配量需要超过人口增长量，并且需要持续较长的时间削弱二元结构，以确保最后可以发展为一个完全商业化的经济体。因此，刘易斯认为，大量传统部门转变为成熟的商业或现代部门的结构性变化构成了经济发展的基础。在某种意义上，发展也被看作一种面向现代化的努力。在封闭经济的分析框架下，他总结道："资本部门的扩张可能会停止，或因为生活必需品的价格上涨，或因为生活必需品价格下跌的速度没有人均生存生产力上升的速度快，或者因为资本主义社会中的工人提高了他们的生存需求标准。其中任何一项都会导致剩余中的劳动力工资增加。如果这些都无法阻止资本积累，资本部门将继续扩张，直到没有剩余劳动力为止。即使人口仍在增长，这也有可能发生。"（Lewis，1954）他也承认，当剩余劳动消失时，封闭经济框架就会失去解释力。随后，刘易斯开始分析开放经济体，他认为在世界经济中，劳动力稀缺的经济体被劳动力过剩的经济体包围。因此，劳动力过剩的经济可以被视为更大范围的资本主义世界的一部分。劳动力短缺的经济体，可以像新古典主义描述的那样，向仅提供生存水平工资的劳动力过剩经济体输出资本，或者更好的是鼓励移民。每种情况下的隐含目标都是保障资本积累，从而促进下一步投资，以刺激经济增长。需要注意的是，刘易斯拒绝了充分就业、市场均衡和完全竞争等重要的新古典主义假设，而只将其视为长期愿望（Ranis，2004）。

另一经济发展的结构主义观点由西蒙·库兹涅茨（Simon Kuznets）提出，他出生于俄罗斯，后于20世纪20年代移民至美国，并在美国完成了他的经济学训练。库兹涅茨认为，随着经济从农业向制造业与服务业转型，工资条件会逐渐恶化。他坚持认为，如果一个国家的社会与经济不发生结构性变化，则几乎不可能出现有意义的持续性经济增长。他

---

① 也可被称为传统部门。
② 主要是大规模的非农业部门、商业。

指出，不受约束的增长理论无法完全解释经济发展。因此，库兹涅茨（1955、1971）试图为经济增长的解释提供一个更宽广的视角。库兹涅茨对经济发展的分析也可以放在一个二元结构之下，与刘易斯的描述非常接近。刘易斯的二元结构模型也受到一定的批评。例如，马克·罗森斯维格（Mark Rosenzwig）等其他许多学者都反对这一模型，特别是关于以固定的实际工资提供劳动力这一假设。相关批评者利用微观经济计量数据证明，在一些人口稠密且农业部门相当发达的亚洲国家，劳动力供应曲线呈急剧上升趋势。虽然刘易斯模型存在明显的局限性，但他依然因此获得了诺贝尔经济学奖，并对许多发展中国家具有重要意义。其他经济发展结构主义理论（Chenery，1960；Chenery 和 Taylor，1968；Kuznets，1971；Chenery 和 Syrquiun，1975）在 20 世纪 60—70 年代有相当多的支持者。虽然结构主义发展观可能会因其缺乏连贯的形式化模型而受到批评，但在解释长期持续的经济增长这一极度复杂的现象中，依然非常重要。

三　新古典外生增长理论

新古典增长理论最早于 1956 年由美国学者罗伯特·索洛（Robert Solow）和澳大利亚学者特雷弗·斯旺（Trevor Swan）提出。虽然索洛和斯旺提出的理论基本相同，但这两个开创性的新古典（或边际）增长模型关注的重点不同。例如，斯旺在索洛发表论文的 10 个月后发表了他的论文，他强调的是资本产出比的历时变化，而索洛强调的是资本劳动比的历时变化。

斯旺的新古典增长模型展现了外生技术进步如何通过较高的产出资本比促进经济长期增长。斯旺模型的美感在于，仅通过一个简单的图①便能很好地描述技术进步如何影响经济增长。斯旺模型还表明，如果没有技术进步，一个经济体的产出资本比在长期将趋于平衡。他进一步指出，"劳动力增长率……决定了整体经济的均衡增长率，而

———————

① 纵轴为增长率，横轴为产出资本比，参见 Swan（1956）。

储蓄率则决定了均衡发生时的产出资本比"（Swan，1956）。斯旺的模型还表明，如果最初的产出资本比大于均衡值，产出的增长率将低于资本存量的增长率，因此，产出资本比将下降，反之亦然。从本质上讲，与索洛模型不同，斯旺模型对技术进步在决定经济增长中的作用进行了一定程度的完整分析（Dixon，2003）。

相反，索洛模型强调的是劳动与资本间的相互替代性。在某种程度上，索洛模型是对哈罗德与多马等学者基于固定比率的古典增长理论的直接回应。同斯旺模型一样，索洛模型指出了在缺乏技术进步的情况下经济增长可能需要的条件。该模型也为回答经济能够在缺乏技术进步的情况下保持增长这一问题提供了方向。新古典模型的另一个假设是规模收益不变，且生产要素的边际收益递减。

新古典经济增长模型大致有以下基本结论。第一，它表明储蓄率与劳动生产率不影响长期经济增长率。第二，存在平衡的增长，在这一状态下模型中解释经济增长的变量会同步增长，即以相同的速度增长。第三，资本和劳动等要素在任何时段都能得到充分利用。第四，经济增长的重要驱动力实际上是外生的，分别为技术进步和劳动力增长。第五，技术水平进步和劳动力增长是长期经济增长的决定性因素。新古典经济增长模型所得出的结论存在许多反对意见，许多学者认为人口增长对长期经济增长的影响被过分夸大。另一争论则是储蓄率与长期经济增长是否真的无关（Cesaratto，1999；Mankiw，1995）。

总体来说，新古典经济增长范式建立在一系列假设之上，而这些假设大多不符合实际情况，尤其是对于发展中国家来说。较强的理性假设和主要依靠数理逻辑的边际分析招致大量批评。例如，新古典主义模型及其衍生模型的核心观点是，完全竞争的市场本身具有确保所有人获得帕累托最优状态的内在趋势，并且任何偏离帕累托均衡的变化都只是暂时的，将在短时间内被纠正。根据这一论断，可进一步推断出不受约束的理想自由市场将促进经济发展。该模型还认为，在私营经济主体寻求更好生活的推动下，整个社会将从经济进步的"涓滴"效应中受益。因此，这一范式相信，随着社会的发展，边缘和弱势群体也会及时获益。这一观点引起了新古典经济发展学派反对者的强烈质疑。

四　新古典内生增长理论

在过去三四十年，新古典增长理论面临诸多挑战，逐渐涌现出一系列不完全基于古典或新古典增长理论的发展理论。为了修正新古典外生增长理论的一些局限，新古典内生增长理论就此出现。新古典内生增长理论[①]，其基础假设为规模收益递增。也就是说，该理论假设，相对于同时增加劳动和资本投入所能获得的收益，产出对资本使用的反应要高得多。更重要的是，该理论认为，较高的资本增长率是有可能持续或长期存在的。

新古典内生增长理论还强调人力资本改善对经济增长的重要影响。许多研究者为新古典内生增长理论的创建作出了贡献。第一代内生增长模型通常被称为 AK 模型。该模型由马文·弗兰克尔（Marvin Frankel，1962）首次提出。弗兰克尔在新古典外生增长模型中引入了一个新变量，并将其称为"发展调节因子"。技术进步的内生性演化是通过经济体中所有企业的集体努力实现的。他进一步指出，调节因子是经济"总体函数的一个特征值"，是"能将所有企业对发展的集体影响内部化的变量"。在这里，"发展"一词可以被广义地理解为资源变化所带来的一系列直接与间接（不同于直接的）影响。这些间接影响包括劳工组织、质量的提高、技术变革、规模经济效益、基于运输和通信网络设施的更好的社会基础设施。因此，弗兰克尔为解释经济增长这一复杂现象做出了重大贡献，他指出了许多影响因素，并将其归入"发展调控因子"这一变量中。弗兰克尔的模型明显不同于新古典主义外生的经济增长模型，因为后者对经济增长机制的描述过于狭隘而简单。罗默（1986）和塞尔吉奥·雷贝洛（Sergio Rebelo，1991）进一步完善了弗兰克尔提出的 AK 模型。

---

① 或简称为新增长理论。

第二代内生增长模型起源于罗伯特·卢卡斯（Robert Lucas，1988）对知识积累在经济增长过程中重要作用的关注。该模型的核心观点是，以知识积累为代表的人力资本积累与边际收益保持不变有关。这就是新古典内生增长理论中的二元结构。AK 模型认为，资本积累具有外部性，能促进劳动力效率的提升，进而刺激劳动力驱动型技术进步，由此抵消资本回报率的递减。AK 模型指出，任何国家的长期经济增长均由储蓄和有效的资源配置驱动。卢卡斯的内生增长模型更吸引人的地方在于，它不再强调长期经济增长取决于劳动力规模的增长的假设。卢卡斯的知识存量概念使得无论是物质资本积累还是人力资本积累，都有可能存在恒定的边际收益。这与新古典经济增长模型的立场明显不同。新古典内生增长理论认为，在索洛和斯旺的新古典经济增长模型中被认为是外生的技术进步，可通过人力和物质资本的增长来推动。在这里，人力资本的积累可以通过正规教育、"干中学"、在职培训、基础科学研究、工艺和产品创新等途径实现。其他许多增长理论家，如罗默（1986）、吉恩·格罗斯曼和埃尔哈南·海普曼（Gene Grossman 和 Elhanan Helpman，1994）、菲利普·阿吉翁和彼得·豪伊特（Philippe Aghion 和 Peter Howitt，1992）等都对内生增长模型做了进一步完善。例如，阿吉翁和豪伊特主要关注企业技术创新对技术进步的关键性作用。"创造性破坏"是熊彼特（2003）首次用于描述创新理论的术语，在新古典内生增长理论中占据了中心位置。

五　制度主义

新古典主义理论在相当长一段时间内都是经济学的主流范式，但从 20 世纪 70 年代中期开始，该范式开始受到部分理论家的挑战（Hoff，2000）。

杰弗里·霍奇森（Geoffrey Hodgson，2000）指出，美国经济学中的制度主义①流派历史悠久，至少可以追溯至 20 世纪 40 年代，但此

---

① 据报道，"制度主义"一词由沃顿·汉密尔顿于 1918 年在美国经济学会上首次使用。Mayhew（1987）也对制度主义的演变进行了详细讨论。

后其影响力逐渐减弱。在 20 世纪 90 年代，通过对旧制度主义理论的部分基本假设进行修正，制度主义被重新激活。制度主义的兴起主要是因为新古典主义发展理论未能充分解释为什么有些国家成功进行了经济改革，而另一些国家则失败了，以及为什么有些国家在经历了长期令人失望的结果后，或者在初始发展条件不利的情况下，最终能够实现强劲的增长。这里所关注的区域不仅是非洲和亚洲等欠发达地区，还包括东欧前社会主义国家和原苏联加盟共和国等转型经济体。

旧制度经济学（OIE）理论具有一些基本特征。旧制度经济学起源于凡勃伦（Veblen）和康芒斯（Commons）的研究。[①] 两人最开始关注的是 19 世纪后半叶美国经济与社会因工业化而发生的巨大结构性变化。安妮·梅休（Anne Mayhew，1987）认为，旧制度经济学与新古典主义经济学间存在四个重要的不同观点，分别是：文化、文化相对性、演变和工具性评价。[②]

到 21 世纪初，旧制度经济学理论得到进一步完善，并提出了一系列假设。不同于其他增长与发展理论，该理论并不试图直接提出政策建议。同时，该理论大量借鉴心理学、社会学和人类学等不同学科，对制度和人类行为进行细致与深入分析。旧制度经济学理论认为，制度是经济运作模式最重要的决定因素，因此经济学家应该着重分析制度以及制度的存续、创新与转变过程。在这里，经济被理解为一个开放且动态的系统，并处于一个受技术变革和广泛社会文化、政治与权力关系影响的环境中。更重要的是，制度主义者认为新古典主义理论的基本假设，即经济个体是效用最大化的，是错误的，或者至少是不全面的（Hodgson，2000）。旧制度经济学理论认为人是在制度环境中存在并行动且同时受到更广泛的社会与文化环境影响的实体，并不是完全独立的。值得注意的是，新制度经济学（NIE）正是在最后一点上不同于旧制度经济学。

梅休（1989）认为，新制度经济学理论将制度视为是内生的，并

---

① 凡勃伦与康芒斯被公认为是制度经济学核心思想的先驱，参见 Mayhew（1987）。
② 有关旧制度经济学理论基本观点的详细讨论，参见 Mayhew（1987）。

尝试用新古典主义的理论工具进行解释，指出个体可以选择制度，但制度不一定会影响个人选择。新制度主义认为制度既是对个体追求经济增长行为的约束，也是传递激励的渠道。新制度主义运用新古典增长理论，"将制度约束转化为双方同意的规则，进而使其内生化"（Dequench，2002）。新制度主义内部不存在统一观点。奥利弗·威廉姆森（Oliver E Williamson，1995）指出，新制度主义存在两个主要理论流派，其中一个流派主要进行宏观分析，关注的是"经济运作中的政治与法律规则"；另一流派则主要进行微观分析，关注的是组织内部的行为和市场合同模式。威廉姆森虽然承认第一个流派往往更强调解释经济发展和改革成果，但因为他更倾向于从"自下而上而不是自上而下的经济组织方式"进行分析，所以他支持治理视角。

20世纪90年代初，罗纳德·哈里·科斯（Ronald Harry Coase）和道格拉斯·诺思（Douglass North）因其在新制度主义经济学领域的研究获得诺贝尔奖，进而引发人们对该领域的兴趣。但在此之前，小查尔斯·沃尔夫（Charles Wolf Jr.）于1955年便给出了制度在发展过程中处于中心地位的有力论据，虽然当时制度经济学还不流行。通过定义"政府与私人的组织和政策"并赋予其关键性作用，沃尔夫证明了制度的重要性。沃尔夫的研究旨在解释不发达国家经济发展进程，并指出该进程主要是基于技术变革与资本积累。他的论点是，制度在经济发展过程中起到了催化作用。他进一步指出了制度对发展的影响方式，并指出，制度将通过以下方式促进或阻碍那些促进经济增长的行为：（1）成本和收益的直接计算；（2）生产与分配（产出和收入）间的关系；（3）经济关系的秩序、可预测性和可能性；（4）与经济机会相关的知识；（5）动机和价值观。① 尽管如此，必须承认的是，许多学者，包括威廉姆森、科斯、哈罗德·德姆塞茨（Harold Demsetz）、张五常、诺思等的开创性工作，已经为发展经济学的制度主义流派奠定了基础。

---

① 沃尔夫对这些影响方式进行了更详细的讨论，而制度正是通过这些方式促进发展，见（Wolf，1995）。

但新制度经济学也招致了一系列批评，特别是其在方法论上试图借助于一个一般模型将制度结构或规则的变化进行内生性分析，亚历山大·菲尔德（Alexander Field，1981）认为这种努力不可能成功。对新制度经济学的大多数批评都集中于该范式运用新古典主义理论的分析工具和方法论来解释制度的历史发展和演变。新制度主义理论家认为，经济主体是理性的，但其理性是有限的，而且他们能够使成本最小化。该主张一方面无法被非主流经济学家和相关支持者接受；另一方面则被主流经济学家认为缺乏详细的数学模型与直觉，并且不能提出可检验的假设。[1]

六 协调失灵

在试图刺激并维持经济增长与发展时可能会出现协调失灵，这一观点最早可追溯至保罗·罗森斯坦 - 罗丹（Paul Rosenstein-Rodan）20世纪 40 年代的早期研究。罗森斯坦 - 罗丹之所以提出这一观点，是因为他相信对世界上那些发展面临挑战的地区来说，经济福利的改善终将有利于全世界。虽然他关注的重点是东欧和东南欧，但相关讨论同其他发展中地区也密切相关。该理论将工业化等同于经济发展，其核心论点是市场本身无法充分协调所有相应的投资活动以确保实现工业化（Rosenstein-Rodan，1943）。因此，贫穷国家的经济发展需要外部资本投资将其引导至可持续经济发展的道路上，或者进入类似于罗斯托的分阶段发展过程中的起飞阶段。罗森斯坦 - 罗丹提出的支持欧洲贫困地区工业化的论点后来成为向贫困地区提供经济援助的理论依据之一。随着时间的推移，该论点及其相关研究衍生出"大推动"（big push）理论（Kartika，2014）、低水平均衡陷阱（Nelson，1956）、欠发达陷阱（Zilibotti，1994）、贫困恶性循环[2]和协调失灵

---

① Menard（2001）详细讨论了新制度经济学在科学研究三个基本方面的表现，即理论化、模型化和检验。

② 拉格纳·努尔克塞提（Ragan Nurske）提出的贫困恶性循环理论在 Bauer（1965）有较为充分的讨论。

（Hoff 和 Stiglitz，2000）等一系列理论与概念。

在经济发展理论的主流文献中沉寂近 50 年后，"大推动"理论在 21 世纪第一个十年，尤其是在可持续发展目标（SDGs）通过后又重新开始流行。在杰弗里·萨克斯（Jeffrey Sachs）等学者的支持下，英国工党政府首相托尼·布莱尔（Tony Blair）认为，如果能向贫穷国家提供大量的公共投资和国际援助，就能助其快速实现更高水平的经济增长（Elliot 和 Wintour，2005）。更重要的是，资本注入将有助于实现可持续发展目标。因此，英国政府设立了非洲委员会，并于 2005 年 3 月发布相关报告。事实上，国际发展界相当支持"大推动"运动提出的增加援助资金的建议。

协调失灵作为发展理论的吸引力在于，不同于新古典主义理论，协调失灵强调的不仅仅是"经济成效的核心参数"，即偏好、技术和资源（Hoff 和 Stiglitz，2000），还有其他需要考虑的方面。罗森斯坦 – 罗丹理论的形式化框架表明，存在许多可能会导致协调失灵的机制，例如"联系缺失"。霍夫和斯蒂格利茨（2000）在分析该机制时指出，如果一个国家不存在某一行业，那么为该行业生产中间产品对于公司来说就没有吸引力。然而，如果不能采购中间产品，该行业就不会发展。也就是说，一个公司的成功不完全取决于自身的行为及其所处的宏观经济环境和法律体系，还取决于其他公司的行为。此外，公司的成功还取决于经济体中的基础设施、监管体系和其他公共产品（Rodrik，2004）。

在罗森斯坦 – 罗丹理论及其相关研究中，弥散性溢出效应（diffuse externalities）是另一重要基础概念。这一概念认为，互动效应发生在系统层面的变量之间，包括总需求、工业投入需求或工业搜索成本需求。凯文·墨菲（Kevin Murphy，1989）及其合作者已将弥散性溢出效应形式化。此外，为了简洁起见，其他相关研究①将不做介绍。霍夫和斯蒂格利茨（2000）还详细讨论了一系列可用于克服经济发展

---

① 参见 Helpman 和 Krugman（1985）、Rodrik（1996）。

协调问题的干预措施。

罗森斯坦－罗丹理论的形式化也招致了一系列批评。例如，部分学者拒绝将"大推动"理论进行形式化。这些学者认为，治理良好的贫穷国家陷入贫困陷阱的论点不能成立。伊斯特利（2006）认为，协调失灵理论的预测并没有得到经验证据的支持。但是，罗森斯坦－罗丹理论的部分衍生理论对于某些贫困国家为什么没能发展这一问题，依然具有一定的解释力（Hoff，2000）。卡拉·霍夫（Karla Hoff，2000）提供了解决协调问题的一系列措施。显然，市场本身无法解决经济发展中的协调失灵问题，因此不能像新古典主义理论提供的发展政策那样否定政府干预。

第四节　非主流理论

在解释发展中国家（包括非洲）经济落后的非主流理论中，最著名的是依附理论。依附理论起源于20世纪50年代初，主要是为了回应不发达国家（Less Developed Countries，LDCs）或"边缘"国家，尤其是拉丁美洲国家所面临的发展挑战。阿根廷经济学家劳尔·普雷比什（Raul Prebisch）——曾任联合国拉丁美洲经济委员会执行秘书长，率先提出了这一理论。[1] 此后，更为激进的依附理论开始出现。普雷比什持自由主义观点，在其之后的安德烈·古德·弗兰克（Andre Gunder Frank）和萨米尔·阿明（Samir Amin）则更倾向于马克思主义。此外，现代化理论在第二次世界大战后也有一定的发展。在20世纪70年代，伊曼纽尔·沃勒斯坦（Immanuel Wallerstein）在其著作《现代世界体系》（The Modern-World System）中提出一种新的发展研究路径。从根本上说，发展理论的非主流研究路径是多面向的，大多通过借鉴历史学和其他社会科学学科视角来解释发展中国家的欠发达

---

[1] 事实上，这与20世纪80年代联合国非洲经济委员会的倡议相似。当时，为应对20世纪70年代末和80年代的经济危机，该委员会在阿德巴吉·阿德巴约教授的领导下为非洲制定了另一种发展计划。

问题。

一　依附理论

不同流派的依附理论都认为，发展中国家的贫困问题主要是由恶劣的外部经济、政治与文化环境造成的（Osvaldo Sunkel，1969）。这些理论也都主张将世界上的国家分为两类，但分类名称有所差异，包括：主导国家与依附国家；中心或核心国家与边缘国家；中央国家与卫星国家。① 北方工业国，大多为经济合作与发展组织（OECD）成员国，是主导国家；而拉丁美洲、非洲和亚洲等地区的发展中国家则是依附国家，这些依附国家大多依赖少数几种初级商品。决定依附国家发展成效的重要外部因素包括：发达国家的跨国公司、国际商品市场和其他能够帮助发达国家在边缘国家攫取利益的工具。这种不平等关系被认为是动态的，并且存在一个能够使得这种不平等关系长期持续的内在机制，以保证主导国家的利益。

普雷比什（1959）进一步指出，边缘国家从事初级生产以及由此产生的收入增长差异，主要是因为它们与"工业中心"存在一种不平等的经济关系。这里的中心是指世界上那些富裕的发达国家。从本质上讲，欠发达主要是由于不平衡的外部经济关系，其具体表现为持续的外汇短缺、沉重的外债以及失衡的内部宏观经济。通过对1876—1947年英国贸易数据的研究（Thomas，1994），普雷比什得出的结论为：依赖初级产品的国家，其贸易条件会随时间的推移而明显恶化。同时，他把不发达国家持续贫困的原因归结为贸易条件的循环恶化，这也正是这些经济体的特征。普雷比什在该贸易条件研究中运用了边际分析，因此可以认为这一观点基于新古典主义经济学，但又与之存在细微的差别，因为这是生发于边缘国家的生活经验。也有研究者认为普雷比什的观点是凯恩斯主义和保护主义的结合。曾任巴西总统的恩里克·卡多佐（Henrique Fernando Cardoso）是这一不太激进的依附

---

① 这一特征与殖民国家结构中宗主国与殖民地之间的关系相似（参见本书第八章）。

理论流派的主要支持者之一。

在普雷比什看来，要解决边缘国家的发展问题（Thomas，1994），进口替代工业化、区域经济一体化以及政府在经济发展中发挥更多的积极作用都非常重要。普雷比什还强调了分配的必要性，这在新古典增长理论及其衍生理论中都被严重忽视了。普雷比什提出的解决方案与其合作者汉斯·辛格（Hans Singer）的方案相一致，辛格是 20 世纪的一位重要的发展经济学家。辛格在为不发达国家经济发展提出的建议中增加了人力资本与儿童投资、科技投资、制定有意义的国家经济规划，以及对国际经济秩序进行改革以确保边缘国家获得公平待遇等措施（Tandon，2006）。

曾在芝加哥大学学习的弗兰克于 20 世纪 60 年代在智利大学任职，由此开始加入有关拉丁美洲和发展中国家经济发展的辩论。弗兰克一开始就指出，从欠发达国家的角度来理解"经济发展"这一概念非常重要。他坚持认为，必须对过去的经济与社会历史如何导致这些国家欠发达这一问题给予充分关注。他认为，大多数发展政策的理论和实践完全依据欧洲与北美等先进资本主义国家的历史经验是不对的。

弗兰克（1966）将主导—依附国家二元结构与资本主义国际化相联系，他写道："越来越多的证据表明，而且我相信未来历史研究将证实，资本主义制度在过去几个世纪的扩张，已经完全并有效地渗透到不发达世界中最边缘的部门。因此，我们现在看到的经济、政治、社会和文化制度与关系是资本主义历史发展的产物，比如在欠发达国家的大都市中那些看起来现代化或资本主义化的特征。与国际发展与不发展的关系类似，欠发达国家中所谓的落后或封建地区的欠发达制度和相对进步地区所谓的资本主义制度远不是资本主义发展的单一历史进程产物。"弗兰克还驳斥了欠发达是由于存在二元经济结构、落后的制度、资本匮乏以及其他边缘国家的缺点等相关观点[1]。他认为，

---

① 刘易斯（1954）持二元论观点。

欠发达是由促进新兴工业中心发展的历史进程导致的。因此，弗兰克等依附理论学者[①]支持自主发展的政策。同样，依附理论中的激进派，比如弗兰克支持的流派，鼓励边缘国家与工业中心国进行经济脱钩（Velasco，2002）。相对于经济成果，他们更强调教育、健康、营养和住房等社会成果。相关批评者常常把依附理论家描述为自律政策的传播者。但是，分析上的前后矛盾[②]、经验证据不足，以及那些根据依附理论推行相关政策的国家的经验，都对这一理论提出了严重的挑战。

巴西经济学家西奥托尼奥·多斯桑托斯（Theotonio Dos Santos，1970）是依附理论的主要支持者，他将依附关系描述为："我们所说的依附是指某些国家的经济受制于另一经济体的发展和扩张。在两个或多个经济体之间以及这些经济体与世界贸易之间存在相互依存的关系。一些国家（主导国家）能够扩张并能够维持这一关系，而其他国家（依附国家）只能作为这种扩张的反映，这对其当下的发展来说，既可能会产生积极影响，也可能会产生消极影响。"

加纳的自主发展政策和坦桑尼亚独立后的乌贾马（Ujamaa）社会政策都与依附理论有关，但这些政策并没有获得完全成功。朝鲜的经济发展状况是对激进派依附理论的最好实验。

二　现代化理论

同大多数发展理论一样，有关经济发展的现代化理论出现于第二次世界大战之后，尤其是美国在作为世界超级大国和最重要的经济体崛起之后。第二次世界大战后，欧洲经济强国被严重削弱，而苏联则忙于将其影响范围从东欧扩张到世界其他地区。同时，欧洲在非洲和亚洲的殖民帝国瓦解，殖民地国家纷纷独立，这导致对经济发展，尤其是新独立国家经济发展的理解变得迫切与重要。正是在这一背景下，美国的政治精英与知识分子提出了发展的现代化理论，试图解释非西方国家的社会变迁。迪安·蒂普斯（Dean Tipps，1973）认为，

---

① 萨米尔·阿明也是依附理论家，他支持弗兰克的观点。
② 例如，参见 Lall（1975）、Dietz（1980）和 Gordon（1982）。

现代化思想在很大程度上受到了 20 世纪进化论和功能主义①的影响。将社会变迁与生物进化现象相联系体现了西方对社会变迁的理解，这一理解最早可追溯到前苏格拉底时代，接着到 18 世纪，再到 19 世纪的进步思想家，最后到当代的社会科学研究者（Nisbet，1969）。

　　虽然现代化理论有许多衍生理论，但其共同点在于，它们都将民族国家作为关注点和分析单元，现代化既是转型也是进步这一观点被广泛接受。因此，蒂普斯（1973）提出，现代化理论从根本上说是民族国家转型理论（民族国家被隐性地视为与整个社会边界相一致）。现代化理论的另一个常见观点是，现代化过程是多方面的，因此对政体中的每个社会部门与机构都有影响。社会不同领域的相互联系使得某一领域的转变能够刺激另一领域的相应转变。因此，当现代化被启动时，连锁反应就会开始。

　　在现代化理论范式下，尽管使用的概念大多相似，但依然存在两组持不同观点的关键文献。第一组被称为"关键变量"（Tipps，1973）理论。这一理论将现代化等同于一种特殊或单一类型的社会变革，例如，本杰明·施瓦茨（Benjamin Schwartz，1972）认为现代化是一个理性化过程，而马里恩·利维（Marion Levy，1966）则认为这一现象与工业化过程中的两个标志性技术有关。利维在另一篇文章中阐述了现代化与工业化之间的联系，以至于这两个词常常被相互交替使用（More，1963）。第二组现代化理论文献为"二分法"（Tipps，1973）。在这一组文献中，19 世纪进化论的影响得到了充分体现，发展被二分为传统与现代。因此，发展被认为是从传统社会向现代社会的过渡。在蒂普斯（1973）看来，现代化是一种过渡，或者说是一系列过渡，从原始的、自给自足的经济到技术密集型工业经济；从臣民到参与性政治文化；从封闭的固定等级制到开放的成就导向制；从大型宗族单元到核心家庭单元；从宗教意识形态到世俗意识形态，等等。可以说，现代化不仅仅是单一过程，还是要用所要达到的目标来

---

　　① 蒂普斯引用 Mazrui（1968），并将其作为将现代化与达尔文的进化论相提并论的例子。关于功能主义和现代化理论之间的联系，参见 Collins（1968）。

描述的过程。

对现代化的批判，尤其是二分法的批判，与阿里·马兹鲁伊（Ali Mazrui，1968）所说的"对民族中心主义的自信"有关。在过去，与现代化相关的话语对黑人非常不友好，甚至接近于公然的种族歧视和诋毁。诸如"文明"和"野蛮"等词汇与现代化倡导者所持的生物进化论中的种族主义相关。在当代，现代化理论试图用"现代性"来代替"文明"，用"传统"来代替"野蛮"。同样，这些理论家常把现代性与美国与西欧社会联系在一起（Shils，1965）。这并不奇怪，因为"现代化"这一概念本就来自美国社会科学。实际上，蒂普斯（1973）在讨论现代化理论的意识形态层面时承认，某些知识分子利用这一理论来推动美国的文化帝国主义及其在全球的扩张。现代化理论将社会转型视为内生演变的结果这一观点也招致非常强烈的批评（Tipps，1973）。实际上，通过观察非洲和亚洲新独立国家所面临的现实状况，会发现内生转型过程这一假设是完全错误的。有研究指出，如果不考虑战争、征服、殖民化、国际政治军事动态、世界贸易和资本流动等的重要影响，任何分析框架都无法解释这些地区的发展，因为这些因素在不同历史时期都阻挠了非洲与亚洲的政治和经济发展。

三　世界体系论

有关经济发展的世界体系论也被称为体系理论，该理论起源于20世纪70年代初社会学研究（Chase-Dunn 和 Grimes，1995）。沃勒斯坦是一位倾向于马克思主义的美国社会学家，也是该理论流派的领军人物，对该理论进行了最为系统的分析。沃勒斯坦的部分观点受到他以前对新独立非洲国家和第三世界发展挑战研究的影响。他认为，在讨论发展中国家的发展问题时，需要考虑20世纪60年代开始出现的新资本主义经济和政治秩序。其论点是，国际金融和贸易结构正演变为一个更为动态的体系，其中国家和政府的影响力日益减弱。在这种背景下，世界体系论的支持者认为，有关经济发展的依附理论已不再具有解释力。依附理论的局限性在于无法解释

20 世纪 70 年代发生的一系列全球重大事件。例如，"亚洲四小龙"（中国台湾、韩国、中国香港和新加坡）的惊人经济增长与发展成就无法被描述为"制造帝国主义"（Manufacturing Imperialism）。[①] 此外，20 世纪 70 年代的石油价格冲击、美国和部分西方国家的滞胀危机，都被认为是资本主义世界存在巨大张力的表现。世界体系论也质疑边缘国家的革命政府能否在人口与市场规模较小的情况下推行独立自主的工业化政策。

世界体系的特征是世界上所有的经济、政治、社会和文化关系处于重叠与相互作用的结构之中。模型表明，世界体系会不断演变，因此现代世界体系与前现代世界体系非常不同。以罗马帝国为例，前现代世界体系在很大程度上是朝贡体系。在这一著名时代，罗马帝国控制了世界的核心区域。然而，现代世界体系则可归类为霸权体系（Chase-Dunn 和 Grimes，1995）。例如，就经济实力而言，17 世纪的荷兰、19 世纪的英国和 20 世纪的美国均处于领先地位。沃勒斯坦认为，当前世界体系的独特性在于其资本主义性质。因此，世界体系论在回答发展问题时能够从更广阔的视野出发，并从全球视角寻求发展问题的解决方案。与依附理论不同，世界体系论不再局限于体系边缘的民族国家，而将更广阔的世界作为分析单元。更重要的是，世界体系论在边缘—核心二元结构中引入了另一结构，即半边缘国家。半边缘国家[②]位于核心国家[③]与边缘国家[④]之间。在世界体系中，一个国家有可能从一个等级转变至另一个等级，新兴工业化国家即可被认为已经从边缘国家转变为半边缘国家。

---

① 这与进口替代工业化无效的观点有关，因为该政策在大多数发展中国家都以失败告终，因此必须被向发达资本主义国家出口工业制成品这一政策所取代，例如，Landsberg（1979）。

② 半边缘国家被认为是第二世界国家，具有中间经济功能，如运输、动员本土资本，以及不太复杂且利润较低的生产制造业（Wallerstein，2011）。

③ 沃勒斯坦认为，核心国家（第一世界国家）位于等级制度的顶端，垄断了世界上高科技和利润最丰厚的商业活动。

④ 边缘国家，即第三世界国家，主要是农产品和原材料的生产者，也正如美国历史学家托马斯·麦考密克（Thomas McCormick）所描述的"伐木者和运水者"，参见 McCormick（1990）。

因此，世界体系论更为强调与重视利用基础技术、国际金融和贸易体系来促进边缘国家的发展。例如，投机性投资（如证券投资流动）被认为是无益的，而对生产性领域的投资（如制造业投资）则被认为对长期持续的经济增长更有意义。虽然世界体系论对经济发展问题的回应存在缺陷，但该理论的核心，即认为存在一个影响国内经济成效的世界体系，是毋庸置疑的。如果没有对世界体系的充分了解，旨在快速实现国内经济发展的努力就不会有任何结果。

第五节　解释撒哈拉以南非洲的增长成果：对经验证据的回顾

首先需要强调的是，大多数解释非洲经济发展落后的实证研究都是基于新古典主义理论。但随着其他理论的出现，除资本积累外，经济增长的许多其他驱动因素，包括对初始条件的不同定义开始受到学术界的关注（Easterly 和 Levine，1997；Sachs 和 Warner，1997）。解释非洲国家经济增长差异的研究大多使用跨国数据回归分析。截至目前，相关文献提出了许多导致 20 世纪 70—90 年代非洲经济增长缓慢的原因。虽然非洲的经济增长在 20 世纪 90 年代有了相当大的改善，但增长的可持续性依然需要时间来证明。

史蒂文·达鲁夫和柯成兴（Steven Darluf 和 Danny Quah，1999）通过跨国回归分析确认了 87 个决定经济增长的变量，这些变量被归入 36 个类别中。6 年后，达鲁夫（2005）发现了其他的新变量，类别扩充至 43 个。在国际货币基金组织 2009 年的一份出版物中，查兰博斯·桑加里德斯和阿林·米雷斯蒂安（Charalambos Tsangarides 和 Alin Mirestean，2009）将影响经济增长的因素归纳为 10 组，包括：（1）新古典主义增长模型；（2）主要宏观经济变量；（3）金融发展；（4）贸易制度；（5）外部环境——贸易条款、资本流动、国际直接投资等；（6）内部因素——农业生产力、民族异质性和民族语言多样性；（7）公共制度的质量；（8）冲突与内乱；（9）地理属性——与赤道的距离、热带气候和是否为内陆国；（10）独特的区域特征。也有研究者认为非洲经济增长欠佳主要是因为文化因素，此外，还有其他许多观点。但这些观点大多已被相关研究证伪（UNECA，2016）。

仔细考察验证不同经济增长理论所使用的跨国回归模型变量，可以发现无论是主流理论还是非主流理论，都使用了许多代理变量。在主流理论中，新古典内生增长理论在相当长一段时间内占据主导地位，但其在识别导致国家间差异的机制方面，无法得出一致的结论。而在新古典增长理论的经验研究中，对于什么是经济增长的驱动力这一问题无法提供一个共同的立场（Darluf、Kourtellos 和 Tan，2008）。因此，根据这些研究得出的政策建议也一直存在争议。此外，还有一大批学者对增长模型的结论提出疑问。[①]

非洲长期经济增长表现欠佳可被归咎于一系列原因。在过去也已经出台许多政策以解决长期经济增长率低迷这一问题。这些政策大多基于一种或多种经济增长理论。例如，在 20 世纪 70—80 年代的经济危机中，结构调整方案这一政策改革主要依据的就是新古典增长理论。该方案中，政府在经济中的作用将被削弱，因为新古典增长理论认为在一个没有扭曲的价格体系中，市场能够促进经济增长。但是，社会弱势群体的福利分配问题却被严重忽视。因此，该改革的社会成本成为全世界和实施该方案的国家的争论焦点。更重要的是，在大多数情况下，设想中更快的经济增长率几乎没有出现。国际金融机构从 20 世纪 90 年代开始，通过借鉴制度主义，开始在市场改革之外强调制度改革。

此外，也有一些国家基于非主流理论实施经济发展政策。例如，詹姆斯·阿希克波尔（James Ahiakpor，1985）指出，加纳在 20 世纪 80 年代初根据依附理论制定经济发展政策，但在遇到困难后又转而向国际货币基金组织和世界银行寻求援助。

[①]　例如，参见 Shultz（1999）和 Pack（1994）。

第六节　结论

　　全面解释经济增长是一项极其困难的任务。到目前为止，没有任何一个增长理论能够给出完整的增长解释，但我们依然可以从许多主流和非主流观点中得出有价值且合理的见解。过度依赖新古典增长理论明显是有问题的。例如，新古典主义理论是国际金融机构在 20 世纪 70—80 年代经济危机中所倡导的结构调整政策的理论基础。但该政策的实施结果表明，基于新古典主义理论的教条式市场原教旨主义无法帮助非洲国家应对发展挑战。因此我们可以认为，到目前为止，没有任何理论能够为解决非洲发展问题提供一个完善的模型。在各种跨国回归分析所使用的一系列变量即是这一论点的例证。此外，学者们在研究非洲历史遗留问题时也很难找到充分考虑非洲独特情况的理论与模型。吸纳历史学和社会学等经济学以外的学科有望为非洲发展的政策选择提供一个更有效的建模方法。

第 三 章

东亚①的发展路径

第一节　导论

　　随着非洲独立国家的出现，以及 20 世纪 70 年代的全球经济危机进一步恶化了发展中国家经济状况，尤其是非洲国家，发展政策的范式出现了争论。争论的核心是，以新古典主义经济理论为前提、以市场为主要工具的不受约束的资本主义是促进还是阻碍了发展。与其他支持性理论，如现代化理论等相关联，新古典主义范式已成为主流方法。这些理论认为，自由市场和文化变革推动了西方世界的工业革命，于那些寻求发展经济的国家而言，他们必须效仿同样的方法。②争论的另一端则是其他理论：依附理论、世界体系及其变体，它们认为资本主义导致了世界经济关系的根本性失衡。这里的观点是，世界经济由先进的工业化国家（主要是前殖民国家）主导，它们构成了当代世界经济的核心，并试图剥削处于边缘区域的发展中国家。有观点认为，跨国公司与西方政府之间的特权联盟构成了一股强大的力量，阻碍了外围国家的经济发展。反资本主义观点的政策处方强调了国家在推动经济发展方面的卓越功效。在一些东亚经济体的显著转型和中

---

　　① 本书把新加坡划为东亚国家，实际上新加坡为东南亚国家，为尊重原作，译者不做修改（译者注）。
　　② 参见第二章的讨论。

国近年来取得的成功之后，经济发展文献中的关键问题是，非洲发展挑战的答案是国家还是市场？

在20世纪70年代经济危机和80年代发展失败期间，以新古典主义经济理论为前提，国际金融机构制定并积极推动的政策处方，成为向非洲提供财政支持的条件。如前文所述，布雷顿森林机构，包括世界银行和国际货币基金组织作为国际金融支持的风向标，坚持要求各国采取自由市场政策。政府作用被置于经济的边缘，而私人部门则被置于舞台的中央。有观点认为，一旦通过市场的运作使价格正确，持续的增长和发展就会随之而来。在为市场创造空间进行了十多年的结构改革后，大多数采取调整政策的国家取得的成效非常令人失望。事实上，银行—基金支持的政策改革是基于一种发展的方法，这种方法在很大程度上是非历史性的。理论基础下做出的假设非常不现实，且与现实相去甚远。

在过去30年里，一些亚洲国家和地区已经证明，经济发展是可以通过一系列公共政策来实现的，而这些政策与西方机构（学术界、非政府组织和政府）所倡导的规定和模板不同。显然，西方国家及其分支的经济发展演变发生在农业资本主义时代以及而后的工业资本主义时代。但更重要的是，彼时的发展轨迹根本无法复制，因为世界在很多方面都发生了变化。

近几个世纪，西欧国家通过跨大西洋奴隶贸易、帝国主义和帝国建设巩固了其主导地位。西欧的主要国家，主要是英国、法国、西班牙、葡萄牙和荷兰在过去500年的不同时段，都经历过快速发展和财富积累的黄金时代。然而，英国和法国的主导地位最为持久，尤其是英国。因此，这两个经济体代表了西欧经济发展的典型模式。英国和法国的"分支"——美国、澳大利亚和加拿大，或多或少地遵循了英法两国的发展路径。第二次世界大战后，英国作为最重要的经济强国的地位逐渐削弱，最终在20世纪下半叶失去了这个地位。因此，从20世纪中叶到现在，美国的经济实力坚不可摧。美国代表了21世纪典型的西方发展范式。

21世纪值得注意的发展成就，是由东亚经济体所代表的：一方面是中国香港、中国台湾、新加坡和韩国，另一方面是中国。过去30年，这些国家和地区所取得的稳定经济增长和发展非常惊人。因此，这些国家和地区在关于经济发展的讨论中引起了广泛关注。本章从政治经济学的角度出发，对东亚五个经济体的经济发展模式进行了案例研究。

20 世纪 60—90 年代，中国香港、中国台湾、新加坡和韩国这四个东亚国家和地区经济的快速增长令人印象深刻，引起了政策制定者和学者的广泛关注。东亚的经济增长也许是战后经济发展成功的一个典范。为了解这一成功的驱动因素，世界银行委托编写了一份题为"东亚奇迹、经济增长和公共政策"的报告，为其他国家的发展政策提供参考。20 世纪 90 年代，学者和政策制定者试图从东亚国家和地区的经验中吸取教训，因而该报告变得非常流行。尽管这份报告关注的是包括日本在内的八个国家和地区，但笔者认为中国香港、中国台湾、新加坡和韩国这"四小龙"特别值得关注。虽然世界银行的报告很谨慎，没有将惊人的经济增长结果归结为直接的因果关系，但它提出了与这些东亚国家和地区经济快速增长有关的六个共同特征：（1）农业产出和生产力；（2）制造业出口；（3）物质资本积累；（4）人力累积；（5）总体生产力增长；（6）人力资本禀赋的初始水平较高（World Bank，1994）。

还有人认为，东亚的高增长经济体也是在快速增长的几年里特别注意宏观经济稳定的国家，而这是以细致入微的公共政策作为补充的。关于持续的长期经济增长的决定因素，一直存在着激烈的辩论。[①]尽管如此，人们似乎普遍认识到，一个国家的初始条件在塑造其发展轨迹方面具有重要作用。鉴于这些初始条件是历史的产物，有理由认为对任何特定国家和地区的历史背景的理解，对其增长经验的背景分析非常重要。因此，在研究这些国家和地区的发展表现和政策之前，笔者将简要回顾这些国家和地区的近期政治历史。

一　初始条件

鉴于本书所关注的四个东亚国家和地区在政治和经济发展演变方面的明显差异，确定这些国家和地区历史上的确切时期是一项困难的

---

① 参见本书第二章。

工作。尽管如此，笔者仍试图从它们的经济发展经验中吸取教训，并选择将1960年作为一个参考点。除了这一年最适合定义非洲的初始条件，大多数亚洲国家和地区从19世纪60年代开始，取得了长足的进步。1960年，这四个东亚国家和地区的物质资本不多，但与其他发展中国家和地区相比，它们的人力资本禀赋相当可观（见表3.1）。仔细研究一下这些东亚国家和地区，以及撒哈拉以南非洲国家的人力资本指标是很有意义的。新加坡、中国香港的小学入学率与西方发达国家相当，而中学和大学的入学率则比西方国家低得多。然而，在以上所有方面，撒哈拉以南非洲都远远落后。

表3.1   **1960 年的教育指标**   单位：%

国家和地区	小学入学人数占年龄组的比重	中学入学人数占年龄组的比重	高等学校入学人数占年龄组的比重	成人识字率
韩国	94	27	5	71
新加坡	111	32	6	..
中国台湾	..	..	..	..
中国香港	87	20	4	70
马来西亚	96	19	1	53
中国	102	51 *	1 **	66 ***
肯尼亚	47	2	1	20
加纳	38	5	1	27
尼日利亚	36	4	..	15
塞内加尔	27	3	1	6
南非	89	15	3	57
英国	92	66	9	..
法国	144	46	10	..
澳大利亚	103	51	13	..
加拿大	107	46	16	..
美国	118	86	32	98

注：* 表示 1978 年，** 表示 1977 年，*** 表示 1976 年，.. 表示数据不详。

资料来源：World Bank (1981)。

二 增长奇迹

中国香港、中国台湾、新加坡和韩国，在过去的40多年里都实现了高速而稳定的经济增长，这使它们一跃进入高收入经济体的行列（见表3.2和图3.1）。值得注意的是，这些国家和地区的平均收入增长

率都是人口增长率的三倍或以上。由于这些国家和地区"奇迹般"的
经济增长率，世界银行在20世纪90年代初将它们称为"亚洲四小龙"。
"亚洲四小龙"的经济发展经验被认为是一种独特的模式，可以为非洲
经济发展努力的公共政策提供参考。当把这些国家和地区的平均收入与
美国的收入进行比较时，我们可以看到，在过去50年里，这些国家和
地区的收入迅速趋同。事实上，当收入以购买力平价（Purchasing Power
Parity，PPP）衡量时，新加坡在2005年就超过了美国。

表 3.2 1960—2014 年"亚洲四小龙"人均 GDP 增长和人口增长情况

单位:%

国家和地区	人均 GDP 平均 增长率	人口平均 增长率	人均 GDP 平均增长率/ 人口平均增长率
新加坡	6.6	2.3	2.9
韩国	6.6	1.4	4.7
中国台湾	5.5	1.5	3.7
中国香港	4.4	1.6	2.8

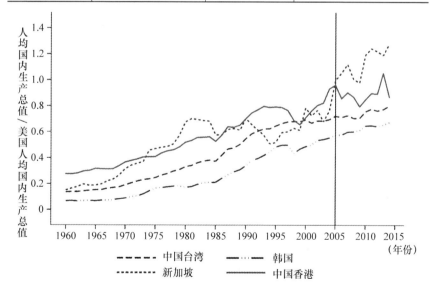

图 3.1　"亚洲四小龙"与美国收入的趋同（1960—2014 年）

资料来源：笔者根据 Feenstra 等（2015）的数据进行整理。

第二节　中国香港

一　积累——储蓄和投资

自 19 世纪中叶以来，香港一直享有令人羡慕的亚洲金融中心地位，当时英国商人把中国香港作为他们与中国和东南亚其他国家贸易的基地。值得一提的是，1865 年成立的香港上海汇丰银行（Hong Kong and Shanghai Banking Corporation），后来发展成为亚洲乃至全球的强大金融机构。因此，香港在吸引中国国内外大量资本上具有极大优势。香港之所以成为资本避风港，其中一个原因是其自由外汇市场和开放的港口设施。凭借这些，香港能够创造比世界上其他地方更高的净边际非利息效用。这吸引了许多来自东南亚和中东国家的资金。香港高效而充满活力的金融体系，使得储蓄存款与"可消费资金"（Hsueh，1979）间的交易成本极低，这极大地促进了资本向经济的流动。1961—2016 年，香港储蓄和投资平均占 GDP 的 20%以上。然而，这一比例在 20 世纪 80 年代达到峰值，彼时其平均为 35%（见图 3.2）。从 20 世纪 70 年代到现在，中国的储蓄一直高于投资。

二　社会和经济转型

首先，有必要指出，香港是一个经济发展的典型，在很大程度上遵循了西方自由放任的经济管理范式。这一范式的基本原则是，自由竞争将尽可能确保生产资源以最佳方式分配。因此，市场力量在经济政策和管理中被赋予了突出的作用。这种方法与其他成功的东亚经济体中积极的政府和市场组合形成了鲜明对比。但是，中国香港受英国控制长达 150 年，这也清楚地解释了这种发展的方式。香港没有中央银行，这进一步证明了其经济的独特性。香港金融管理局相当于中央银行，于 1993 年成立。迄今为止，有三家商业银行被授予了发行货币的权力，而这些货币都是 100%由英镑资产支持的。因此，货币政策与香港从国际贸易中获得的资源紧密相连（Hsueh，1979）。

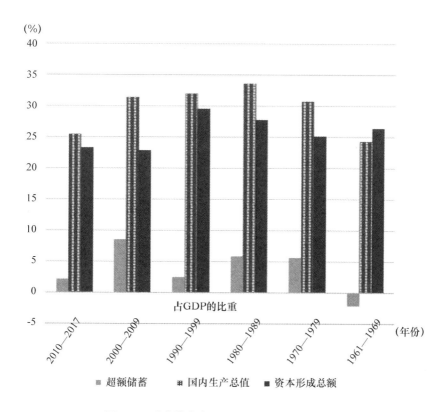

图 3.2　香港的资本积累（1961—2016 年）

资料来源：World Bank（2018）。

　　历史上，香港一直实行自由港政策，这有助于巩固其作为连接亚洲和西方的主要枢纽的角色。它一直允许信息流动，并通过其作为主要贸易国和投资目的地的吸引力获得了技术和知识（Hsueh，1979）。经过多年锻造和磨炼所形成的完善的金融服务基础设施和环境，在"吸收国内储蓄和外国资本并将其转化为固定资本形成方面发挥了不可或缺的作用"（Hsueh，1979）。由于国内市场较小，中国选择了出口导向型增长。20 世纪 50 年代，香港经济快速发展。转口贸易和高效的港口设施无疑对中国的成功发展起到了核心作用。

　　虽然转口贸易在中国香港经济中占主导地位，但与中国台湾、新加坡、韩国相比，中国香港亦更早地经历了工业化进程。1949 年以前，除转口贸易外，香港开始出现大量从事造船、修船和船舶相关杂货零售的业务（Hsueh，1979），劳动密集型的轻工业也开始发展，消费品和建筑材料制造业开始扎根。这种努力是偶然的，因为第二次世界大战使欧洲的货物很难运到亚洲，而亚洲很快就填补了制造业的部分空白。大部分的产品都出口到了中国。

香港工业化的第二阶段可以追溯到1949年后。新中国成立后，大量人力和物力资本涌入中国。在这个阶段，"香港吸收了大量的工业家、技术工人、行政人员和其他劳动力，以及内地外逃资本，他们大部分来自内地，尤其是南方省份。原本从先进国家进口到中国大部分地区的机械设备和设施也被转移到了香港"（Hsueh，1979）。抗美援朝期间，全球制裁与中国特定商品的贸易，直到1959年才取消，这对经济造成了重大冲击。

第三阶段的工业化努力约始于20世纪70年代。该阶段，中国大部分地区面临着来自新加坡、中国台湾和韩国的激烈竞争。由于这些国家和地区的工资水平较低，提升了其竞争力，香港必须迅速向更高的制造业价值链转移，以便与这些新生力量竞争。因此，香港必须重塑自己，以生产"更高质量、更熟练和更精密的产品"（Hsueh，1979）。随着劳动力成本的上升，香港制造业开始萎缩，而金融服务部门在经济活动中所占份额日益突出，进而占据主导地位。例如，1960年，制造业占本地生产总值的50%，而贸易和金融服务业占本地生产总值的32%。到1996年，制造业仅占本地生产总值的14%，而贸易和金融服务业占本地生产总值的份额超过60%（Hussain，1997）。另一组数据显示，制造业从1960年的25%萎缩到21世纪头十年的3%。相反，服务业从1960年的62%增长到2016年的91%（见表3.3）。1997年，亚洲金融危机爆发，香港经济被认为是世界上最开放的，出口总值是本地生产总值的两倍。2017年年底，其出口总值是其本地生产总值的三倍多，而制造业在本地生产总值中的份额仅为1%左右（World Bank，2018）。服务业已日益成为香港经济中最重要的部分。总而言之，在过去60年香港经济结构转型，使其从一个工业经济体转变为现在以服务业为主导的经济体。例如，2000—2016年，服务业对本地生产总值的年均贡献率达 90% （见表 3.3）。

表 3.3　　　　　　香港经济结构的转型（1960—2016 年）

部门 （占本地生产总值的比重）	1960 年 +	1979 年 +	2000—2009 年 *	2010—2016 年 *
服务	62	..	88	91
农业、林业和渔业	4	1	0	0
制造业，增值	25	19	3	1
工业（包括建筑业）	34	..	9	7

注：+ 表示数据来自 World Bank（2018），* 表示数据来自 World Bank（1981），.. 表示数据不详。

资料来源：World Bank（1981，2018）。

1961 年，香港人均 GDP 平均为 3380 美元，而香港估计为 107 亿美元（World Bank，2018）。因此，到 1961 年，中国香港已经领先其他国家和地区：新加坡、中国台湾和韩国。截至 2017 年，香港 GDP 为 2800 亿美元，人均 GDP 为 3.79 万美元（见图 3.3）。香港对经济政策的态度

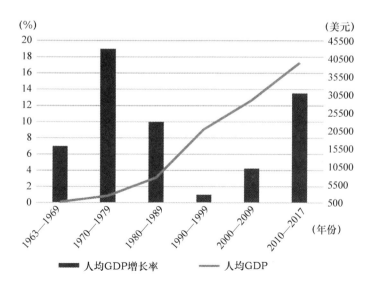

图 3.3　香港人均 GDP 及人均 GDP 增长率（1963—2017 年）

资料来源：World Bank（2018）。

一直是顺其自然的,以不干涉主义为基础,实行强有力的竞争政策。在上述讨论的时间区间内,以人均 GDP 衡量的收入增长是惊人的。例如,在 20 世纪 70 年代达到高峰时,香港人均 GDP 的年平均增长率超过 18%。

第三节　中国台湾

一　积累——人力资本、储蓄和投资

资本积累(人力和物力)在长期驱动持续产出增长方面发挥作用,是经济发展文献中几乎普遍接受的一个事实。在台湾,关于储蓄、投资和人力资本的衡量标准的数据是显著的,其积累的速度和数量也具有启发性。

台湾于 20 世纪 50 年代实行了六年制义务小学教育;1968 年起,台湾实行九年义务教育制度;2014 年,这一制度覆盖到了高中教育。虽然其在受教育程度方面的起点很高,但到 1976 年,15 岁及以上人群的受教育程度为小学 43%、中学 34%、大学 9%、文盲 27%。受过高等教育的人口比例从 2001 年的 23% 上升到 2015 年的 43%。台湾发展委员会在谈及台湾的人力资本积累努力时表示,台湾教育的普及和改善形成了该地区的优秀人力资本和研发能力。为确保台湾最宝贵的人力资源持续改善,台湾当局应广泛修订过时的规章制度及教学研发制度,改善专业人才招聘,并提供制度保障,以留住和吸引本地及海外专业人才赴台发展。

国民党于 1945 年接管了台湾所有现存的金融机构,牢牢控制了各金融部门。例如,金融机构被分为四类:商业银行、储蓄银行、专业银行以及信托和投资银行。法律要求专业性银行聚焦农业和工业发展、土地收购抵押、外贸、中小企业和新生的私营部门(Li,1995)。邮政储蓄系统以其广泛的分支网络提供的金融中介,对产生储蓄、促进经济增长大有帮助。利率和汇率都是由台湾当局控制的。例如,在 20 世纪 80年代之前,台湾地区货币政策主管机关控制着所有的外汇储备。事实上，法律要求出口商按照官方确定的汇率向台湾地区货币政策主管机关出售他们所有的外汇收入（Li, 1995）。汇率和利率的管理方式是为了支持任何特定时期的发展阶段，无论是进口替代、出口导向还是自由化。

从 20 世纪 70 年代开始，台湾金融市场允许私人参与。在 20 世纪六七十年代，当世界上大多数国家和地区，特别是撒哈拉以南非洲陷入巨大的困境时，台湾反而处于高储蓄率、高投资水平和高经济增长的良性循环中。台湾当局通过制定税收优惠政策和提供必要的基础设施来鼓励人们储蓄，以促进岛内资本积累。储蓄占岛内GDP 的比例从 20 世纪 60 年代的不到 20% 上升到 20 世纪 70 年代的 32%。投资占岛内 GDP 的比例，也在 20 世纪 60 年代从不到 20% 上升至 20 世纪 70 年代的 30%。台湾的超额储蓄率在 1986 年达到了 20% 的峰值。为了重新平衡经济和鼓励私人消费，台湾当局寻求通过经济自由化和税收改革来降低经济中的超额储蓄率[1]。到 20 世纪 90 年代，储蓄率从 40% 的峰值降至 30%。20 世纪 90 年代，作为岛内六年发展计划的一部分，台湾开始了一项扩大公共投资的计划，将投资率提高到 27%，并大幅降低了经济中的超额储蓄率。高水平的储蓄和投资在台湾过去 60 年取得的显著经济增长中发挥了关键作用。

二 经济和社会转型

台湾经济发展遵循了系统的规划方法，同时为私营部门参与发展创造了空间。例如，自第一个中期发展计划以来，到 2016 年岛内已经有 15 个其他计划并行。成功的土地改革方案基本上是这些发展计划的前身。[2] 大多数中期发展计划都有明确的主旨。不仅如此，多年来，根据世界在特定时间点的需求，台湾果断地改变了其经济

---

① 超级储蓄率即平均储蓄率和平均投资率间的差异。
② 该改革改变了农场的所有权以及农场主与佃户间的比例。到 1961 年，90% 的耕地由农场主控制，仅有 10% 的土地属于佃户耕种的农场。

结构，以至于它现在是生产和供应高科技产品的主要参与者。例如，至2015年，台湾占全球半导体代工生产市场份额的67%，占全球便携式导航设备的一半以上。该地区经济发展战略的支柱是精心制定的、执行良好且反应迅速的发展计划。台湾发展委员会在谈到其发展政策的方法时，认为台湾地区经济发展的因素之一是台湾当局采取了务实、灵活的政策，旨在加强社会和政治稳定，以及以对外贸易为导向的增长战略；特别是在面临发展瓶颈和挑战时，台湾当局能够对其决策进行调整。

第一个中期发展计划（1953—1956年）和第二个中期发展计划（1957—1960年），以粮食生产为主要目标发展农业。这是经济发展的第一个阶段，这个阶段的目标是实现稳定和自给自足。这两个计划稳定了粮食价格，提高了粮食产量，并确保了社会稳定。这两个计划的一个重点是扩大劳动密集型和进口替代型产业；另一个重点是减少对进口的依赖，从而减少对外汇的需求。

第一个中期发展计划还有一个重点是发展轻工业（或消费产业）。在此期间，相关部门获得了经济中70%的资本投资，而农业占30%（Chang，1965），采矿业、制造业、发电业、运输业和通信业受到重视。农业部门优先考虑种子生产、食糖生产以及化肥制造。这一计划结束时，岛内工业生产增加了50%以上，农业增加了22%，而GDP增加了34%（Chang，1965）。虽然第一个中期发展计划的目标在四年期之后仍在执行，但第二个中期发展计划高度重视开发岛内的自然资源和扩大轻工业产品的出口。20世纪50年代的战略目标大致是稳定和自给自足，劳动密集型工业化和进口替代型工业化是这一时期的主要目标（Chan和Clark，1994）。

台湾发展的第二阶段可能与20世纪60年代的中期发展计划有关。20世纪60年代的重点是发展用于出口生产的轻工业。如果说20世纪50年代是针对岛内的发展，那么20世纪60年代的政策则是向外看。这一时期，台湾在继续以创造就业为重点的同时，通过实施外汇管理和税收制度方面的政策改革，特别关注劳动密集型工业化。台湾当局制定了《鼓励投资法案》①，并创建了岛内第一个出口加工区。出口稳步增长，在岛内整体经济发展中发挥了关键作用。在 20 世纪 50 年代和 60 年代，台湾在糖、电力、石油、酒精饮料和烟草等许多行业都有广泛的垄断。因此，台湾在其经济发展的早期，很大程度上带有资本主义特征。

20 世纪 70 年代，这可以看作是台湾发展的第三阶段，重点发展的是基础工业和重工业，主要聚焦在资本密集型中间产品的进口替代。因此，钢铁和石化工业得到了积极推动。台湾当局还确定并支持十个关键的基础设施发展项目，这些项目主要集中在运输领域，包括铁路、海运和机场。发电基础设施也被列为优先事项。

经过 30 多年的发展，台湾在追求经济发展方面取得了长足的进步。20 世纪 80 年代，台湾当局试图放松对经济杠杆的控制。在此之前，台湾经常出现贸易顺差。因此，台湾在其发展的第四阶段开始了促进经济自由化的政策改革。与此同时，继续把重点放在进一步工业化上，尤其是关注资本密集和技术密集的工业，特别是与信息和技术、电气和机械生产有关的工业。20 世纪 80 年代后期，台湾当局寻求贸易自由化，保持增长势头，并确保收入的公平分配。此外，还进行了财政和金融部门改革，继续促进生产用于出口的高技术产品。

20 世纪 90 年代，台湾将促进亚太区域运营中心和进一步发展信息技术产业作为其发展议程的核心。21 世纪前十年的重点是发展知识经济和准备正式加入国际贸易体系。为此，中国台北在 2002 年成为世界贸易组织的成员。中国台北待其拥有成熟的工业经济后才选择加入国际贸易体系，而与许多发展中国家和地区，特别是非洲国家和地区，在工业经济尚未成熟时加入，这些体系对这些国家和地区的福利往往漠不关心（Oxfam，2005）。台湾当局已于 1950 年退出了世界贸易组织的前身——关税及贸易总协定（General Agreement of Trade and Tariffs，GATT）。

---

① 这是一个旨在刺激出口导向型产业发展的免税方案。

台湾当局积极联动经济生产部门，为分散的产业结构创造了空间，鼓励了大量中小家庭企业的发展，这些企业相互之间展开了激烈的竞争（Chan 和 Clark，1994）。台湾当局经常利用财政政策，将资源引向其发展议程中感兴趣的领域。在美国政府对其经济影响减弱后，台湾当局在允许跨国公司的外国直接投资方面一直相当谨慎。工业创新和加强全球联系成为台湾 2010—2015 年中期发展计划的主题，中期发展计划的实施对其经济产生了显著影响。1951年，农业部门占岛内 GDP 的 32%；到 2015 年，农业部门对岛内 GDP 的贡献仅有 2%。在此期间，制造业在总产出中的份额翻了一番，从不到 15% 增加到 30%（见图 3.4）。服务业和工业对岛内 GDP 的贡献也快速增长。到 2015 年，台湾地区已经完全从农业社会转变为工业化社会。

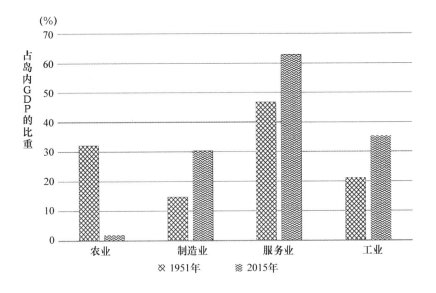

图 3.4 台湾经济结构（1951—2015 年）

资料来源：台湾统计局在线数据库，2018 年。

过去 60 年里，台湾的经济增长经验令人印象深刻。台湾 GDP 在 20 世纪 50 年代见证了年均 8.7% 的增长率，在 20 世纪 70 年代达到

10.9%的峰值之前，这一增长率达到了 9.9%。2000—2009 年和 2010—2015 年，这一比例下降到了 3.8% 和 3.9%。人均 GDP 从 1952 年的不到 200 美元增长到 2015 年的 22000 美元（见图 3.5）。

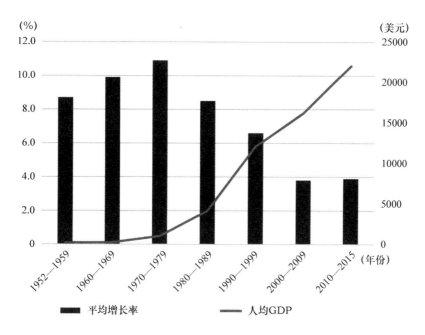

图 3.5　1952—2015 年台湾 GDP 增长率和人均 GDP

资料来源：台湾统计局在线数据库，2018 年。

多年来，尽管台湾当局对经济采取了强有力的干预措施，但仍保持了宏观经济的稳定。进口替代工业化支持了汇率的稳定，还设法确保了快速工业化和增长期间的价格稳定。1960—2015 年，岛内人口规模仅增长了 2.3 倍，而以人均 GDP 衡量的人均收入增长了近 7 倍。这些结果与非洲的人口规模扩张完全相反，非洲大多数国家和地区的人口规模扩张是收入增长的几倍。

台湾经济多年快速发展，宏观经济环境持续稳定。例如，台湾通货膨胀率在 20 世纪 60 年代为年均 4.9%，在 70 年代石油价格冲击期间达到 9.5% 的峰值，然后在 80 年代减半，在 90 年代进一步下降到 3%，在 2000—2017 年仅为 1%（见图 3.6）。

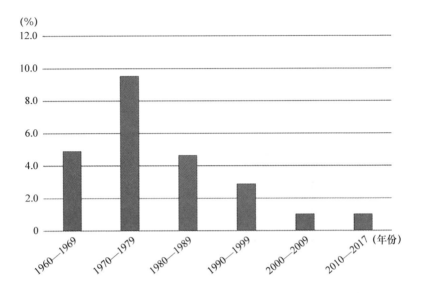

图 3.6　1960—2017 年台湾通货膨胀率

资料来源：台湾统计局，在线数据库，2018 年。

三　人口结构转型

从以前的高出生率和高死亡率到现在的低出生率和低死亡率，通常被称为人口结构转型，据估计，西欧至少用了两百年时间才完成人口结构转型。这一转变始于工业革命以及科学、技术和医疗保健的进步。这种现象也与经济发展、政治进程和文化变革等密切相关（Willekens，2014）。相反，在经济取得显著进步的东亚经济体中，人口转型的速度要快得多。

台湾在 20 世纪 60 年代末已敏锐地意识到，不受控制的人口增长对其发展愿望构成了威胁。20 世纪 50 年代对节育的最初抵制在 1968 年有所缓解。台湾当局拟订了一项鼓励计划生育倡议的人口政策，并因此决定资助 1954 年成立的台湾计划生育协会。事实上，台湾的生育率下降了一半以上，从 1950 年的平均每名妇女生育 7 个孩子下降到 1970 年的 3 个。到 1980 年，这个数字是不到两个孩子，到 2005 年进一步减少到只有一个左右（Roser，2018）。到 1983 年，全岛的生育率已经达到了人口替代率的水平。

20 世纪 90 年代，台湾成为其成功的人口管理机制下的"受害者"。此时，台湾开始依靠移民劳工来解决劳动力短缺问题（Liu，1997）。与其他同属"亚洲四小龙"的经济体一样，1960—2014 年台湾人口增长滞后于经济增长（见表 3.2）。按购买力衡量的人均 GDP 计算，经济的平均增长几乎是同期人口增长的 3 倍。这在一定程度上促进了这些国家和地区的高平均收入和发展。

第四节　新加坡

一　积累：储蓄与投资

新加坡独立后建立了强制储蓄制度，使用工具是法定养老金缴款，这提高了私营部门的储蓄。1995 年开始运作的中央公积金是一项资助计划。[①] 养老金计划所积累的资源主要投资于政府债券和中央银行的储蓄。缴费率占劳动收入的 10%，1980 年增加到 38.5%，1984 年达到 50% 的峰值。

私人储蓄得到了大量来自公共部门储蓄的补充，这些储蓄来自预算盈余和享有垄断性市场权力的法定机构的利润。其中部分机构包括：住房和发展委员会、裕廊镇公司、公用事业委员会、新加坡港务局和城市道路发展局等（Huff，1995）。但是，国家储蓄的最大份额还是来自公共部门，1974—1985 年，国家储蓄总额从约 23% 膨胀到 67%（Huff，1995）。

1960—1966 年，新加坡国内固定资本形成的总额中，公共部门份额所占的比重平均为 38.2%，私营部门则略高。1980—1992 年，私营部门的贡献稳步上升到 73.2%。虽然外国直接投资对国内资本形成至关重要，但它并不是最大的贡献者。国际货币基金组织的数据表明，1982—1992 年，新加坡外国直接投资占资本形成总额的比例为

---

① 这意味着纳税人的养老金完全由个人缴费和个人工作期间缴费所产生的利息构成。这与"现收现付"方案不同，后者是对劳动收入征税，旨在向当前的工人群体提供养老金。

26.3%，相比 1967—1969 年不到 10% 的比例有了大幅提高（Huff，1995）。到 20 世纪 80 年代末，由于经济中储蓄率超过了投资率，新加坡出现了超额储蓄。

二　经济和社会转型

新加坡经济战略的重点被认为围绕着三个支点展开：承认政府的战略作用、调动人力资本和不断扩大基础设施。赫夫（Huff，1995）认为，"新加坡模式的特点是强有力的政府干预和规划，它超越了世界银行的'顺应市场'（market friendly）方法，包括'市场重置'（market replacement）。在新加坡，对价格机制和国内管理制度的果断背离使资本主义得以运作"。赫夫（1995）所提及的替代机制与"政府干预有关，涉及各种激励、抑制、命令和控制的组合，旨在实现一致的'目标—手段'层次"。诺兰（Nolan，1990）也认为，市场和国家规划的有效结合是支持新加坡经济发展的重要举措。与中国台湾等成功的东亚经济体一样，新加坡政府在成立之初就认识到了快速工业化和发展生产性制造业的重要性。赫夫（1995）指出，大多数与新加坡发展计划有关的文件都没有被公开。20 世纪 80 年代发布的《80 年代经济发展计划》（*The Economic Development Plan for the Eighties*）是新加坡发展的开端。政府的干预措施主要是通过政策指示来实现的，因此比指示性规划更具影响力。新加坡政府还提供了必要的基础设施，以及技术熟练但廉价和有秩序的劳动力。新加坡将劳工运动非政治化，并对其活动实施控制。雇主比劳工拥有更多的薪资谈判权。对劳动力市场的控制在 20 世纪 60 年代末得到了立法的支持。

20 世纪 60 年代，新加坡政府还采取了协调一致的措施，以吸引外国直接投资发展制造业，并使经济多样化，避免过度依赖其作为中转港的地理位置。在外国顾问的帮助下，该国推行的财政政策为投资者在该国建厂提供了大量的激励。这方面主要的立法是 1959 年为新进入企业制定的《先锋产业救济条例》（*The Pioneer Industries Relief*）

和《工业救济条例》(*The Industrial Relief*)。这些努力都是为了加快工业化的步伐,促进经济快速发展。威廉－赫夫认为,人民行动党政府意识到,只提供基础设施、把生产部门的活动留给私营部门的殖民主义战略不会对国家有好处。因此,新加坡放弃了这种做法,并通过建立国有企业来采取更多干预。经济发展局(The Economic Development Board,EDB)在这方面发挥了作用。

1961 年成立的经济发展局是 1959 年新加坡脱离英国独立两年后制定的第一个中期经济发展计划的组成部分,该计划的期限为1961—1964 年。该计划的双重目标是确保国民收入增长速度与人口增长速度相一致,并在不久的将来创造就业机会,以满足大量失业者的需求,并确保今后继续创造就业机会,以缓解失业问题。要实现这些目标,需要向私营部门提供必要的激励以推动工业发展,而政府则致力于提供必要的物质和经济基础设施(Economic Planning Unit,1964)。20 世纪 70 年代,经济发展局在运输和金融领域开展业务(Economic Planning Unit,1964)。

20 世纪 80 年代,新加坡的注意力转向了所谓的"信息结构"(Economic Planning Unit,1964),并利用其当时的高技能劳动力在东南亚地区建立了一个强大的金融和商业服务中心。新加坡政府还追求资本密集型的工业化。经济发展局(2016)在其报告《今日新加坡》中称,"在 80 年代,70 年代发展起来的技能为更多的资本密集型活动奠定了基础";它接着指出,"然后我们建立了亚洲的第一个半导体晶圆制造厂和第一个石化总厂"。工业机械、自动化生产设备等也被引进。到 20 世纪 80 年代,新加坡政府拥有约 490 家公司的部分或全部所有权,其中包括 30 个国家控制的董事会,其主要任务是提供基础设施。这些组织所享有的垄断权帮助政府获得了可观的利润。

20 世纪 90 年代,新加坡政府率先对高科技领域进行大量投资。新加坡通过政府机构直接投资高科技园区、高等教育和研发机构(EDB,2016),这在很大程度上帮助工业化向更高的价值链转移。新加坡政府鼓励建立新的产业集群，包括制药、生物技术和医疗技术，知识和创新密集型工业化成为新千年的代名词。新加坡制定了富有成效的公共部门和私营部门的研发计划，目的是将创新理念、流程和产品商业化。因此，多年来，新加坡与时俱进，从这些努力中获得了巨大的发展红利。

新加坡还有意利用干预主义机制发展亚洲金融和商业服务中心，在新加坡金融管理局的支持下，通过财政激励和金融创新，设法吸引国际金融机构驻扎本地。在国际金融服务业创立的形成期，赫夫（1995）认为，20 世纪 80 年代的每一份预算报告，如果不涉及金融创新，则不算完整。20 世纪 90 年代末，新加坡的金融服务业已经大幅扩张（Cahyadi 等，2004）。虽然服务业一直是新加坡经济的重要组成部分，但工业一直以来也同样得到精心支持，为经济发展作出重大贡献（见图 3.7）。

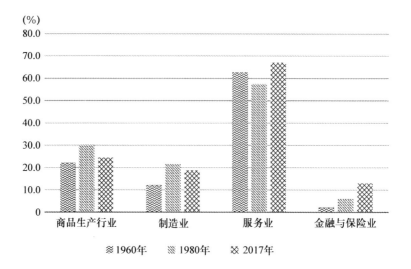

图 3.7 新加坡各行业 GDP 占比

资料来源：新加坡统计局。

在宏观经济管理方面，新加坡经常通过非常规方式确保价格稳定。除了 20 世纪 70 年代，石油价格的冲击导致年均通货膨胀率上升到近6%；在80年代，下降为不到3%；在1990—2016年一直保持在2%左右（见图3.8）。除了通过国家工资委员会控制工资水平，新加坡还刻意防止本国货币（新币）的"国际化"，财政和货币政策都被用来阻止任何货币国际化的尝试（Cahyadi等，2004）。这是为了防止金融管理局在管理汇率方面受到挑战。

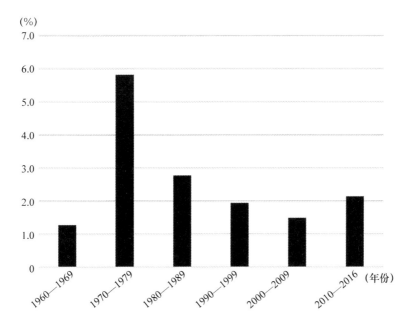

图3.8　新加坡通货膨胀率（1960—2016年）

资料来源：新加坡统计局。

中央公积金雇员缴款率的变化始终被作为一种工具，通过法定缴款率来管理家庭消费支出。人均GDP持续强劲增长，GDP增长率于20世纪70年代达到峰值（见图3.9）。

三　人口结构转型

新加坡的生育率没有像韩国、中国香港、中国台湾那样急剧下降，但也相当低迷。1965—1980年，新加坡的粗出生率下降了45%，而粗死亡率也下降了16%。20世纪60年代，新加坡平均人口增长率

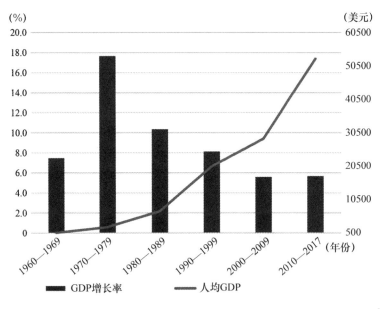

图 3.9　新加坡人均 GDP 和 GDP 增长率（1960—2017 年）

资料来源：新加坡统计局。

为 2.3%，20 世纪 70 年代下降到 2.2%。然而，与不同的是，新加坡人口增长率的下降并不像其他经济体那样剧烈。尽管如此，新加坡还是比亚洲和非洲的欠发达国家更接近人口转型（见表 3.2）。

第五节　韩国

一　积累——储蓄、投资与人力资本

韩国的储蓄和投资大幅增长，这是其过去 60 年取得的值得称赞的发展成果。这种现象与一般的经济直觉基本一致，即资本积累在促进持续的长期增长方面发挥着重要作用，即使其速度在不断下降。在 1961 年第一个发展计划出台前，韩国国内储蓄总额仅占 GDP 的 3%。然而，这一比例多年来显著上升，在 20 世纪 90 年代达到 38% 的峰值，此后一直稳定在 35% 左右。20 世纪六七十年代资金严重不足的现象得到了明显的改善，80 年代以后，韩国经济出现了储蓄过剩现象。在 20 世纪 80 年代，韩国超额储蓄平均每年占 GDP 的 2.3%；在接下来的十年里，这一数字略有下降。2000—2009 年，韩国年均储蓄超过投资 2.8 个百分点，而在 2010—2017 年，这一数字进一步上升，达到 5.2 个百分点的高点（见图 3.10）。总而言之，韩国经济的强劲增长与储蓄和投资水平的显著提高有关。

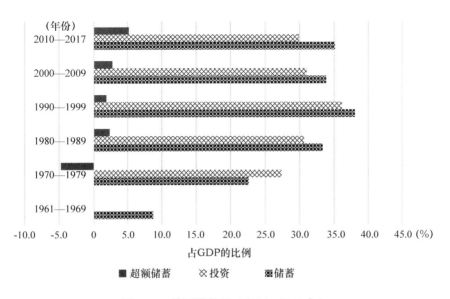

图 3.10　韩国的积累（1961—2017 年）

资料来源：World Bank（2018）。

除了物质资本的积累，韩国还在朝鲜战争之前累积了可观的人力资本基础。因此，与大多数撒哈拉以南的非洲国家相比，虽然韩国一开始就拥有优越的初始人力资本禀赋，但它仍不断努力提高其能力，并使劳动力为国家的发展议程作出有意义的贡献。在一项关于教育在三个国家（芬兰、韩国和美国）经济发展叙事中的作用的比较研究中，皮莱（Pillay，2010）指出，这三个国家的教育和经济发展之间都存在密切的历史联系。皮莱（2010）进一步指出，在芬兰和韩国的案例中，教育规划与经济结构的系统性变化有着内在联系，因为这两个国家实现了各自发展的里程碑。因此，当农业在最初阶段占主导地位时，政策就涉及人力资源需求。当过渡到制造业时，技术人员和其他熟练的人力由适当的职业和技术机构来提供。最近，随着服务业和知识型产业重要性的增加，高等教育受到更多重视。在每个发展阶段，灵活而有活力的公共政策调整对韩国的经济发展起到了极大的支持作用，其他东亚经济体的繁荣也是如此。

1960年，韩国中学入学率为27%；到1978年，这一数字增加了一倍多，达到74%。1960—1977年，接受高等教育的人数占20—24岁人口的比重从5%增长到11%。尽管如此，1960年，韩国相关年龄段的高等教育入学率已经是大多数撒哈拉以南非洲国家的5倍（World Bank，2018）。到1971年，韩国小学入学率已经普及。这很大程度上是由于该国在早期发展阶段，对6岁儿童实行免费义务小学教育。从1985年起，韩国中学教育也逐步实行免费（Pillay，2010）。中学入学率由1971年的39%提高到1981年的81%，到20世纪80年代中期达到90%以上。韩国在1997年普及了中等教育，高等教育情况也类似。韩国高等教育的入学率从20世纪70年代的不足10%上升到80年代的30%以上，并在90年代翻了一番。到2015年，韩国高等教育的入学率超过90%（World Bank，2018）。

韩国人力资本积累战略有利于相对公平的社会财富分配。大多数国家，尤其是西方国家，随着国民收入的增长，不得不应对收入分配过于不平等的问题，而韩国的收入差距不大。这在一定程度上是由于教育机会更加均等所促进的社会流动性。世界银行于1993年发表的著名政策研究报告《东亚奇迹》对上述观点进行了很好的阐述，该报告吸引了政策制定者和学者对东亚惊人增长成果的关注。

二　经济和社会转型

从20世纪50年代到60年代初，韩国经济主要以农业为主，有大量农业自给部门。韩国的经济转型真正发生在1961—1990年。

1960 年，农业占韩国经济总产出的 1/3 以上。20 年后，工业产出已经超过农业，与制造业一起成为主导产业。到 21 世纪前十年，农业对 GDP 的贡献已经缩减到 5% 以内，而制造业和工业则占据了更大比重（见图 3.11）。韩国的发展政策是以中期计划为依据的，每期计划涵盖五年的时间。韩国的经济发展惊人，GDP 从 1960 年的约 40 亿美元增长到 2017 年的 1.5 万亿美元；1960 年的人均 GDP 为 944 美元，到 2017 年已飙升至 26152 美元，GDP 增长了 27 倍（World Bank，2018）。1970—1979 年的 GDP 增长率达到了年均 8.2% 的峰值。2010—2017 年，这一比例降至 2.9%（见图 3.12）。

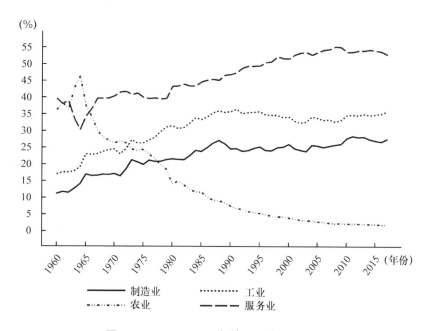

图 3.11 1960—2017 年韩国经济结构转型

虽然韩国的发展成就主要是靠努力工作和政府的深思熟虑，但也必须注意到美国的支持在战后不久就发挥了作用。有些人甚至认为，美国的援助提供了一个重要的储蓄来源，尤其是在 20 世纪 50 年代。例如，美国经济学家安妮·克鲁格（Anne Krueger，1979）认为，美国援助填补的储蓄缺口帮助韩国在几乎没有债务的情况下成长，并拥

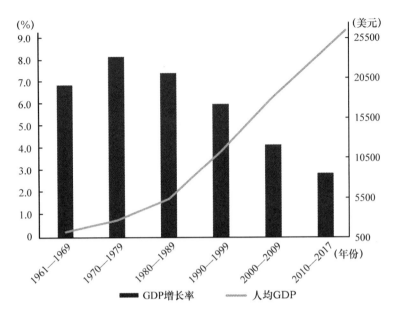

图 3.12 韩国人均 GDP 及 GDP 增长率（1961—2017 年）

资料来源：World Bank（2018）。

有合理且良好的信用记录，这反过来又使韩国有机会进入全球金融市场，获得急需的金融资源。金恩美（Kim E. M.，2015）认为，韩国获得了大量的外国援助，包括经济和军事援助。据估计，1945—1995年，韩国获得的援助金额约为 130 亿美元。当然，许多国家多年来接受了大量的生态援助，但收效甚微。在此，笔者减少讨论外国援助的作用。[①]

总的来说，韩国经济的发展是由一个非常积极的国家政府推动，它也明白为市场创造空间以协助资源配置的重要性。金恩美（2015）表示："由于民间企业的腐败问题严重，朴槿惠政府决定由政府来主导经济发展，并对与政府的工作关系进行了重大改革。"成立于 1961 年的经济计划委员会（Economic Planning Board，EPB）

---

① 格雷（Gray，2014）对美国对南越、韩国和中国台湾的援助进行比较分析，包括分析南越未能产生与韩国和中国台湾可匹比的发展成果，表明援助不是经济发展的"灵丹妙药"。

承担了"超级部委"的角色,并与财政部和贸易工业部形成了三足鼎立之势。需要注意的是,经济计划委员会控制着国家的钱包,其负责人正好由副总理担任。这就是 20 世纪 60—70 年代的安排。因此,经济计划委员会不仅对发展规划过程负责,还控制着相关资源(Kim E. M.,2015)。经济计划委员会的主要任务包括:(1)制定和实施经济发展五年计划;(2)以一套工具指导和引导私营部门,包括获得国内外资本、外国援助和技术;(3)借助许可证制度、财政政策工具和法规控制私营部门。政府对国内金融资源有绝对控制权,因为政府已经着手控制所有国内银行,并因此控制了对企业的金融资源分配。韩国还为收购海外资本提供了主权担保。事实证明,金融作为诱饵的使用是有效的,可以促使私营部门服从发展型国家的要求(Kim E. M.,2015)。

第一个五年发展计划是在 1962—1966 年实施的,该计划的首要目标是确保国家自力更生,并从农业经济过渡到工业经济。此外,该计划还强调建设必要的基础设施,以支持强劲的经济增长,特别是提升韩国的发电能力。一些国内私营公司被选中并得到支持。在计划期结束时,尽管遭遇了一些挑战,但仍超过了既定的增长目标(Kim E. M.,2015),以人均 GDP 衡量的平均收入累计增长了近 30%,达到 1277 美元(World Bank,2018)。

出口导向型工业化(Export-Oriented Industrialisation,EOI)是韩国第二个五年发展计划的重点。这是因为需要足够的资本来资助经济发展议程。有人认为,这种方式借鉴了日本的经济发展战略。第二个五年发展计划特别强调利用韩国受过良好教育的劳动力,为出口市场创造轻工业化条件。战略目标包括限制人口增长和粮食生产的自给自足。金恩美(2015)暗示:"战略非常广泛,从工业规划到家庭计划都有所涉及"。第二个五年发展计划于 1971 年结束,此时,两个五年发展计划已取得良好效果,第二个五年发展计划甚至比第一个更成功。当时的时机也很好,韩国可以不受限制地进入美国市场,可以向美国出口各种轻工业产品,包括纺织品、服装、玩具、鞋类、胶合板和假发（Kim E. M.，2015）。

第三个五年发展计划以工业化为主导方向，着重于促进重工业和化学工业发展，其中钢铁企业成为焦点。其他相关的优先产业包括机械、造船和石化。金恩美（2015）认为，尽管西欧盟国对这一冒险的成功性持怀疑态度，但韩国仍坚持了这一计划。日本作为战争赔款提供的财政资源为执行发展议程提供了部分急需的资金。20世纪70年代，韩国财阀诞生。这些大型私营企业在政府的支持下，转型为大型企业集团。这些财阀具有众所周知的特点：高度多元化的控股公司，对轻工业和重工业、非银行金融等服务业以及零售业等都有兴趣，家族式经营，拥有全球品牌（Kim E. M.，2015）。知名的财阀有大宇（Daewoo）、现代（Hyundai）和善京（Sunkyong），善京后来更名为SK。

第五个五年发展计划于20世纪80年代初开始实施。20世纪80年代，随着韩国试图通过开放来稳定和重新平衡经济，政府对经济的控制也有所放松。这是社会经济和政治压力日益增加的结果，尽管过去20年，韩国在经济发展领域取得了惊人的成就。对物价的压制和对劳工权利的压制在摇摆，造成压力的社会阶层包括学生、工人和最重要的中产阶级，要求增加工资和扩大民主空间的鼓动引起了韩国当局的注意。从20世纪80年代开始，全球市场环境也开始发生变化。因此，在内外压力的共同作用下，1980年当选总统的全斗焕（Park Chun Doo-hwan）意识到，这时可能是实施改革以满足国内需求的时候了。从那时起，五年发展计划拓展了范围，将社会问题纳入其中。例如，1982年启动的第五个五年发展计划，就被命名为"经济和社会发展五年计划"。

1994年，在第六个五年发展计划结束后，经济计划委员会被解散，韩国大幅精简了其经济企划政策。政府机构进行了重组，并开始尝试促进自由竞争，加强收入的公平分配，灌输法律意识和秩序意识。渐渐地，韩国的发展战略从发展型国家转向使用监管手段来推动发展的国家，发展重点也转移到技术进步上。即使在改革之后，按照罗斯托的估计，韩国经济似乎已经起飞，即使经历1997年亚洲金融危机，韩国经济仍然继续强劲而稳定地增长。财阀实力不断增强，他们对经济的主导地位似乎短期内不会下降。金恩美（2015）这样描述财阀们几乎无处不在的性质："你在生活中无法避免接触这些财阀的产品和服务，LG 的肥皂和洗发水，一边看三星电视，一边查看三星智能手机里的最新来电和新闻，乘坐现代公司建造的地铁，在乐天百货购物，在现代公司建造的大楼里上班，在 CJ 特许经营的餐厅吃午饭，在三星的酒店会见客户。"三星是最大的财阀，其收入在 2013 年占韩国 GDP 的 26%，而前十大财阀的总收入占韩国 GDP 的 68%。

宏观经济的稳定在很大程度上得到了实现，但不一定是通过正统的自由市场机制。生产要素价格在很大程度上是由行政所管理。如前所述，工资和利率都受到严格控制。虽然经典的经济理论认为这些都是扭曲的努力，但韩国还是推行了强有力的积极政策，设法实现了宏观经济的稳定，为经济快速增长提供了有利环境。与新加坡和中国台湾不同，韩国通货膨胀率不是很低，但也不能说它高得不合理。1961—1991 年，韩国通货膨胀率年均为 12.2%，这一数字远远高于新加坡、中国台湾、中国香港甚至中国。尽管在多年的快速增长中积累了巨额国内储蓄，韩国也大举借债。但总体来看，其宏观经济基本面是好的（World Bank，1993）。

在经济快速增长或发展的过程中，各国都尝试控制人口增长。在这方面，韩国制定了一项人口政策，旨在缓和和降低生育率。1962 年开始的计划生育方案帮助韩国在很短时间内实现了人口结构转型。例如，1960—1988 年，韩国生育率大幅下降，从平均每个妇女生育 6 个孩子的高位下降到不到 1.6 个，这个数字远远低于生育更替水平。人口控制在一定程度上也是规划者的首要任务，最初的几个五年发展计划都有人口增长的目标。这些人口增长目标得到了重视，并提供了资源以确保其实现。显然，这些年来韩国的人口增长率清楚地证明了其在保持低人口增长率方面取得的成功（见表3.2）。1964—2014 年，虽然韩国人口年均增长 1.4%，但人均 GDP 的增长速度几乎是人口增长速度的 5 倍。在撒哈拉以南非洲，失控的人口增长一直是影响该地区经济发展的因素。在过去的 60 年里，除了少数几个国家，非洲大陆几乎每个国家的人口增长速度都远远超过了人均收入增长速度。

第六节　中国

一　资本积累——储蓄、投资和人力资本

即使与"亚洲四小龙"的积累速度相比，中国的实物资本积累速度也相当可观。例如，中国国内储蓄水平一直相当高，在 1962 年跌至 15% 的低点后便立即回升，此后一直稳步增长。中国国内储蓄在 2008 年超过 50%，并在 2010 年达到 52% 的峰值，之后回落到 40% 的高点（见图 3.13）。虽然在过去 60 年的大部分年份，资本形成总额与国内储蓄同步变动，但投资水平一直低于储蓄水平。换句话说，中国一直有超额储蓄记录。20 世纪 70 年代末改革开放后，政府在资本积累中的作用有所减弱；然而，国有企业实体在产值中仍占有相当大的份额。1990 年，上海和深圳开设了股票市场，2010 年 12 月，上海证券交易所已成为世界第五大证券交易所。

中国资本供过于求的原因有很多：海外资本的流入；国有土地的出售，尤其是在城市区域；住房供应私有化，这在传统上是国有企业的责任。托马斯·皮凯蒂（Thomas Piketty）和他的合作者在 2017 年发表的一篇论文中指出，中国政府仍然控制着经济中企业的很大一部分资产。例如，国有股权占总股权的 60%，私营实体占 30%，外资企业占 10%。

到 1970 年，与大多数发展中国家相比，中国已经积累了较高的人力资本水平。例如，中国已实现小学适龄学生的普遍入学，中等教育入学率估计为 28%，而高等教育入学率仅为 0.1%，这一数字与当时大多数发展中国家的入学率相当。但与这些国家不同的是，中国小学和中学的入学率非常高（World Bank，2018）。随着农业部门的工

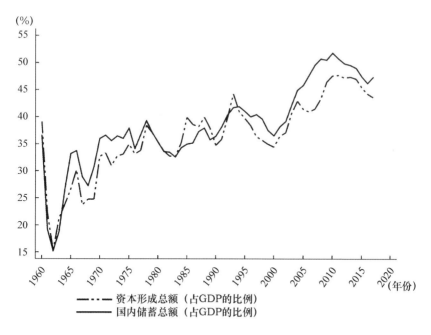

图 3. 13 1960—2017 年中国国内投资与储蓄

资料来源：World Bank（2018）。

人转移到生产效率更高的工业部门和其他非农业经济部门，人力资本在很大程度上支持了从农业经济向工业化经济的转变。

随着经济的发展，接受中高等教育的机会也随之增多。例如，到2017 年，中国高等教育入学率已飙升至 40％以上。同时，中等教育入学率已提高到 90％以上。高技能的劳动力也有助于支持创新和技术进步所需的研究和开发产出。1978 年改革开放后，中国对研发的投入一直在增加。

二 经济和社会转型

1950 年中国开展广泛的土地改革。改革摆脱了土地租佃，寻求确保土地在全国的公平分配。土地改革方案奠定了中国社会主义国家的基础，对此，登伯格（Dernberger，1972）认为："土地改革的必然结果是彻底消灭地主士绅阶级和富农阶级，即土地改革是中国走向社会主义斗争的重要且关键的第一步"。20 世纪 50 年代，中国采用了苏联的发展方式，聚焦于中央经济计划和资源配置。20 世纪 50—60 年代的五年发展计划产生了可观的成果，但农业部门的表现落后于工业部门。据美国国会联合经济委员会（The Joint Economic Committee of the US Congress）公布的数据显示，1963—1971 年，中国工业年均增长 8.8%，表现强劲。在此期间，农业部门年均增长 3.1%，而 GDP 年均增长 5.7%。工业的显著表现在很大程度上是有意为之的结果。中国政府将重点放在了增加重工业（钢铁和重型机械）的投资上，并在此期间制定了较低的农业价格。实际上，政府从农业中提取盈余并投资在工业部门上。

1978 年，中国实行改革开放。朱（Zhu X., 2012）认为："没有系统改革政策的宏大设计；相反，经济改革是以渐进的、实验性的、分散的方式进行的。"何力（Li H., 2015）也证实了这一观点，他说："中国的改革是渐进式和零碎的。与苏联相比，中国的改革执行得更加谨慎和缓慢。"主要改革措施包括提高农产品价格和实行家庭联产承担责任制。农业部门推行的制度和价格改革激励了农民，提高了产量，从而避免了以往与农业集体主义有关的粮食危机。改革期间，生产率的提高使劳动力转移到生产率相对较高的工业部门，这一结果与西奥多·W. 舒尔茨（Theodore W. Schultz, 1953、1964）和其他研究者关于农业在经济发展中发挥核心作用的主张相吻合。

始于 20 世纪 80 年代的非农业部门改革有两个支柱性制度。第一个支柱是将配额制度扩展到非农业部门。在该制度下，国有企业以两种体制运营。它们被要求按照受管理的价格进行交易的投入和生产配额，但是一旦完成配额，后续产出可按市场价格进行交易。此外，进入以前被禁止的行业的限制也被取消，以便集体企业、非国有企业，甚至是经济开发区中的外资企业可以按市场价格进行交易。改革的第二个支柱是将经济决策权下放给各级政府。

20 世纪 90 年代，尽管国有企业陷入困境，但中国政府仍对其提供支持。这是为了减少逐步开放的市场经济的影响。20 世纪 90 年代末的改革，特别是 1997 年中国共产党第十五次代表大会之后的改革，是中国经济发展战略的分水岭。从 20 世纪 90 年代末到现在，经济增长主要是由私营企业推动的。鼓励在沿海地区建立经济特区和特别开发区以吸引外国直接投资的政策，在改革后的经济增长中发挥了重要作用。例如，1995 年注册的私营企业占全国企业总数的 71%，国有企业占 24%。到 2014 年，私营企业员工占比达到 94%，国有企业和外资企业员工占比均为 3%。中国于 2001 年加入世界贸易组织，加强了国际联系与合作。中国在研发方面投入巨资，并寻求提升产业价值链。美国专利商标局（Patent and Trademark Office）对来自中国的国际企业专利申请授予的数量增加，清楚地表明了中国在创新和向工业化价值链上游发展方面所取得的进展。

尽管中国自 1978 年以来一直在进行改革，并采取了战略渐进的改革方式，但这方面的努力一直以五年发展规划为指导。2016—2020 年的"十三五"规划的主旨是把科技创新放在首位。

过去 40 年，中国的经济增长和发展惊人。中国 GDP 占全球 GDP 的比重也从 1960 年的约 1% 上升到 2017 年的近 13%。在同一时期，发达国家包括欧盟国家和美国占全球 GDP 的份额有所下降。例如，欧盟的份额从 1960 年的 37% 下降到 2017 年的 23%，而美国则从 28% 下降到 22%（见图 3.14）。中国人均 GDP 向美国靠拢的速度同样惊人。1960 年，中国人均 GDP 约为美国的 6%，到 2015 年，这一数字已经上升到 24%（见图 3.15）。20 世纪 80 年代中国 GDP 增长率略高于 4%，但到 20 世纪 90 年代和 21 世纪头十年出现了非常强劲的增长。例如，2000—2009 年，人均 GDP 年增长率超过 15%，人均 GDP 也从 20 年前的不足 1000 美元上升到 2010 年的 7000 美元（见图 3.16）。伴随着经济增长的显著步伐，从 20 世纪 70 年代中期开始，中国经济从农业经济转变为工业经济。例如，农业产出占 GDP 的比重在 1968 年达到 42% 的峰值，2017 年下降到 8%，这些年来工业占 GDP 的比重在 40% 左右（见图 3.17）。

中国也受益于其人口动态的转变。由于实施计划生育政策，多年

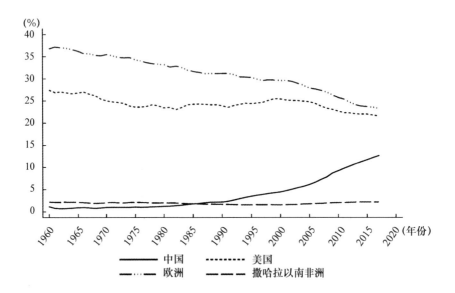

图 3.14　1960—2017 年全球 GDP 的份额（2010 年不变价格）

资料来源：World Bank（2018）。

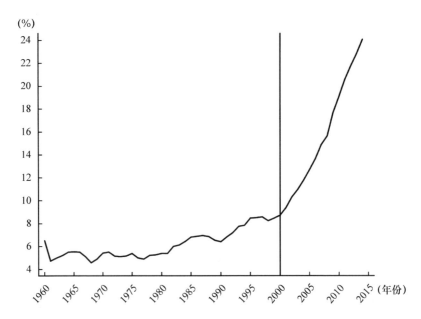

图 3.15　1960—2015 年中国人均 GDP 占美国人均 GDP 的比例

资料来源：World Bank（2018）。

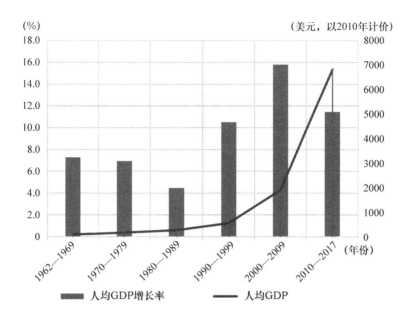

图 3.16　1960—2017 中国人均 GDP 及其增长

资料来源：World Bank（2018）。

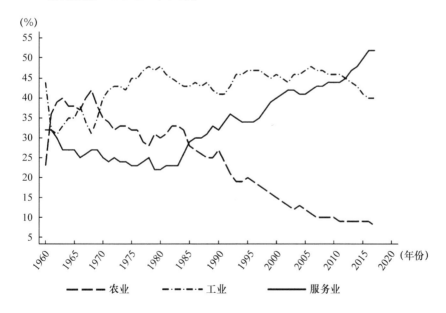

图 3.17　中国行业增加值占 GDP 的比重（1960—2017 年）

资料来源：World Bank（2018）。

来生育率急剧下降，中国产生了一个有利的可靠比率。在接下来的 30
年里，经济活动人口的比例稳步上升，从而为中国提供了巨大的人口
红利。

第七节　结论性建议

快速增长的东亚经济体都追求"非常特殊的规划"，消除经济特
别是出口部门的市场扭曲。韩国、中国台湾一直推行差别税制，这鼓
励了出口导向型产业，但不利于国内消费导向型产业，甚至最自由的
中国香港也采取了非常微妙的方式进行。信贷和其他鼓励措施被用于
刺激和促进出口部门的发展。

它们都在教育方面进行了大量的投资，特别是职业培训，并经常调
整教育政策，以在其发展的每个阶段满足工业的需要。经济政策理念各
不相同，有的基本上是自由放任，有的则是不同程度的国家（或地区）
指导的资本主义。这些国家或地区在不同程度上追求一种独特的混合和
务实的经济管理政策，利用中央计划和以价格为中介的市场体系的优
点，为发展进程服务（Park，2002）。托尼·基利克（Tony Kilick，
2004）指出："东亚的经验告诉我们，在发展方面最成功的发展中国家
明显是不民主的。"回顾亚洲各个国家和地区的政治历史，为亚洲经济
发展奠定基础的早期领导人显然比今日所称的民主人士更具"威权"。
然而，这是一个有争议的问题，因为非洲的类似领袖却没有为其统治的
国家留下任何有意义的发展遗产。更重要的是，除中国外，发展相对成
功的亚洲国家和地区在战后的意识形态测试中战略上倾向于西方，通过
这种选择能够讨好西方发达国家，在工业化的早期阶段获得更多的市场
准入机会。

贯穿东亚不同发展模式的一条线索是政府的作用。人们普遍接受
市场在促进资源有效配置方面的严重局限性，这强调了整个地区对政
府干预在促进经济发展中的关键作用的共同理解。

第二部分
塑造非洲的欧洲经济
增长和发展

第 四 章

中世纪的欧洲经济：400—1500 年

第一节　导言

对欧洲中世纪历史的简要回顾有助于将非洲置于全球背景中。笔者只是简明扼要地回顾了中世纪时期欧洲的主要王国，目的是审视当时的经济和政治制度。我们将看到在中世纪的欧洲，主权是多么的分散。

在处理中世纪问题时，历史学家经常把欧洲划分为三个地理区域。这是因为这些区域在发展水平方面有着显著的差异。这些区域是拜占庭帝国（东罗马帝国）、从莱茵河以东延伸至多瑙河以北的罗马帝国在西欧的行省以及斯拉夫人居住的地区。斯拉夫人居住的地区位于欧亚大陆，这些地区从中欧、东欧和东南欧延伸至欧洲的东北部，一直到北亚和高加索地区。此时的西罗马帝国各行省正处于众多日耳曼民族的统治之下。

中世纪的开端通常被认为是西罗马帝国在 5 世纪崩溃后的时期。这也是西欧大部分地区的大倒退时期。事实上，4—9 世纪被描述为欧洲的"黑暗时代"。许多原因可能导致了西罗马帝国的崩溃，包括北部日耳曼蛮族部落在旧帝国灭亡中扮演的关键角色。掠夺性的日耳曼部落不仅接管并定居在帝国的各个地区，而且同化了当地人的文化。在取代了已经瓦解的西罗马文明之后，此前主要是游牧民族的日耳曼部落定居下来，尽管是原始状态。西哥特人可能是最著名的日耳曼部落之一，他们居住在多瑙河下游以西。另一个群体，东哥特人，在 493 年前后控制了罗马（Koenigsberger 和 Briggs，1987）。在"黑暗时代"期间，地中海世界已经崩溃，其文化、政治和经济单元已经解体。据称，西欧的黑暗很大程度上影响了圣奥古斯丁（VanOort J.，2012）和格雷戈里一世，他们的著作在中宣称世界末日即将来临（Davis，1957）。

到了 7 世纪，大约在古老的加纳帝国是西非最伟大的帝国时，西欧远未成为世界的主导力量。事实上，一个穆斯林哈里发控制了几乎整个伊比利亚地区（今天的西班牙和葡萄牙）以及北非和中东。西班牙的基督教王国只控制了横跨伊比利亚半岛的一个非常小而狭窄的地区。东罗马帝国控制着小亚细亚和意大利南部的某些地区，希腊的沿海地区、巴尔干半岛以及西西里岛。当时最卓越的西欧强国是包含今天法国、比利时、奥地利、荷兰和德国部分地区的法兰克王国。布列塔尼以及盎格鲁－撒克逊王国位于法兰克王国的西北部。因此，法兰克王国可以被认为是中世纪早期西欧的一个代表。

第二节　中世纪早期的西欧

拉尔夫·戴维斯（Ralph H. C. Davis，1957）在谈到西欧时写道："穿越罗马帝国北部边境的蛮族入侵者是日耳曼民族，他们被一个叫作匈奴的蒙古民族向西驱赶。"匈奴人并没有在帝国境内永久定居，日耳曼人则定居下来。因此，日耳曼民族必须是我们要首先关注的，他们可以划分为两个主要群体：西日耳曼人和东日耳曼人。西日耳曼人包括法兰克人、盎格鲁人和撒克逊人；东日耳曼人则包括哥特人、汪达尔人、格皮特人、勃艮第人和伦巴第人。西日耳曼人在入侵帝国之前已经获得了一种定居形式的农业生活，但东日耳曼人仍然是游牧民族。因此，西日耳曼人的入侵采取了稳步推进的形式，并得到了系统性的巩固，而东日耳曼人则采取了迅猛但"间歇性游荡"的形式（Davis，1957）。

一　法兰克王国：481—814 年

法兰克人的领土是由莱茵河以东的一个日耳曼部落联盟于 481 年前后建立的。一些人认为，法兰克人实际上是在 3 世纪前后出现的。尽管如此，法兰克人的领土从梅斯向南延伸，北边是科隆，东边是富尔达，西边是图尔迈和泰尔特里。这片领土构成了奥斯特拉西亚地区。后来，在克洛维的领导下，法兰克王国征服了更多的土地，从而扩大了领土范围。包括了如今天法国巴黎、南特和图尔等城镇的纽斯特利亚被纳入该王国，以斯特拉斯堡为主要城镇的斯瓦比亚也在该王国境内，南部的勃艮第和巴伐利亚后来也被征服了。确实，到 814年，法兰克王国的东部边界包括卡林西亚（以今天奥地利的萨尔茨堡为重镇）和东南部的伦巴第王国①，加斯科尼和西班牙军国（包含巴塞罗那）构成了西南边界。

5—6 世纪，法兰克王国被多个王朝所统治，这些王朝被称为梅罗文加王朝。国王们经常把王国划分为若干地区，并将其分配给他们的儿子来统治。639—751 年，该王国被划分为三个区域：奥斯特拉西亚、勃艮第和纽斯特利亚。每个地区都有自己的宫殿，由法兰克国王任命的市长所控制。市长作为总督，通过该地区的贵族进行统治，这些贵族是市长背后真正的权力。只是在 12 世纪之后，贵族才成为世袭制。

查理大帝，又被称为查理曼大帝，是一位对广袤欧洲都有影响的勇士国王。查理曼大帝是佩平三世（Pepin the Short）的长子，被普遍认为是法兰克王国历史上最成功和最有权力的国王。他成功地把自己的统治强加到西欧大部分地区。从 5 世纪的克洛维时代起，法兰克人

---

① 今天北部意大利。意大利城市，如罗马和伦巴第的米兰都是法兰克王国领土的一部分。

已经皈依基督教，更准确地说是天主教。教会在王国中的地位变得根深蒂固，以至于到该世纪后半期，教会和国家几乎无法分开。这一观察被恰当地描述如下：

> 到了8世纪下半叶，教会和国家真正在法兰克王国形成了一个单一的共同体；教会帮助管理国家，反之亦然。地方政府中最重要的官员是伯爵和主教。伯爵所负责的领地是他的郡，但它与主教的教区是一致的，因为两者都源自于罗马帝国的公民区（civitas）。因此，伯爵和主教在最严格的结合中工作。伯爵本应该处理世俗事务，而主教则负责精神事务，但在实践中，不可能将一方的活动从另一方的活动中分开。并且，他们接受国王特使的联合检查……他们不是永久性官员，却是王国里的重要人物，他们接受一项特别的委托，用几个星期的时间在大约6个郡的范围内检查政府的工作。他们成对工作，一个是世俗人员，另一个是教会人员，并且被指示不仅要检查世俗政府的效率和服从性，对教会也是如此。通常，教会的……作为一位大主教，他所视察的郡构成了他的教会省份的教区。（Davis，1957）

为了承认查理曼大帝作为西方基督教世界最重要的国王的权威和突出地位，在他与教廷建立良好的关系并向罗马提供保护之后，教皇利奥三世在800年的圣诞节将查理曼大帝加冕为罗马人的皇帝。

法兰克人在今天被称作"西欧"的地区的影响是非常大的。事实上，欧盟的中心布鲁塞尔，曾经也是法兰克王国的中心。当人们审视中世纪早期的欧洲时，也能看到法兰克人的影响。① 因此，随着西罗马帝国崩溃后地中海世界的解体、拜占庭帝国的衰落、阿拉伯人对北

---

① 500—1000年通常被描述为欧洲的"黑暗时代"。在西罗马帝国于4世纪灭亡后，西欧陷入了战争和混乱。政治不稳定状态引发了巨大的移民浪潮，人们由于不断的战争和不安全感试图离开他们的社区。然而，东罗马帝国却依旧繁荣。正是在这一时期，法兰克王国在西欧成为一个强大而连贯的政体。

非和伊比利亚半岛的汪达尔和西哥特王国的征服，法兰克人成了西欧的主要力量。

二　撒克逊帝国

到了 10 世纪初期（919—936 年），法兰克王国东部的萨克森、弗兰科尼亚、斯瓦比亚和巴伐利亚四个公爵选举了一位撒克逊国王作为领袖。奥托一世，德意志国王亨利一世的继任者，击退了亚洲游牧部落马贾尔人，并且成功地建立了对易北河下游地区斯拉夫人的控制。奥托一世、奥托二世和奥托三世三位国王，在 973—983 年在位。到了 10 世纪末，撒克逊帝国已经确立了自己的地位，成为由法兰克人查理曼大帝锻造的西方主导力量的继承者。

从领土上看，撒克逊帝国与法兰克王国相比要小得多。它包含了德国和意大利的大部分地区，但没有包括今天的法国和西班牙的领土。因此，撒克逊帝国以德国人①为主。

法兰克王国从克洛维时代起就把基督教作为一种宗教，并保留了基督教作为多年来统一的凝聚点。后来的国王们延续了这一传统，以至于迁入欧洲大陆其他地区和盎格鲁－撒克逊英格兰地区的大多数德意志野蛮人②部落基本上都是基督徒，教会在所有后西罗马地区的王国统治中扮演了重要角色。

三　不列颠

在西罗马帝国崩溃后，降临在不列颠的命运在某种程度上不同于欧洲大陆的其他行省。例如，在 5—6 世纪，不列颠受到了日耳曼部

---

①　选择"德国人"这个术语在这里使用是不情愿的，因为在 10 世纪，德国人并不把自己看作是德国人。虽然人们承认日耳曼人这个概念，它包括瑞典人、挪威人、丹麦人和盎格鲁－撒克逊人，但直到 12 世纪，还不存在德国人这样的群体。事实上，奥托大帝将其王国的德国部分称为 *Francia*，其民众被认定为萨克森人、法兰克人、巴伐利亚人或斯瓦比亚人，他们代表四个公爵领地，每个公爵领地都有明确的部落起源。

②　野蛮人或蛮族是古希腊人和古罗马人对日耳曼部族（包括汪达尔人、西哥特人、东哥特人、法兰克人等）带有侮辱性的称呼（译者注）。

落的入侵，盎格鲁人和撒克逊人从东边入侵，凯尔特人从西边入侵。在北方，不列颠被来自阿尔斯特的苏格兰人入侵，他们随后将北方命名为苏格兰。这些新的入侵者对城市有着共同的蔑视，特别是盎格鲁－撒克逊人和凯尔特人。侵略者放弃了拥有石制教堂和修道院的罗马城市，并撤退到乡村；在那里，贵族们住在木头房子里，而普通百姓则住在泥土建造的房子里。后罗马时代的不列颠所追求的主要经济活动是农业，包括农作物和牲畜养殖。

与罗马人不同，入侵者的社会是部落式的，具有非常复杂的法律。人们被各王朝的国王所统治。后罗马时代不列颠权力的多样性确保了不列颠王国的多样性，其中包括英格兰的东安格利亚、埃塞克斯、肯特、麦西亚、诺森比亚、苏塞克斯和威塞克斯 7 个王国。因此，到了 7 世纪，不列颠没有统一的王国，不像克洛维打造的统一的法兰克王国那样。后来，统一确保了对该岛广阔海洋屏障和与世隔绝的独特优势的利用，导致更加强大的王国在岛上出现，能够将其他王国纳入其影响范围。例如，到了 8 世纪末，大多数较小的王国都被纳入诸如麦西亚这样的较大王国，这些王国位于不列颠中部。在 9 世纪，不列颠的大片土地被来自北方的维京人入侵和控制。有观点认为，维京人曾一度控制了近一半的不列颠（Koenigsberger 和 Briggs，1987）。到了 10 世纪中叶，来自斯堪的纳维亚半岛的维京人已经被打败，并且被纳入统一的不列颠的盎格鲁－撒克逊王国。

四　拜占庭帝国

东罗马帝国，也被称为拜占庭帝国，其首都君士坦丁堡大约在 330 年诞生。它经受住了野蛮人部落和阿拉伯人的攻击，阿拉伯人在 7—8 世纪变得非常强大。与古罗马帝国的西部不同，拜占庭文明自古代晚期以来一直没有中断，并且已经发展到包括今天的意大利中部至地中海的范围。

直到 6 世纪，人们才清楚地认识到，一个真正的新文明正在君士坦丁堡发展。东方从未遭受过西方那样严重的经济萧条，当西方返回到农业主义的时候，它的城市继续在商业和工业中寻找其活力的源泉。(Thompson 和 Johnson，1937)

在其鼎盛时期，查士丁尼统治下的拜占庭帝国横跨西班牙东南部，覆盖了从摩洛哥到埃及的整个北非、意大利和西西里岛、巴尔干半岛直到多瑙河、小亚细亚和爱琴海上的岛屿。叙利亚和巴勒斯坦也在该帝国的统治之下。因此，拜占庭帝国覆盖了地中海世界的大部分地区和今天的东欧。拜占庭帝国的黄金年代被认为跨越了 7—11 世纪，尽管在此期间遇到了挫折，某些领土被阿拉伯人占领，后来又被土耳其人占领。在中世纪早期，拜占庭帝国在军事上和经济上都是世界最强大的国家之一。

867—1057 年，拜占庭帝国重新振兴，夺回了一些被阿拉伯人夺去的土地。例如，在马其顿王朝时期，拜占庭帝国重新占有了意大利南部的大部分地区，包括那不勒斯、阿马尔菲和其他的南部城市。拜占庭帝国在 9 世纪拥有 70 万人口，是世界上最富有的国家之一，仅次于首都位于巴格达的伊斯兰帝国。

11 世纪时，在阿拉伯人近两个世纪的不断攻击下，拜占庭帝国的地理范围已经大大缩小。蒙古人和斯拉夫人的出现以及他们随后在巴尔干半岛的人口繁衍，决定了拜占庭帝国的命运。拜占庭帝国基本上沦为了君士坦丁堡城及其紧邻的欧洲边远地区。在失去其在西欧和东欧的大部分领土之后，该帝国在性质和习俗上实际上沦为了一个希腊国家。

尽管如此，必须着重指出的是，伊斯兰教的强大和阿拉伯人的力量让拜占庭帝国付出了代价。事实上，埃及、叙利亚甚至西西里岛都在 875 年被阿拉伯人夺走了，同时失去的还有伊比利亚半岛的大部分地区。

拜占庭帝国的首都君士坦丁堡是远东和西方贸易的重要转口港，也是整个中世纪欧洲最大的转口港。拜占庭帝国密切监视着从中亚到中国和印度的贸易路线，这些路线通常以君士坦丁堡为终点。与此同时，君士坦丁堡还是一个主要区域和区域间的中心。除了君士坦丁堡，还有其他省级城市如塞萨洛尼基和底比斯，也经历了繁荣的贸易和其他商业活动。其中最重要的贸易商品是谷物和帝国的丝绸。通过供给政策，拜占庭帝国的权力能够缓和帝国内，特别是在君士坦丁堡内的制造业和农业商品价格的过度波动。

拜占庭帝国的官僚机构①非常复杂且精细，以至于它倾向于向农民阶层征收巨额的税收，而农民阶层则提供了大部分的食物和贸易物品，因此占了税收的很大一部分。食品价格被有意压低，以支持从事贸易和工业的城市居民。随着对中国丝绸生产技术的采用，拜占庭帝国生产了各种奢侈品，并向国内外销售。

在帝国权力的控制下，市场上的各种奢侈品得到了充分但又不过度的供应，拜占庭帝国也因此而闻名。这些奢侈品包括丝织品、重锦缎、上等布料、金饰、珐琅盘、精美的玻璃和象牙制品。拜占庭帝国制造的长袍②和圣物箱③是基督教和野蛮人世界中最令人垂涎的东西之一。这些都是西方拉丁语世界的教堂非常珍视的珍贵物品，也是野蛮人国王最崇拜的物品。

关税、控制贸易路线为拜占庭帝国带来了巨大的财富。此外，对工业的垄断性控制也为皇帝们带来了大量稳定的收入。税收往往以黄金计算，庞大但运作良好的官僚机构的薪水也是以黄金支付。这种黄金支付体系转而又导致了一批货币兑换商的发展，他们将铜兑换成银，然后兑换成黄金。铸造流通中的硬币是皇权专利。拜占庭帝国的金币，即诺米斯玛（nomisma）或贝赞特（besant），由于其内在价值始终保持稳定而被广泛接受为国际货币。

到了9世纪末，罗马世界的西部和东部地区有了明显的区别。这

---

① "拜占庭"一词与一种行政结构专横且过分复杂的制度有关。
② 长袍是神职人员在教堂举行礼拜礼仪时穿的服装或法衣。野蛮人国王如果想要在宫廷仪式中营造出一种皇室外观，往往会要求朝臣们穿上这种服装。
③ 这些是储存中世纪教堂众多遗物的特殊容器。

一事实在文献中得到了恰当的报道：

> 关于 9 世纪末的欧洲经济，首先可以观察到的也是最明显的事实是东西方之间的差别。虽然拉丁西部很贫穷，拜占庭帝国和伊斯兰帝国却很富裕。拜占庭帝国的繁荣在某种程度上是对政治状况的评论，其政府远比西方任何政府都要强大。

五　东欧

法兰克王国以东和东罗马帝国以北进入西伯利亚的地区由人口稀少的开阔草原组成。该地区的地理环境适合居住在这片土地上的游牧民族。这些人拥有成群的牲畜而且是熟练的骑兵，他们袭击在该地区孤立定居的农民的社区。该地区与法兰克王国的其余地区、拜占庭帝国和波斯几乎没有贸易往来。因此，由于游牧民族和其他入侵者的间歇性袭击，整个东欧处于一种相对高度不安全的状态。

斯拉夫人是定居在欧洲中部奥得河和易北河沿岸印欧血统的农民。斯拉夫人包括马扎尔人或匈牙利人、塞尔维亚人和克罗地亚人。后来，斯拉夫语演变成了现代的波兰语和捷克语。保加利亚人来自亚洲，也是斯拉夫人的一部分，他们建立的王国后来被吸纳到拜占庭帝国，并被拜占庭帝国承认为一个王国。

在马其顿王朝的统治下，拜占庭帝国试图让他们皈依基督教，开始了对毗邻的斯拉夫民族的文明化任务。到了 864 年，保加利亚的沙皇鲍里斯已经皈依基督教；斯拉夫人在 100 年后也皈依了基督教。事实上，到 989 年，俄罗斯王子弗拉基米尔也皈依并接受了教会的洗礼。渐渐地，拜占庭帝国基督教会在整个巴尔干和俄罗斯传播开来。

斯拉夫人在军事上很弱小，常常受到当时强权的任意摆布，南边是拜占庭帝国，西边是德国。他们与这两个欧洲强国相比也更加落后和贫穷，这两个国家围绕着一个帝国更加团结。例如，在 8 世纪，大量的斯拉夫囚犯，大约有 7 万人，被安置在拜占庭帝国的一个行省——东马其顿。

第三节　中世纪盛期的欧洲经济

10—13世纪，特别是900—1250年，是西欧开始确立自己的地位，并在夺回其失去的古代荣耀方面经历了广泛成功的时期，从而驱逐了绝望，代之以希望。大约在这个时期，拜占庭帝国也被称为东罗马帝国，已经具有了越来越多的希腊特色，并在西方失去了所有的影响。该帝国完全局限于东欧地区。

一　欧洲封建主义

"封建主义"一词似乎是一个现代术语，尽管这个概念也被用来描述中世纪一个时期的政治经济。当西欧的罗马帝国被取代时，封建主义①作为一种政府体系始终是突出的。虽然在法兰克王国衰弱之后，封建主义的发展似乎加快了，但也必须强调的事实是这一制度可以追溯到更早的时代。事实上，封建主义在世界其他地方也存在，比如日本和非洲等地（Oppenheimer，1945）。②

因此，"封建主义"一词是18世纪学者们的发明。斯密（1776）对"封建制度"一词的使用，描述的不仅是一种管理政体的法律制度，而且是一种生产制度。在封建主义概念中，斯密（1776）将其描述为一种生产制度，在这种生产制度中，工人提供劳动不是因为激励，而是国家权力支持的领主的强制。"封建主义"一词在1848年的《共产党宣言》中也被广泛使用，被称为封建工业制度以及其他描述。总的来说，大卫·赫利希（David Herlihy，1970）所引用的马克思和恩格斯把这个词作为人类发展阶段的一般特征来使用。在经济史文献

---

① 该术语首先在经济学话语中使用，斯密的《国富论》中指出，中世纪的人们并非不知道诸侯和封地的概念，但他们没有考虑到一套封建原则的连贯性构造，而这套原则塑造着一个明确的社会经济和社会政治制度。

② 有证据表明，封建主义也存在于一些非洲社会，参见Itandala（1986）。

中，"封建主义"一词用作对重商主义之前的前古典生产制度的描述，这引发了激烈的争论。最纯粹的观点是，封建主义应该用来指 5 世纪罗马帝国灭亡后西欧出现的混乱和不安全的政治制度。野蛮人作为新权力的主导地位造成了一种不安全状态，这种状态必须由具有卓越军事能力的人来解决，以保证村庄等地方的法律和秩序。

> 9 世纪和 10 世纪可怕的无序和混乱在很大程度上是由那些最终在某种程度上战胜他们的力量所带来的。消耗中央政府力量的土地贵族和公职人员承担了保护欧洲不受野蛮人攻击的义务，并组织了一个经济、政治和社会关系体系，取代了名誉扫地的帝国和消散于其中的无效王国。这种制度就是封建主义。因此，9—10 世纪不仅见证了查理大帝帝国的毁灭，也见证了它的替代者的诞生。大致上以 800 年和 1300 年为界的时期应该是封建时代，是欧洲帝国的最后尝试与西欧国家君主制崛起之间的一个中间时代。（Thompson 和 Johnson，1937）

詹姆斯·汤普森和埃德加·约翰逊（James Thompson 和 Edgar Johnson，1937）将封建主义描述为政府的私有化。这种制度在当时最突出的特点是大地主行使自古以来属于君主的主权权利。主权权利往往不是被大地主篡夺，就是被皇权自愿授予。在大多数以武力夺取权力和相关收入的案例中，君主要么是默许，要么是太软弱而无法抵抗接管。当国王无法统治自己的领地时，将其移交给有能力管理该地区的大地主是明智之举。

封建主义还与一种特殊的土地使用权制度有关。在这里，一个人通过一种永久租赁的安排，持有和使用属于另一个人的土地。管理租赁的合同要求承租人（诸侯）履行额外的义务，帮助领主履行其政府职责。因此，诸侯必须出任领主的属臣，并帮助维持该地区的法律和秩序。诸侯还被要求为领主服兵役，或在必要时为领主的军队提供士兵。这是封建主义的军事方面。

封建主义的第三个方面是领主和诸侯之间建立的个人联系。领主为诸侯的生计提供保护和土地，而诸侯则以提供服务和忠诚作为交换，从而创建了一种互利的关系。同样重要的是强调这样一个事实，即作为诸侯并不必然是贬低，因为地主本身通常是拥有更多土地的更强大的诸侯。因此，这种安排并没有损害其声望，它是关于生计的保护和安全，本质上是面包和黄油的问题。

转让主权权利在很大程度上与放弃对衰弱王国的经济控制有关。例如，在9世纪前后，建立和管理市场、收取通行费和铸造硬币的权利往往授权给强大的封建领主。封建主义最初在法国建立，后来在德国和意大利盛行。然而，各地推行封建主义的方式也不尽相同（Thompson和Johnson，1937）。

为了确定欧洲追求封建主义程度的差异，让我们研究一下西欧一些国家封建经济的某些方面。讨论将重点聚焦在通行费制度、度量衡、货币铸造和庄园制度。

二　通行费制度

水道和河流通常是收费的，其他设施如道路和桥梁也都是收费的，还有城镇通行费。英格兰的制度并不完全是敲诈性的，因为它的目的是支付维护和增加贸易通信线路的费用等。因此，有证据表明，英格兰反对所有在不向当地人民提供相应服务情况下征收通行费的企图。但一个地区的居民要求对某一特定收费所积累的资源进行审计以确保这些资金被用于提取资金的目的，这种情况也是不常见的。然而，欧洲大陆的情况却与此相反。对德国和法国案例的审查表明，与欧洲大陆接近敲诈的制度相比，英国的制度要有序和体面得多（Heckscher，1935）。

在中世纪时期，沿着中欧的莱茵河，每15千米就有一个收费站。事实上，据估计，在中世纪末，莱茵河上有64个收费站。一位英国作家曾把通行费制度描述为"德国人疯狂的行为"，因为罗马帝国衰落之后各政体实行的通行费制度多种多样且具有敲诈性（Heckscher，

1935）。

然后，还有城镇上的通行费。顾名思义，这些是对城镇居民和在城镇中展开活动的商人征收的地方税。城镇税的目的是为城镇的服务提供资金，如维护城墙、保持码头的良好状态以及对当地街道路面的铺设和维护。

与德国通行费制度相比，法国通行费制度的情况也好不到哪去。例如，在 14 世纪，南特和罗阿纳两个政体之间的收费站数量为 74 个，这两个政体在卢瓦尔河上的距离为 600 千米。卢瓦尔河在重要性上相当于德国的莱茵河，因此，这相当于每 8 千米就有一个收费站。据报道，河流上的通行费非常高昂。例如，运输距离超过 300 千米的货物所支付的通行费与货物本身的价值一样高，导致成本增加了100%。在法国，与西欧其他地区一样，所有封建领主都控制着自己领地内的通行费。

三　度量衡

在中世纪的欧洲，度量衡的混乱程度令人难以置信。伊·菲·赫克歇尔（Heckscher E. F. ，1935）认为，这种混乱是可以预料的，因为人们需要一种能够将精确测量概念化的能力，但这种能力在中世纪可能并不广泛存在。由于数量庞大的封建政体有着多种多样的度量衡，这使得缺乏精准的定量测量变得更为复杂。直到 1665 年，在重商主义思想的形成时期，法国财政大臣让－巴普蒂斯特·柯尔贝尔（Jean-Baptiste Colbert）指明了自中世纪开端以来这一问题的存在及程度，因此，他把整顿整个度量衡制度的建议提交给了法国国王路易十四，以求批准（Heckscher，1935）。

度量衡的问题非常严重，因为封建领主倾向于在他们自己的领地里为自身利益而改变度量衡。例如，要求以实物支付的谷物计量，往往随着时间的推移而趋于增长，从而损害农民的利益。在法国，征税人收取远高于被征税者应付税额的情况并不罕见。然后，征税人以更小的测量单位来计算所持税额，并将剩余部分卖掉以填充自己的账户。即使在被认为混乱程度远低于中世纪欧洲其他地区的英格兰，在诸如斯塔福德郡等地区，每个城镇的度量衡也各不相同。

四　货币铸造

中世纪的封建政体有权利铸造自己的货币，尽管随着时间的推移，人们试图建立一个普遍的货币制度。例如，英格兰被认为在这方面取得了巨大的进步；国王亨利二世在 12 世纪下半叶成功地在他的王国里制定了统一的货币制度。相反，同一时期的法国、德国和中世纪欧洲的许多其他王国都有多种用于贸易和商业的货币制度。在德国，铸币的权利被分配给了领土上的王子，就像通行费的情况一样，帝国的铸币是被禁止的。

封建主义描述的是一种普遍类型制度，而不是一种特殊的政府。[①]笔者进一步认为，"封建主义"一词可能与"独裁制度"和"贵族制度"等术语一样，应被视为普遍的概念，以至于可以有西欧的贵族制度和贫瘠政体的贵族制度。[②]

五　庄园制度

与封建主义不同，庄园制度本质上是一种政府和政治机构体系，它的力量来自其军事和经济影响力，安德鲁·琼斯（Andrew Jones，1972）认为，"庄园首先是一种经济组织"。这是一个自成一体的经济实体，可以在自给自足的状态下存在，也就是说，它可以生产自己

[①]　正如 R. 库尔伯恩（Coulborn R.，1956）在《历史上的封建主义》（*Feudalism in History*）中论述的一样。

[②]　经历过封建主义的地区的例子包括：德川幕府时期的日本、汉朝以后的中国、第 6 和第 12 王朝时期的埃及、穆斯林印度、拜占庭帝国、俄罗斯，甚至伊朗的古美索不达米亚。在撒哈拉以南非洲，也有大量的封建主义的证据。例如，J. 罗斯科（Rossoe J.，1911）讨论了 Baganda（发现于今天的乌干达）的封建制度，拉特雷（Latere，1923）强调了 Ashanti（在加纳）实行的封建制度，S. F. 纳德尔（Nadel S. F.，1942）记录了在尼日利亚北部 Nupe 看到的制度。Ruanda（今天的卢旺达）的封建制度也有充分的记载。因此，不难得出结论：封建制度不仅是中世纪欧洲的一种现象，而且是人类经济史上的一个普遍阶段。这是伊坦达拉（Itandala，1986）回顾了殖民前的东非国家的封建主义之后强烈支持的观点。

的食物、出售剩余的食物，还可以产生租金收入。因此，庄园被赋予了发展的意涵，而这种意涵是封建主义所缺乏的。更重要的是，庄园制度的相对灵活性确保了它比封建制度更长久。然而，也有一部分文献表明，封建主义即使在其纯粹的政治意义上，也与一种特定的有组织的生产制度相关。这种与封建主义并行的经济制度被某些学者恰当地描述为庄园制度（North 和 Thomas，1971）。

西欧乃至世界大部分地区在中世纪时期都人烟稀少。在西欧，小规模的人口围绕着村庄或庄园而组织起来。在随机分散在广袤土地上的庄园之间，很少或根本没有发生过有意义的社会政治和社会经济互动。因此，各个庄园之间的系统贸易是有限的（Block，1965）。例如，由于缺乏一个明确的中央权威来确保庄园领域的法律和秩序，庄园之间的旅行变得危险而没有吸引力。由于缺乏安全保障，以及存在海盗和抢劫风险，防御问题被缩减为一个地方事务。因此，出现了对具有卓越军事能力和资源的个人的依赖，农民和其他普通民众寻求这种强人，即领主的保护。

在中世纪的欧洲，庄园主和农民之间的契约安排因地而异。诺斯和托马斯（1971）指出了四种主要的契约安排：（1）固定工资支付；（2）固定租金；（3）分享农业生产的投入；（4）分享作物产出。庄园主和农民或农奴之间契约安排的不成文规则，构成了特定庄园社会的经济和社会生活（North 和 Thomas，1971）。

使用货币作为交换媒介，大大降低了用以满足庄园契约安排条款的交易成本。因此，货币和市场在降低交易成本和通过人口增长扩大庄园范围的驱动力方面是相互加强的。

庄园的边界随着人口的增加而扩大。劳动收益递减的影响也被认为导致了领主—农奴关系可用要素价格的调整。要素价格和禀赋的差异为专业化提供了基础，进而也为贸易提供了推动力。这种贸易需求的增长导致了地方、区域和不同区域间生产商品的市场形成（North 和 Thomas，1971），广泛的商品市场的出现导致了以往贸易机会有限的古典庄园经济的崩溃。

欧洲封建主义和其他地方封建主义的衰落可归结于各种原因。农业活动的商业化是由于技术进步的结果（火药、机械动力、航海技术的改进，等等），货币在经济中的引入和以物品交换贸易的衰落鼓励人们为钱而工作。这些因素和许多其他国家特定的因素共同作用，削弱了封建制度的控制力。

第四节　欧洲帝国的复兴

一般来说，在 10 世纪和 13 世纪之间，西欧的经济迅速增长，而拜占庭帝国和伊斯兰帝国的经济却在衰退。尽管拜占庭帝国在 13 世纪中叶相当富有，但由于意大利各城邦的商人开始显现重要性，它正在失去其保持领先贸易中心的能力。有人认为，在这一时期，西欧正在慢慢摆脱其封建制度，并开始建立资本主义经济的基础。相反，拜占庭帝国开始失去对自己经济的控制，继而被新的封建领主所占据。拜占庭帝国和伊斯兰帝国失去了外部安全，这在很大程度上导致了这些帝国的衰落。

大约这个时候，日耳曼人在向东扩展其边界，并占领了更多的斯拉夫领土。例如，1252 年，他们建立了梅梅尔（靠近波罗的海）。此外，西班牙的科尔多瓦在 1236 年向西班牙的基督教王国投降，塞维利亚在 1248 年也随之投降。在希腊，这些岛屿被第四次十字军东征的双方参与者分享，一方是威尼斯和热那亚，另一方是法国。因此，不难得出结论，欧洲在领土和财富方面都在扩张。重振经济活力的一个关键特征是城镇、商业和工业的发展。这些城镇在封建世界中渐进地实现了自治，并发展成为一个公民共同体。

曾经宣誓要团结在一个单一团体中的公社或公民社区，通过法律上的虚构，获得了一种男爵的属性，因此它控制着自己的领土，拥有自己的法院，并拥有自己的官殿或府第。后者是很重要的；它以最宏伟的方式建造，用雕像装饰，并且顶部以一个雄伟

的钟楼为冠，从那里可以召集全体公民进行商议或战争。它是公社地位和统治权的象征。(Davis，1957)

在城镇里，商业受到非常强的保护，不受外来者的影响。例如，只有在指定的交易时间才允许从其他城镇进口制成品，而且每个城镇的价格往往受到严格的控制。

正是在欧洲历史上的这一时期，资本主义的重要基础得以奠定。例如，到了 13 世纪中叶，佛罗伦萨和热那亚的货币兑换商采用复式记账方式，可以兑换不同币种的货币并进行汇票交易。然而，他们最重要的业务是放贷，放债人收取利息，尽管在日常生活中起着重要作用的教会禁止放高利贷。到 13 世纪末，香槟区的集市是欧洲最重要的贸易和金融中心。每年通常有 6 次这样的集市，每次持续 6 个星期。13 世纪的主要经济中心在北海和波罗的海地区，以及南部的地中海盆地。这些地区与香槟区的集市相关联。

北方地区以布业闻名。佛兰德斯和皮卡迪是北方从事这一行业的主要城市。从英格兰购买的生羊毛被运到这些地区用于制造布匹。羊毛在佛兰德斯和皮卡迪等地区进行染色和编织，成品主要被送到香槟区的集市上。

到 13 世纪末，欧洲的经济格局发生明显的变化，从过去严重依赖农业作为创造财富的主要来源，转变为诸如银行、商业、保险和航运等新的经济活动领域。英国著名的中世纪历史专家戴维斯简明扼要地阐述了这一点：

> 封建主义已经发展到了极致，到 13 世纪已经衰败了。每个王国的财富不再基于它的土地，而是建立在它的贸易上，英国国王之所以富有，是因为他可以对羊毛出口征税，法国国王则是因为从佛兰德斯和香槟区获得收入。即使是男爵和骑士也准备承认金钱的重要性。他们从痛苦的经历中了解到衣服、盔甲、建筑和所有生活奢侈品的成本不断增加，而且常常发现为了报酬而提供

额外的骑士服务是一种权宜之计……大多数现代形式的货币和交换正在开始流行，资本主义时代已经诞生。（Davis，1957）

中世纪盛期，即 11—13 世纪，与人们在古罗马城镇和新出现的城镇中日益集中有关。其中一些城镇在修道院周围发展起来，而另一些则成为主教城镇。贵族和有权势的领主的堡垒和城堡也成为未来城镇的核心。这些城镇，有时在当代文学中被称为伯格（burgs），在垂死的封建制度和庄园制度中获得了某些特权。一些早期欧洲城镇的名字显示了它们的起源，英格兰的剑桥建立在一座桥附近，英格兰的牛津和德国的法兰克福都位于峡湾附近。名称起源于伯格的城镇例子包括德国的博格豪森和梅泽堡。

这些城镇后来摆脱了农奴制及其所有束缚。镇民有旅行和结婚的自由，不受领主的约束和阻碍，其子女也被允许继承遗产。城镇宪章赋予了上述这些和其他许多特权，以至于农奴在城镇寻求庇护一年零一天后，就被视为从其前领主那里获得了自由，确保其不受骚扰。

随着城镇的发展，包括商人行会在内的垄断经济体系逐渐形成。①成立商人行会和手工业行会背后的目的是确保城镇市场的垄断权不受外来者的影响，压制更有进取心的成员的主动性，维持和保证生产和销售的商品的质量标准，以及建立一种产业教育体系。在商人行会和手工业行会的特权中，有一项是免除通行费和关税。外国人甚至不是行会成员的当地人都必须支付这些税收和费用，并且只能向行会成员出售他们的货物。在某些情况下，他们被禁止购买特定商品。因此，

---

①　虽然商人行会和手工业行会的确切历史起源很难确定，但是，人们相信，行会最初是由从事同一行业的个人自愿组成的组织。它们是为了达到提供相互保护和创造优势等目的成立的。一个行会也倾向于获得城镇的特许权，特许权是以城镇的名义赐予的，并授予行会特权的认可。商人行会最早出现在 11 世纪末/12 世纪初，由特定城镇的所有商人和贸易商组成。工匠本身往往也是商人，他们也是这些行会的成员。随着城镇的发展和各种手工业的出现，商人行会演变为手工业行会，由从事某种特定手工业的所有公民组成。正如城镇在没有外界干扰的情况下取得了某种程度的独立一样，行会也寻求获得类似的不受外界侵扰或干涉的豁免权。手工业行会常常受到最初的商人行会和他们获得权力来源的城镇的支配。

外国人被禁止在其非原籍的城镇从事贸易。与行会有关的垄断特权因城镇而异，但原则本质上是相同的。

第五节　中世纪晚期的西欧

14 世纪和 15 世纪通常被认为是中世纪晚期，意大利文艺复兴被普遍认为是中世纪晚期的顶峰。封建主义作为一种广泛的土地保有制度已经衰落了。例如，在 11 世纪诺曼人征服英格兰之后，国王在理论上成为所有土地的所有者，因此，控制着所有与土地所有权相关的个人关系。英国在 1285 年废除了分封制（即土地的转租）。

> 一个领主可以转让他的土地，但是新的所有者拥有捐赠者的领主头衔，而不是土地所有者的领主头衔。欧洲大陆的封建主义在原则上承认所有的土地都属于国王，但在那里，根据罗马法将这一理论转化为事实需要更长时间。然而，在英格兰，封地虽然是国王所有，但封地仍然存续，而且保持着英国法律的基本原则。在绝对君主制建立的欧洲大陆，所坚持的原则是国王拥有王国所有的土地：在国家范围内不存在私有财产这种东西。（Thompson 和 Johnson，1937）

与西欧封建主义衰落相关联的是庄园制度的逐渐崩溃，这在很大程度上是由城镇的发展和贸易与商业的激增所决定的。尽管出现了这些经济增长点，欧洲仍然主要是一个农业社会。事实上，这种情况直到 19 世纪都是如此。

1348—1349 年对整个欧洲来说是灾难性的。该地区遭受了一场腺鼠疫的袭击，几乎毁灭了整个欧洲大陆。这被称为黑死病。人们认为鼠疫是由滋生在船上的老鼠从黎凡特通过地中海港口带入欧洲的。在 5 年的时间里，这场瘟疫被认为消灭了大约 60% 的欧洲人口。各种类型的人都受到了影响，主教、修女、皇室成员、领主、农民和奴隶，没有人能够幸免。

第六节 结论

罗马帝国的崩溃标志着欧洲文明的巨大倒退。在欧洲和地中海地区经历了几百年来只有一个超级大国的情况之后，有各种相互竞争的帝国。因此，西欧在中世纪晚期开始了一条曲折的政治和经济演进道路，最终为重商主义和后来的资本主义奠定基础。中世纪政治和经济机构的分化以及教会的显赫地位是值得注意的。随着时间的推移，封建主义和庄园制度让位于城镇经济。随着城镇经济的发展，垄断性的行会和主要运输路线上的多种收费制度给城镇间的贸易带来了巨大的障碍。10—13世纪欧洲帝国的复兴以及拜占庭帝国和伊斯兰帝国的解体，为西欧作为一个强大的世界领导力量的重新崛起铺平了道路，尽管它在某种程度上仍然是支离破碎的。黑死病在欧洲的破坏对新兴的欧洲来说是一个巨大的冲击。

第 五 章

重商主义——作为一种世界经济秩序

第一节 引言

首先，有必要指出重商主义并不构成一套解释经济如何运作的连贯且系统的理论，但是，它可以被视为一种常识性的方法，即研究如何促进一个国家的物质福利。还有人将整个重商主义思想描述为一种"街头巷尾"的经济学，一种实用主义而非理论性的经济思想观点。这是 20 世纪初瑞典经济学家赫克歇尔所支持的观点，他是重商主义的领军人物。值得强调的事实是：从 16 世纪到 20 世纪，欧洲国家在殖民地的（原始）积累追求是由重商主义的理想所驱动的。在这方面，斯密对该问题给予了极大关注，特别是在《国富论》第四卷中。事实上，他描述了"商业体系"，或者说"重商主义体系"，并将这一概念与 17 世纪的"现代监管体系"联系起来。

斯密对重商主义思想本身的蔑视也得到了很好的阐述。史蒂夫·平卡斯（Stere Pincus，2012）认为，斯密"将重商主义和欧洲帝国的起源不可避免地联系在一起，烙印在几代学者和历史学家的想象之中"。平卡斯进一步认为，历史学家、社会科学家和文学评论家普遍同意斯密的论断，即在 15 世纪和 16 世纪，欧洲对重商主义有一个共识。还有人认为，斯密对欧洲商业思想的有力阐释，刺激了一大批古典经济学家的思考（Pincus，2012）。约翰·拉姆斯·麦克洛赫（John

Ramsay McCulloch）、詹姆斯·米尔（James Mill）、李嘉图和其他人都谴责重商主义制度的弊端。

与那些理想明确的主要经济思想流派不同，如重农主义、古典主义、凯恩斯主义和边际主义流派，重商主义思想中似乎存在相当多的矛盾，因为它的组成观点是折中的，有时动机是反直觉的。[①]尽管有这些观点，重商主义为后来发展起来的基本一致的系统性经济思想提供了非常重要的基础。重商主义体现了基于一系列意识形态的政策处方，这些意识形态被期望能够指导经济生活，以实现经济进步。

也有人认为，重商主义成为占主导地位的经济思想，受到16—18世纪欧洲政治家和经济思想领袖的拥护。平卡斯在一份出版物中引用英国副主教威廉·坎宁安（William Cunningham，1925）的话称，"直到斯密时代，英国各个派系的人都同意重商主义制度的重要性，英国公众舆论坚定地支持这些思想，直到国家对由宪法政府重建的重商主义制度的弊端有了长期的经验，才开始朝着放任自由的方向发展"。平卡斯（2012）认为，从19世纪初到20世纪30年代，那些支持弗兰克·特伦特曼（Frank Trentmann，2008）反对他所称的"自由贸易国家"的国家干预的支持者，同意早期现代欧洲人主要是重商主义的追随者。古斯塔夫·冯·施莫勒（Gustav von Schmoller）被称为"新

---

① 重商主义的主要倡导者是"小册子作者"，而不是一个连贯的思想流派的支持者。他们没有明确的论点或理论，也没有特别的思想领袖。而且这些作者来自各行各业，主要身份是商人、政客、政治家、在君主制度下的法院高级工作人员、神职人员、哲学家和来自各种追求的专业人士。例如，早期的一批杰出作家如尼可罗·马基亚维利（Niccolò Machiavelli，1469—1529年，《君主论》的作者，该书被评为对民族国家的概念产生巨大影响的一本书）、安东尼奥·塞拉（Antonio Serra，1580—1650年，意大利哲学家）、让·博丹（Jean Bodin，1530—1596年，法国法学家、政治哲学家法律教授和巴黎议员）。这三位可能是最知名的早期重商主义作家。其他著名的重商主义作家还包括：柯尔贝尔（1619—1683年，路易十四时期的法国财政大臣）、威廉·佩蒂（William Petty，英国科学家和哲学家），托马斯·孟（Thomas Mun，1571—1641年，英国商人和东印度贸易公司董事）、杰拉德·德·马雷尼斯（Gerard de Malynes，1586—1641年，英国商人和造币厂厂长）和爱德华·米塞尔登（Edward Misselden，1608—1654年，商人和著名的重商主义小册子作者）。

生代德国经济学家历史学派"的领导人，也是19世纪后期柏林大学的一名学者，他声称欧洲经历了惊人的社会和经济变革，创造了新且重要的法律和经济制度。他认为，在17世纪和18世纪，现代国家和现代国民经济应运而生，这些国家的内向型政策是无情的。在某种程度上，赫克歇尔提供了一个与施莫勒所表达的观点一致的视角，即重商主义超出了经济学的范畴。确切地说，赫克歇尔（1935）认为，重商主义是"经济政策史上的一个阶段"，是一种建立在"对商品的恐惧"之上的经济学说，最后是一种特定的"人与社会的概念"。因此，赫克歇尔对重商主义的描述赋予了该思想一定程度的普遍性。拉斯·马格努松（Lars Magnusson，1994）为赫克歇尔颇具影响力的《重商主义》一书的英译本撰写了序言，他认为赫克歇尔对重商主义的描述概括了一系列的思想，这些思想共同构成了"一个经济、管理、行政和政治思想体系，其根源可以追溯到中世纪的城镇政策"。在赫克歇尔（1935）看来，重商主义是"一个统一的、连贯的系统"，为中世纪和自由放任时期的国家政策提供了依据。[①] 萨米尔·阿明（Samir Amin，1972）在写到非洲欠发达和依赖性时，通过在非洲历史分期中采用重商主义，支持重商主义是历史上的一个阶段的主张。

　　重商主义思想推动了殖民的作用，这一事实在文献中得到了充分的证明。美国殖民历史研究的领军人物查尔斯·安德鲁斯（Charles Andrews）描述了人类活动在中世纪后是如何摆脱地理限制的，此前人类活动受到封建领主和地方社区等地理限制。与其他主要重商主义作家一样，安德鲁斯（1915）认为，1713年的《乌得勒支条约》（*Treaty of Utrecht*）充分证明了英国试图巩固欧洲的重商主义殖民政策，以至于殖民地成为重商主义者的关键资产。重商主义者，尤其是在英国的重商主义者，也希望殖民地能够自给自足，而不是成为宗主国的负担。约翰·麦卡斯克（John McCusker）和罗素·梅纳德（Russell Menard）在20世纪80年代的著作中也得出结论，重商主义是支撑

---

　　① 然而，他自己也反驳了同样的看法，他嘲笑大多数重商主义文献的作者是没有受过什么学术训练的人，只有少数人受过其他学术学科的训练，如哲学等。

英国殖民活动的思想。事实上，重商主义对殖民和跨大西洋奴隶贸易的影响是笔者在本章后半部分描述了重商主义信条之后将关注的问题。

在西方大多数地方盛行的经济思想和相关政策，特别是在中世纪之后，在经济史文献中被描述为重商主义制度，因为该制度对贸易的重视，它在法国也被称为柯尔贝尔主义（Colbertism），在德国被称为官房学派（Cameralism）。在某些情况下，它被称为限制性制度，因为与这种意识形态相关的贸易限制很多，但在英国，这种经济制度被称为重商主义，哈尼（Harney，1956）认为，重商主义这个词更好地反映了近中世纪前，人们经济思想和政策的核心特征。

在重商主义的背景下，国家利益变得愈发重要，以至于赫克歇尔（1935）所引用的埃德加·福尼斯（Edgar S. Furniss，1920）等作者的观点，认为重商主义是一种民族主义的经济体系，更何况国家的利益被认为是至高无上的，所有其他利益都处于从属地位，一切都从国家利益的角度考虑。更重要的是，重商主义还摒弃了所有中世纪的普世价值，如教会和帝国在世俗事务中的卓越作用。

赫克歇尔指出，那个时代的法国和英国作家经常以夸张和怪诞的方式，强调他们各自国家的经济地位，以此来支持重商主义的民族主义政策立场。总而言之，国家应该对社会中的武力行使有最终决定权：它应该是"权威中的权威"。他认为，权力必须是国家的利益，没有权力，国家的存在就会受到影响。斯密在支持重商主义者对国家权力的追求时指出，正如赫克歇尔的书中所引用的，"比富足重要得多"。这是为了支持著名的《航海条例》。

而重商主义的主要原则后来积极挑战斯密关于重商主义的民族主义的观点和需要支持所有经济问题国家利益的主题以及他写的《国富论》第四卷，"如果某一种制造业确是国防所必需，那么靠邻国供给这种制造品可能是不明智的。如果这种制造业非奖励即不能在国内维持，那么对其他一切产业部门征税来维持这种制造业，也未必就是不合理的"。因此，在建立国家权力的努力中，经济权宜之计不得不被置于次要地位。赫克歇尔认为，重商主义作为一种权力体系，关注的是将经济政策作为产生和巩固国家权力的手段。赫克歇尔引用了法国政治家柯尔贝尔的话，充分说明了经济政策在建设国家权力中的作用——"贸易是公共财政的来源，而公共财政是战争的重要神经"。总的来说，主要的重商主义学者都支持对邻国的相对优势。例如，有人认为，权力并不在于拥有更多的黄金或白银，而在于一个国家拥有的贵金属与世界其他国家所持有的贵金属存量的比例。

为了将重商主义置于西欧经济的大背景下，有必要对重商主义扎根之前的现状做一个简单的背景介绍。因此，笔者将特别就单一制国家的解体，对经济状况进行简要描述。神圣罗马帝国和中世纪教会是两个经久不衰的机构，即使在罗马帝国崩溃后，它们仍然在整个西欧保持着影响力（Heckscher, 1994）。根据赫克歇尔（1994）的说法，"这也适用于骑士精神，从西西里岛到斯堪的纳维亚，骑士精神都服从于共同的荣誉准则，有共同的仪式"。拉丁语也被保留下来，作为世俗牧师和大学的通用语言，这使整个欧洲有了共同的精神认同。赫克歇尔（1994）进一步指出："公会系统和商业公司、特权和城镇管理，即便小到细节，在整个西欧都一样。"此外，人们注意到，尽管存在差异，但在罗马帝国灭亡后盛行的多重领土边界，意味着罗马法和教规法的影响遍及整个欧洲。在失去了前罗马帝国所提供的中央统一力量之后，即使面对宗教改革运动①，上述的共性也为欧洲的政体创造了某些普遍特征。

中世纪的欧洲还与两种对立的现象进行斗争，特殊主义和普遍主义。赫克歇尔（1994）认为："公司的日常工作是由最狭隘的教区来管理，但与此同时，他们有一种活跃的归属感，认为自己属于一个包含了整个西方基督教世界的组织。"然而，在中世纪，特殊主义与盛行的经济力量是一致的，而普遍主义与现有经济力量的原则是对立的。随后普遍主义思想松动，主要是由于宗教改革削弱了教会的控

---

① 新教改革运动，通常简称为宗教改革运动，是16世纪的文化、政治、宗教和思想革命，该运动使团结的西欧基督教世界出现裂痕，并挑战了当时天主教会世界的许多教条。

制。特殊主义对普遍主义的支配，部分导致了统一国家的解体。两种主要的经济现象被认为在国家解体中起了关键作用。第一，当时存在一个非常粗糙且不完善的陆地运输系统。第二，与困难的通信系统有关的是水路状况，主要体现在水路上存在多个河流收费点阻碍了运输。第二种与特殊主义有关的经济现象是当时自然经济的存在，这种现象在很大程度上导致了国家的解体。① 以实物而非货币的形式征收国家税收，意味着国家税收能力受到很大限制，因为实物收入不能轻易地转移到政体所在地的基金。因此，为当局收税的代理人必须提供优惠来获得报酬。这些特许权可能包含皇家特权、通行费甚至是铸币权等。加速国家解体的另一种现象是国家权力向世俗封臣的转移。② 这一现象之后留下了大量大大小小的独立领土，这导致了领主们的富裕，并加深了压迫和混乱，因为他们缺乏充分维持法律和秩序的能力。

中世纪出现了一种新的社会秩序，这导致了城镇的崛起。因此，随着单一制国家的衰落，城镇的重要性也随之增加。例如，在意大利北部有大量的独立城镇，这让威尼斯市的繁荣有迹可循（Heckscher，1994）。虽然在英国城镇的重要性很低，但在欧洲大陆，城镇在人们的生活中扮演着重要的角色。施莫勒（1896）比赫克歇尔更早指出，城镇的优势应被视为经济发展演变中的一个阶段，重商主义则随后出现。在描述中世纪的城镇时，施莫勒（1896）提出："每个城镇，特别是较大的城镇，都试图将自己作为一个经济整体封闭起来，同时，在与外界的关系中，尽可能地扩大经济和政治的影响范围。"在描述17—18世纪城镇在德国人民生活中的重要作用时，施莫勒指出，城镇控制着举办市场、收取通行费和铸造硬币的权利。例如，在德国，城

---

① 这是指在商品交换和资源转移过程中不使用货币的经济。在这里，敲打是交换商品和资源的最重要手段，通过法律、授权或公共权利的分享也可以保障。

② 在中世纪，欧洲的封建制度规定教会领地由天主教会持有。苏泽里安可以是教会的王子，如红衣主教，甚至是主教；其可以将遗产永久地分配给某个人，使其成为主教的附庸者。

镇的巨大权力催生了"城镇空气使人自由"的观念。[1] 城镇议会占有自治权和行使立法权，决定了它作为政治和经济机构的命运。为了证明城镇权力现象在西欧普遍存在，应该注意到，在德国城镇的一定半径范围内，工匠被禁止经营工业的英里权也在英国出现。例如，约克镇和诺丁汉镇在布料制造方面行使英里权（Schmoller，1896）。除了威尼斯是那个时代拥有里程权的繁荣城市，施莫勒还将佛罗伦萨和米兰作为当今意大利城镇繁荣的另一个例子，将法兰克福作为德国城镇繁荣的一个例子。

施莫勒（1896）认为，将一些独立的城镇和村庄聚集在一起的城镇联盟，是作为一种手段出现的，它可以从更强的地位上努力实现集体的共同愿望，至少在德国如此。他进一步提出："城镇联盟越过王公贵族和农村地区居民，但仍然保持着对紧邻国家的旧的、自私的政策，旨在满足某些更深远的利益和贸易需求；但这样的尝试不可能永久成功。"城市的集合体有时会通过合并村庄、庄园、领地和乡村小镇来形成领土国家，西欧的大部分地区都是如此。到中世纪末，城镇和市政政策不再屈从于属地国家的政策。

重商主义的主旨可能与五个主要构想有关：国家的统一化；权力体系；保护体系；货币体系；社会的概念。本章的讨论通过简要概述赫克歇尔在 20 世纪 30 年代出版的关于重商主义的两卷书中指出的重商主义的主要特征来展开。重商主义在中世纪末期和自由放任时期被广泛追崇。

第二节　重商主义的第一个方面：
国家的统一化

许多学者为讨论重商主义做出了巨大努力，比如斯密用《国富论》第四卷的全部篇幅来描述重商主义的特点。坎宁安、施莫勒和赫

---

[1] 根据规定，如有奴隶设法逃到某个城镇，并待满一年未被发现身份；那么，他按律将永久性地恢复自由身。

克歇尔也在其研究中论述了重商主义的思想。虽然重商主义的一些原则贯穿了所有的主流作品，但赫克歇尔的作品可能更具涵盖性。因此，笔者将大量引用赫克歇尔对重商主义的描述，同时也参考其他一些学者的观点，他们在观点上或其他方面有重要的共同点。

施莫勒（1896）认为，重商主义的演变，始于占主导地位的经济单位从村庄转移到了城镇，再到领土，最后到民族国家。重商主义正是从民族国家中产生的。赫克歇尔追踪的路径始于封建制度的解体、城镇经济的出现以及向市政当局和具有决策权的国家政体的转变。从城镇到市政当局的过渡形成了整个重商主义思想的一个关键特征。随后，人们试图建立一个全国性的或集中的监管秩序，这与早期跟封地、庄园等相关的地方和市政管理制度的多样性有着明显不同。因此，国家的统一构成了重商主义的一个重要特征。在对重商主义的描述中，认识到单一制国家所扮演的角色后，施莫勒（1896）认为，"在其最核心的部分，它只不过是国家制造——不是狭义上的国家制造，而是国家制造和国民经济同时制造；现代意义上的国家创造，从政治共同体中创造出一个经济共同体，从而赋予它更高的意义"。施莫勒进一步指出，17—18 世纪的"国家建立"现象并非德国独有，而是发生在整个西欧，17—18 世纪的整个西欧历史被总结为国家的经济政策与城镇、地区和庄园的经济政策的对立。各国的外交前景也得到了巩固，现在，在欧洲国家之间以及它们与世界其他地区的外贸方面，集体目标是单一的。推动新统一进程的支持者大多是 17—18 世纪"开明的"欧洲君主政体。这一时期经济政策的重点是建立更大的经济主体，其行政和经济政策是"反市政和反行省"的。施莫勒（1896）认为，在 1662—1683 年担任法国君主制的财政大臣期间，主要致力于剥夺法国各省和领土的立法、行政和经济权力，并在中央巩固这些权力。施莫勒对重商主义关于统一国家的斗争这一描述与赫克歇尔的观点完全一致，即国家统一是重商主义的一个重要特征。

中世纪西欧的收费制度是贸易的最大障碍。更奇特的是，这道屏障是内部的，即使在存在领土或省界的情况下，这种障碍也是内部的而不是外部的。这些通行费是在沿河、陆路以及市场和城镇征收的。水路的通行费对贸易的影响更大，河道是唯一可行的长途运输路线，因为陆路还不太发达，技术上也有难度。通行费收取点通常设置在经商者无法避开的地方，目的是为设置通行费的当局增加收入。赫克歇尔（1994）在其书第一卷中描述了收费系统所带来的混乱，他指出，"这个系统完全缺乏指导原则——事实上，正是这种混乱导致了这个系统的诞生"。

赫克歇尔讨论了中世纪西欧 3 个主要国家的收费系统：英国、法国和德国。收费系统普遍存在，在德国和法国情况更糟。赫克歇尔指出，"没有哪个国家像英国这样容易建立统一的收费系统"。英国君主制和因其独特地理位置而带来的海上运输的实用性，是建立统一收费制度的巨大推动力。因此，中世纪的贸易壁垒不仅是由城镇、领土、行省和国家之间的距离造成的自然壁垒，而且是由收费制度所施加的限制。赫克歇尔（1994）对收费制度对经济造成的损害进行了恰当的描述："收费站的多样性不仅是麻烦——它们的管理更是导致抢劫和盗窃的原因。收费标准并不总是众所周知的，即使有知道这个案件的权利，也不可能摆脱收费官员的过度收费。由于大量抵押，通行费特权在不同的人之间广泛传播，这造成了进一步混乱。"在整个欧洲，河流通行费造成了严重破坏，因为正常交通经常被排除在最适合长途运输的路线之外，进而转向不尽如人意的陆路，随之而来的是盗贼等风险。

要终结欧洲多种收费制度是一项艰巨的任务，因为这种制度代表着固有的、非常强大的既得利益。为了证明试图使欧洲各国摆脱众多收费的困难，赫克歇尔（1994）对法国君主的努力作了如下评价："法国君主为结束混乱所作努力的历史几乎与君主制本身一样古老。在 13 世纪借鉴罗马法的基础上，法国人从 14 世纪开始引入了大量的法律和法规。据估计，仅在 15 世纪就颁布了 20 部相关的法律和法规。"关于法国财政大臣柯尔贝尔试图废除收费制度和他关于重商主义的更大计划，赫克歇尔（1994）再次指出："他的工作以特别清晰的方式表明，废除内部收费制度只是国家内部经济统一总体尝试的一部分，并与整个重商主义贸易体系相吻合，其政策是阻碍进口，鼓励出口和国内自由贸易，吸引贵金属并使货币在国内快速流通。"当大多数西欧国家都在尝试统一其关税时，英国和瑞典率先开始统一其分散的内陆关税制度。斯密在《国富论》第五卷中提出，在中世纪末，英国的内陆贸易基本上是免费的。

整个欧洲收费制度的支离破碎在和经济相关的其他领域也有所反映，例如，在中世纪，城镇、城市、领土和国家的重量和测量系统都不统一。① 由于多种度量衡系统造成的贸易混乱和扭曲，以及对总体经济发展的阻碍，加上君主制国家的许多领土或行省的铸币标准不同，使情况更为错综复杂。铸币方式往往和缩减人口规模直接挂钩。欧洲各君主国的操纵程度各不相同，然而，据估计，与西欧其他地区相比，德国的情况更为糟糕（Heckscher，1994）。尽管如此，赫克歇尔观察到，随着时间的推移，与欧洲的度量衡体系相比，货币领域的统一程度更高。

在重商主义时期，针对外贸和商业组织的监管也变得更加明显。赫克歇尔（1994）总结："对外贸易的统一工作相当容易，因为中世纪的市政经济体系的地方排他性可能适用于对外贸易。"然而，尽管在英国、法国、德国和其他西欧国家取得了巨大进步，但在内部贸易和工业管理方面的统一成就有限。总的来说，在重商主义时期，大多数国家都颁布了一系列法律，以确保在君主国或中央政权下有更大程度的统一；将经济活动的所有方面捆绑在一个统一的系统下，并摆脱城镇对人们事务的主导地位。总结各种统一努力的尝试，笔者无法比肩施莫勒。施莫勒（1896）指出："与大贵族、城镇、企业和行省的斗争，将这些孤立的群体在经济和政治上融合成一个更大的整体。争

---

① 随着在德国巴登（Baden）进行度量衡的统一和改革，人们发现至少有 112 种不同的长度测量法、92 种不同的平方测量法、65 种不同的干重测量法、163 种不同的水果测量法、123 种不同的液体测量法以及 63 种不同的酒类测量法，还有 80 种不同的磅重（见 Heckscher，1935）。

取统一的措施和硬币，争取有秩序的货币和信贷系统，争取统一的法律和统一的行政管理，争取更自由和更积极的国内交通——这创造了新的劳动分工，新的繁荣，解放了无数的进步力量。"

第三节　重商主义的第二个方面：权力体系

关于重商主义作为一种权力体系的观点，马格努松为赫克歇尔关于重商主义的研究第一卷的英译本撰写了引言，他认为，欧洲三位主要学者——坎宁安、施莫勒和赫克歇尔关于重商主义的著作有完全一致的看法。例如，在描述西欧对重商主义作为一种经济政策的追求时，施莫勒强调了重商主义作为一种经济政策与国家权力之间的密切联系。在 19 世纪的著作中，他认为"在任何时代，历史都习惯于将国家权力和国家财富视为双生相伴，也许它们从未像那时那样紧密相连"。施莫勒（1896）也指出："当时大国在与经济竞争对手的冲突中使用他们的政治力量，并且有能力毁灭他者，这种诱惑太大，使他们欲罢不能，因此，要么使国际法失效，要么使它扭曲为他们的目的。军事力量很重要，因为很多时候军事力量可以用来实现经济目标。"施莫勒（1896）继续强调到："商业竞争，即使在名义上的和平时期，也堕落为一种不宣而战的敌对状态：它使各国陷入一场又一场的战争，并使所有战争转向贸易、工业和殖民收益的方向，这是它们之前或之后从未发生过的。"

在赫克歇尔（1935）看来，国家权力的政策是利用两种主要手段来推进的。第一种手段是将经济活动引向政治或军事力量所要求的目的；第二种手段与建立经济资源储存库有关，必要时权力政策可以利用这些资源。例如，为了实施第一种手段，各国往往鼓励进口任何战争中所需要的货物，而对出口同样的货物设置障碍。事实上，在某些情况下，可以直接禁止可能有助于发动战争的货物。作为建立军事力量政策的一部分，对战争有用的商品被用一种有吸引力的奖励和溢价制度来加以鼓励，而它们的出口则被禁止，或至多以惩罚性税收制度加以制止其净效应是"战争物资"的积累。除了用于提高战争能力的物资，其他需求如船舶、水手、农村人口，甚至是普通民众，也被用一套法规进行战略规划。

第二种手段的出发点是增加国民收入。税收就成为实施集中军事力量或政治力量这一手段的辅助工具。对于第二种手段，旨在增加国民收入的政策将有助于确保国家成为一个强大的国家。货币和贵金属对实现这两个目标非常有用。例如，为了支持建设国家军事力量的目标，硝石是生产火药的重要投入，火药是从人、马和鸽子的排泄物中获得的，必须严格控制（Heckscher，1935）。赫克歇尔（1935）指出，报告说甚至直到1682年，英国还完全禁止出口新的战争技术——大炮。

西欧国家利用航运来推进强权政策（Heckscher，1935）。在这方面，他们鼓励私营商人以某种方式建造船只，使其在战时更容易被改造成作战船只。作为回报，商人们在关税和其他纳税义务方面享有高退税额度。英国、瑞典、丹麦和几乎所有其他欧洲国家都参与了这一特殊安排——著名的《航海条例》，这是为了实现强国政策而制定的。例如，在英国，船舶要在当地建造，船员要从当地人中选取。关于造船和雇佣水手的要求在17世纪几乎是常态。这一政策在西欧基本实行了100多年。然而，英国的《航海条例》最早可以追溯到14世纪。

自给自足的政策也体现在与重商主义制度下行使权力有关的政策中（Heckscher，1935）。在这里，人们期望殖民地能够补充宗主国的不足。鉴于这些殖民地在地理和经济资源上的差异，正如赫克歇尔（1935）在他书中所描述的一样，它们非常符合宗主国实现自给自足或"自足帝国"的狭隘经济目标。在保障宗主国商品市场的同时，宗主国也确保了殖民地不会追求与宗主国愿望不一致的野心。根据赫克歇尔（1935）的说法，宗主国"在极端情况下，甚至会消灭任何与宗主国希望在殖民地培养的制造业相竞争的本土制造业"。

宗主国对殖民地的第二个经济目标是，确保殖民地不会达到"自力更生、政治独立"的程度。例如，赫克歇尔认为，这些殖民地要保持对宗主国的一切依赖。为了实现这一目标，不鼓励殖民地的工业化，因为它们要为宗主国提供原材料。殖民地的原材料将被用于制造商品，然后作为成品出售给殖民地。这也是大多数非洲国家被排除在工业革命之外的原因。这里唯一的例外是欧洲的分支，如美国、澳大利亚、新西兰和加拿大，以及在某种程度上的南非白人，殖民国家没有成功地阻止殖民地采用新发明和工业化。

重商主义的经济进步观念，以及延伸到国家财富的观念，是基于经济生活的静态假设。这种观点认为，世界上存在着某种固定数量的经济资源，只有在牺牲其他国家的情况下，本国的经济资源才可能增加。这种对世界经济的零和观念导致了商业战争（Andrews，1915），这是17—19世纪初经常出现的一个特征。在这里，可以对重商主义和中世纪经济思想进行明确区分：前者是以牺牲其他国家为代价的利润最大化来进步的主要动力，而后者则主要关注通过生存实现自给自足。在中世纪的进步观念中，没有改变阶级和个人现状的愿望。

重商主义关于经济生活的静态性质的概念，可以通过赫克歇尔（1935）所提到的那个时代两位作者的引文来强调。米歇尔·德·蒙田（Michel de montae，1580）在其著名的《随笔》（Essays）中认为，"一个人的利益就是另一个人的损失，没有人可以通过别人的损失而获利"。30多年后，另一位有影响力的作家——法国人安托万·德·蒙克雷蒂安（Montchrétien，1615）提及："他人不赢，自己不输。这一点在商业领域比在其他任何地方都得到了更多的证明。"17世纪著名的法国财政大臣柯尔贝尔对经济资源的静态概念持坚定态度。柯尔贝尔利用1669年前后欧洲白银流通量数据来支持这一观点。他认为，在公众中流通的白银数量是固定的，不可能大幅增加一个国家的库存而不对其他国家的库存造成重大影响。在表达这一观点的同时，他仍承认白银不时地从西印度群岛的西班牙领土进口。根据赫克歇尔的说法，大多数重商主义者，尤其是在18世纪，经常强调军事和政治力量的重要性，认为它们是贸易的重要促成因素。例如，乔赛亚·查尔德爵士（Sir Josiah Child）曾提出"在我看来，利益和权力应该共同考虑"，以此推动对《航海条例》的更多支持。

第四节 重商主义的第三个方面：保护体系

保护制度可与三种特殊政策联系在一起，分别是主要产物政策、供应政策和保护主义。然而，这些政策都是以对商品的某种态度为前提的。在重商主义下，商品的功能最终是在交换交易中提供利润，就像它们在中世纪市政政策体制下的用途一样，城镇是生产、消费和贸易的中心。但是，就消费者而言，次要目标是吸引和保留货物，以满足对商品的需求；而就生产者而言，关心的是销售所生产商品的能力，因此产生了"货物恐惧"的概念（Heckscher，1935）。与人们尽快摆脱生产的愿望相反，会存在一种存在风险，即已经生产的商品可能会继续未售出。对重商主义者来说，商品和货币之间的联系与商品的定价有关。在他们看来，商品的定价不仅与需求和供应有关，而且还与价值的衡量有关。因此，决定价值衡量的货币政策在确定商品价格时非常关键。中世纪对商品的态度催生了两项重要的市政政策：主要产物政策和供应政策（Heckscher，1935）。

主要产物政策不仅起源于中世纪，而且在重商时代的西欧大部分地区变得根深蒂固。早在拜占庭帝国时期，欧洲商人就被禁止通过拜占庭帝国的首都君士坦丁堡去东方贸易。他们只被允许与拜占庭帝国的商人进行贸易。意大利北部包括威尼斯也采取了这些措施。热那亚在 12 世纪也推行主要产物政策。

主要产物政策的原则包括确保不惜一切代价防止用于贸易的商品通过"主要产物城市"。因此，货物的流动性受到限制。主要产物政策对拥有主要产物权的城市商人有利，因为城市中并非人人都有贸易的手段和能力。这些政策以某种形式在德国、瑞典、意大利和欧洲大多数国家实施，但都是为了使选定城市成为购买和销售外国商品的唯一市场这一公开的目标。这些城市充当演着中间人的角色，而政策则是为了保护这一特权。[1]

主要产物城市往往被赋予不同程度的特权。主要产物政策赋予城市特权的范围和程度各不相同。以瑞典为例，1614 年和 1617 年的贸易法确保将该国的所有城市分为两类：主要产物城市和内陆城市。法律规定，只有主要产物城市才有权与外国城市进行贸易，事实上，外国人只能访问主要产物城市，不能访问内陆城市。内陆城市只能通过主要产物城市进口或出口。

赫克谢尔认为，与大多数西欧国家相比，英格兰主要产物政策的方向有很大不同。这里的重点不是让一个城市成为主要产物地或其他，而是确保整个国家都是世界上最令人垂涎的主要产物商品汇聚地。这一思想与殖民政策紧密相连，它始于西班牙，但在英国发展到了更高的水平。就西班牙而言，该国保证与所有殖民地的贸易只通过塞维利亚和后来的加的斯两个主要产物城市与宗主国进行。英国采取了同样的做法，并下令布里斯托尔作为所有发现之旅的港口。据记载，1615 年整个英格兰都是东印度产品的"主要产物国"。后来，在1636 年，伦敦获得了从所有英国殖民地进口烟草的主要地位。[2]

为了进一步实现使宗主国成为殖民地所有对外贸易的主力军的愿望，1660 年英国的《航海条例》[3] 后来促成了旧殖民地制度的法

---

① 例如，1221 年的《维也纳主要产物法》第 23 条明确规定，来自斯瓦比亚（Swabia）、雷根斯堡（Regensberg，如今瑞士的一个市镇）和帕绍（Passau，德国南部的一个市镇，战略性地位于多瑙河、因河和伊尔茨河这三条重要河流的交汇处）的商人不得携带商品前往匈牙利，要求他们的货物首先卖给威尼斯的公民。同样，科隆大主教于 1259 年在其城市推行了一项强制性的主要产物政策，要求科隆成为该特定地区各类贸易的边界。

② 作为无数《航海条例》的一个组成部分，如果弗吉尼亚州（Virginia，美国的 13 个英国殖民地之一）的烟农想把其作物卖到海外，他必须卖给英国商人。然后，英国商人将烟草送到英国，并在将其出口到比利时或德国前缴纳必要的商品税。弗吉尼亚州的烟农无权越过英国的中间商而直接销往海外其他地方的买家。

③ 《航海条例》是一套主要对英国与其殖民地之间的贸易使用外国船只进行管理的法律。从 1651 年 10 月通过的首部法开始，基本上规定英国的海外贸易只能使用英国海船进行，一半的船员必须是英国人。《航海条例》一直指导着对外贸易，直到 19 世纪中期。1660 年 9 月通过的条例规定，船只必须有 3/4 的船员和船长是英国人，并且"列举"了从殖民地运往英国或英国殖民地的商品，如烟草、棉花和糖。因此，对外贸易必须保持在帝国范围内。1663 年的《航海条例》（也被称为《鼓励贸易条例》）要求所有运往美洲的欧洲货物必须通过英国运输。这些货物通常会被卸下，在接受检查并征收适当的关税等税款后，才能被批准再次装船，通过英国船只运往殖民地。

律基础，它迫使殖民地将其最重要的商品出口，即所谓的主要产物商品只送到英国。例如，1663 年的《主要产物法令》（*The Staple Act*）规定，所有从非洲、亚洲甚至欧洲运往美洲的货物都必须在英国上岸，在用英国船只运往美洲之前，必须先在英国登陆，以便征税（见表5.1）。

表5.1　　　　　　　英国殖民地贸易条例（1651—1733 年）

法案	年份	特征
《航海条例》	1651	一半的船员必须是英国人；大多数货物必须由英国或殖民地的船只运输
《航海条例》	1660	要求所有的殖民地贸易都必须使用英国船只；船长和3/4 的船员必须是英国人；制定了一份长货物清单*，这些货物只能运往英国和英国殖民地
《主要产物法令》	1663	要求从非洲、亚洲或欧洲运往殖民地的货物首先在英国登陆，并在运往美洲之前进行征税
《种植园法案》	1673	要求船长承诺将所列举的货物送往英国，否则将受到经济处罚；英国海关总署殖民地分支机构成立
《航海条例》	1698	进一步收紧早前的《航海条例》；建立海事法庭系统，严格执行贸易法规，惩罚走私者；海关官员被授权签发协助令，以登船搜查走私货物
《羊毛法案》	1699	防止与英国生产商的竞争，防止殖民地的羊毛织品出口
《帽子法案》	1732	禁止出口殖民地生产的帽子
《蜜糖法案》	1733	对所有非英国进口的糖蜜征收惩罚性税收，以鼓励英国—西印度糖蜜的进口

　　注：＊列入清单的货物包括：糖、烟草、棉花、羊毛、靛蓝染料和生姜。

　　资料来源：Feldmeth, Greg D. , "Early British Colonial Trade Regulations", U. S. History, http：//home. earthlink. net/ ~ gfeldmeth/USHistory. html。

因此，宗主国不仅是殖民地商品的主要来源，也是世界其他地区商品的主要来源。赫克歇尔进一步认为，所有拥有殖民地的欧洲国家存在这种形式的政策。总的来说，主要产物政策构成了一种为了整个特定实体利益的垄断形式，主要产物政策对贸易和经济发展构成了极大阻碍。应该指出，主要产物政策也意在体现国家权力的投射。许多历史学家[①]已经证明，就主要产物城市的经济发展而言，主要产物政策的功效适得其反。

如果主要产物政策是为了使特定城市的商人受益，那么供应政策是为了保障民生。赫克歇尔（1994）指出，供应政策"努力确保为本地消费提供最大可能的供应"。

赫克歇尔利用了两组分别来自英国和瑞典的数据，这些经常被引用的数据非常有名，主要关于法令和法规。数据集于 1704—1717 年在伦敦出版，即 *Rymer's Foedera*，数据说明了英国的供应政策。例如，表 5.2 显示了在 14 世纪为每种货物所发布的公告数量。A 组例证了供应政策。众所周知，禁令和许可证经常同时颁发，虽然某些商品是完全禁止的，但其他禁令有机会通过使用许可证而被允许进口。数据显示，A 组的公告几乎是 B 组的 9 倍。根据赫克歇尔（1994）的解释，虽然 B 组不一定反映出没有供应政策的情况，但 A 组的公告不可否认地代表了政策的存在。根据其查阅记录，瑞典的数据是从瑞典国王古斯塔夫·瓦萨（Gustav Vasa）1521—1560 年的外发信件中提取的。最值得注意的是，瑞典的表格中根本没有规定对进口的限制（见表 5.3）。

[①] 赫克歇尔从其他学者的叙述中报告了主要产物政策如何对欧洲某些主要产物城市产生了负面影响。比利时历史学家皮朗（Pirenne）讨论了主要特权是如何对根特起作用的，只有取缔这些特权后才会繁荣起来。德国历史学家戈泰因（Gothein）也展示了莱茵河城市科隆和美因茨在 16—18 世纪是如何因其享有的主要产物特权而导致贸易几乎衰退的。相反，法兰克福和贝格公国的其他城镇成为繁荣的贸易中心，尽管它们没有主要产物城市的特权。

表 5.2　　　　　　　14 世纪英国发布的商品公告摘要

商品	出口禁令	出口许可证	进口设施	A组共计	进口禁令	进口许可证	B组共计
贵金属、钱币等	8	7	1	16	-2	2	2（4）
纺织原料	13	18	—	31	—	2	2
其他原材料	10	3	—	13	—	—	—
战争物资	25	6	—	31	—	3	3
食品	36	21	1	58	1	12	13
制成品	7	11	—	18	1	—	—
一般和杂项	3	10	—	13	1	2	2
共计	102	76	2	180	1（3）	21	22（24）

资料来源：Heckscher（1935）。

表 5.3　　　　　　　1521—1560 年瑞典商品公告摘要

商品	出口禁令	出口许可证
一般食品	33	2
玉米（和麦芽）	16	18
黄油和其他脂肪类食品	21	22
鱼	18	7
牛（和其他有角的牛）	17	7
马匹	17	9
铜和铁	6	10
木材、木材制品（和焦油）	5	13
兽皮、皮革（和皮革制品）	4	7
"违禁品"	10	3
"非禁品"	—	8
对个别国家的报复行为	12	3
共计	159	109

资料来源：Heckscher（1935）。

　　供应政策与若干特征有关。一般来说，出口是不被允许的，而进口大部分是被允许的，除了少数商品，比如英格兰的葡萄酒。例如，

在 14 世纪的法国，默认的商业政策是全面禁止所有出口。明确规定
外国商人权利和义务的英国 1302 年的《商业宪章》《墨卡托法》也
表现出了对出口的偏见。为了进一步支持这一政策立场，法国对出口
商品征收关税，但没有对进口商品征收关税。英国也征收进口关税，
但进口关税的数量远低于出口关税（Heckscher，1994）。

表 5.2 和表 5.3 还提供了关于大多数西欧国家的供应政策所涵盖
的商品种类。基本上确定了四类商品，其中食品是大多数国家清单上
的头号重要商品。为了强调这一点，有记录显示，1360—1624 年，英
国禁止向法国出口玉米，但向其统治下的领土出口除外。第二类重要
商品是奢侈品，其中包括白酒、啤酒和葡萄酒。

军备或战争物资，如海军物资，确实与食品一样重要。这些物资
包括马匹、猎鹰和武器。最后一组是由原材料、半成品和其他物质生
产资料组成。在英国、法国、意大利和其他西方国家，用于生产纺织
品的原材料出口在很大程度上被禁止，木材等其他材料的出口也被禁
止。这一政策在一些国家甚至在 19 世纪以后仍然部分或全部有效。
供应政策被描述为以短期为重点，它也可以被看作一种消费者政策，
因为它倾向于关注消费者而非生产者。

与从贸易中提高税收的必要性相比，与中世纪有关的显著不确
定性在解释供应政策的必要性方面可能更为重要。在战争时期，封
锁和短缺的可能性可能是保障当地食品和其他重要商品供应的巨大
动力。

保护主义起源于西欧经济史上封建和庄园时代后期的市政政策。
例如，它明确规定外国人不允许在德国莱茵河地区出售鞋类，除非得
到税务官员或收费员的明确许可。具体来说，在 1152—1192 年，马
格德堡鞋匠工会禁止外国商人在未经当地工会许可的情况下出售其存
货。尽管如此，重商主义下的保护主义政策的基本前提和动机可以归
结为这样一种观念：出口（销售商品）有利可图，进口（购买商品）
不利于或有害于当地经济。据说，最早的保护主义政策之一在意大利
北部的政体中实施，包括中世纪西欧经济最发达的威尼斯。文献中有

关保护主义的最早记录，与保护产品在其他地方也能生产的本地企业有关。例如，据报道，帕尔马禁止进口当时在皮亚琴察生产的一种特殊的棉制品——皮尼奥拉蒂（pignolati），当时的目标是在帕尔马生产该产品。还有记录显示佛罗伦萨曾禁止进口纱线。威尼斯也有将出口作为进口条件的政策，自 1328 年起，公民商人被特别要求出口与进口到威尼斯的货物价值相等（Heckscher，1994）。

英国保护主义政策的历史可追溯到 1390 年的一项法案，该法案为《就业法》（*The Statue of Employment*）。该法案也被描述为"平衡交易制度"，其目的是平衡每个商人的进口和出口，从而进一步巩固和扩大早期适用于非本地商人的威尼斯法律。这种做法从 15 世纪后期起也在葡萄牙生效（Heckscher，1994）。源自威尼斯的保护主义政策，扩散到整个西欧。例如，1359—1360 年，布鲁日末的汉萨同盟①商人试图将英国人排除在布匹贸易之外，明确禁止其进入布鲁日市。1434 年，荷兰统治者勃艮第的菲利普（Philip of Burgundy）禁止在其领土内进口英国的羊毛衣物和纱线。一般认为，进口会导致金银的损失，对国家的权力和福祉产生负面影响（Heckscher，1994）。

保护主义政策产生的一个重要原因是希望保障国内的就业机会，因为人们相信进口必然会导致本国的失业。因此，通过抑制进口，就等于为减少国内的失业而努力。保障就业的愿望对政治家和政治阶层是如此重要，据报道，佩蒂于 1662 年在英国提出，与其允许 1000 人因失业而丧失技能，不如放火烧掉 1000 人的产出（Heckscher，1994）。保护主义思想与殖民主义纠缠在一起。因为英国人认为，为了给大都市创造就业机会，最好是鼓励殖民地从宗主国进口商品。这就要求必须以各种可以想象的方式反对和限制那些把工作从宗主国带走的人。在这个方向上，牙买加和巴巴多斯等殖民地被认为是有用

① 汉萨同盟是 14 世纪和 15 世纪的一个贸易机构。它涵盖了约 70 个城镇，其区域主要包括德国。如今荷兰、瑞典和俄罗斯的城镇也涵盖其中。多年来，该联盟是代表四分五裂的德意志帝国利益的唯一贸易集团（Dani，1909）。汉萨同盟是一支强大的海上力量。德国的吕贝克（Lübeck）是该联盟中最重要的城镇。在 13—14 世纪，该联盟主导了北欧的商业生活，另见 Harrison（1971）。

的，但新英格兰没有，这是因为新英格兰没有以任何方式促进宗主国创造就业机会。

还有一种观点是支持保护本国的新兴工业。这一观点后来被古典经济学派的主要代表之一约翰·斯图亚特·米尔斯（John Stuart Mills）大力提倡，他主张通过征税来保护新生本土产业，使其免受来自国外不受约束的竞争。重商主义对生产要素，即原材料和劳动力的态度是有趣的。在某些情况下，由于对这些要素的看法相互矛盾，似乎有很大程度的政策不一致。尽管如此，对于如何理解这些要素，还是有一种强烈的观点，笔者将从这一点开始。

一般来说，当涉及原材料或半成品，即中间产品、机械和劳动力时，对出口的态度是阻碍性的。这些产品的出口受到阻碍，而进口却受到极大鼓励。赫克歇尔（1994）引用柯尔贝尔的话进一步阐明了这个问题，"整个商业，包括促进这些为国家制造业服务的商品进口，对进入制造业国家的商品实施禁运"。在英国，纺织品制造机械和制铁机械的出口被全面禁止，这些禁令一直持续到 19 世纪中期。英国对生产要素的政策立场与大多数欧洲国家没有任何不同，因为每个国家都设法提供保障措施，以防止其技术以及制造最终产品所需的原材料扩散。现在，虽然在某些情况下鼓励进口原材料和其他中间产品，但也存在矛盾。例如，英国禁止进口用于纺织业的高级染料，以保护当地染料的生产，这让布匹制造商很恼火。因此，在这种情况下，其国内生产受到劣质生产手段的影响。

在劳动力问题上，重商主义的观点基本上是寻求保持低工资以利于生产者。低工资将使产品能够以较低的成本生产，使其价格在国外具有竞争力。除了希望借助低价劳动力实现出口盈余，还有另一个目标是打击社会上的闲散现象。

文献中大量提到了一个普遍接受的概念，即需要打击闲散现象。这也是天主教主导的国家（如法国）和新教主导的欧洲国家的共同观点。一位作者将怠工描述为令人厌恶的怪物。还有一种观点认为，如果工人的工资超过了他们维持生活的需要，那么他们就有可能不参加工作，直到他们耗尽资金，或者受到诱惑而进行无理的罢工。甚至有人认为，人们得到的报酬越多，他们的工作就越少。对游手好闲的普遍厌恶导致了对童工的接受。因为有些人甚至认为，如果鼓励儿童在很小的时候就开始工作，那么他们长大后游手好闲的可能性就会被消除。这是柯尔贝尔在 1665 年提出的观点。在西欧国家特别是英国和法国，6 岁孩子就业的现象是很少见的（Heckscher，1994）。

在人口方面，重商主义派政治家们鼓励高人口增长率，因此，有激励措施来鼓励早婚和扩大家庭。柯尔贝尔在 1666 年发起了一项法案，为那些在 20 岁或 21 岁之前结婚的年轻人提供奖励。同一法律还为应税阶层的父亲提供税收优惠，他们有 10 个或更多的孩子，且没有从事僧侣、牧师或修女等要求独身的职业。在那些没有鼓励早婚和扩大家庭的法律的国家，他们采取了其他手段来增加人口数量。例如，英国和荷兰吸引外国工人，特别是胡格诺派教徒。甚至有人认为，非洲奴隶和犹太人被鼓励在西欧生活，以增加某些西欧国家的人口数量（Heckscher，1994）。

当时的政治家和商人都赞同低薪的观点，他们也是重商主义思想的拥护者。里昂丝绸制造商艾蒂安·马耶（Etienne Mayet）的一句话被用来恰当地描述他对低薪的态度。在一封写给同行制造商的信中，他认为，"为了确保我们制造商的繁荣，工人永远不应该变得富裕，他的收入不应该超过他实际需要的衣食。对某一阶层的人来说，过多的福祉会削弱勤奋、助长懒惰以及随之而来的种种弊端。工人一旦获得一定程度的福利，他就会在选择工作和工资问题上变得很特别挑剔……如果必要性迫使工人对这种奴役提供给他的工资感到满意，如果他的收入超过了他的需要，他能保持自己在一段时间内没有劳动也能维持生计，那么他就会利用这段时间组成社团。因此，里昂的制造商对工人严格控制，使他们必须一直工作，这是很重要的；他们不应该忘记，低廉的劳动力价格不仅是有用的，而且更重要的是，它使工人更积极、更勤奋、更有效地服从自己的意志"（Heckscher，1994）。

虽然赞成低薪的观点很强烈，但也有赞成高工资的理由。这种观点的支持者认为，高工资和高物价通常对宗主国是有利的，因为总体财富往往会因此增加（Heckscher，1994）。

第五节　重商主义的第四个方面： 货币体系

重商主义对过剩商品的恐惧，促使人们努力阻挠进口，鼓励商品出口。出口和进口之间的平衡导致了"超额出口"，可以以黄金和白银的形式进口。这一预期结果对重商主义的倡导者来说极为重要，因为他们非常担心过剩的商品会导致失业。

"财富由货币或金银组成"这一格言充分说明了重商主义下货币政策和商品政策之间的关联。财富构成了重商主义思想和政策的基石。因此，斯密的著作《国富论》带有一个浓缩了当时经济思想精髓的标题，这并不奇怪。不仅如此，正如赫克歇尔指出，《国富论》第四卷的标题是"财富、货币或黄金"。显然，货币和贵金属构成了重商主义经济文献中一个反复出现的主题。因此，这个时代的大多数立法和政策基本上都与国家积累财富的最终目标有很大关联。主要产物政策、供应政策和保护主义政策都非常关注财富积累问题，主要是以白银和黄金的形式完成累积。同样，有关对外政策、国家殖民化政策以及持续的航海发现之旅都是为了积累国家财富。正是在这种背景下，许多欧洲国家冒险出航到世界其他地区（包括非洲）寻找金银矿。

这些外来开采的结果是，原本没有自己矿山的欧洲国家突然间成为巨大财富的拥有者，这些财富来自它们殖民地的矿山。西班牙在这方面特别成功。西班牙王室通过其赞助的发现之旅，在现在的南美洲——主要是秘鲁和墨西哥发现并开采矿山。值得注意的是，前商业时代也高度重视黄金和白银，但对贵金属的痴迷无疑在商业时代更为明显。重商主义者对过剩商品的憎恶促使他们倾向于限制进口和刺激出口，过剩出口转化为贵金属的流入。贸易政策的结果是，生产过剩促进了就业机会，同时增加了贵金属的库存，正是通过这种方式，货币政策最终与商品政策紧密联系在一起。

重商主义者也把金钱等同于资本。根据赫克歇尔的说法，重商主义学者们明白货币数量和货币成本之间存在联系。赫克歇尔（1994）引用马雷尼斯的话，证明那个时代的学者们意识到了货币和利率之间的关系，"大量的货币会降低高利贷的价格和利率"。另一位英国作家米塞尔登在同一时期（17 世纪 20 年代）反对马林的观点，他认为"高利贷的补救措施可能是大量的货币"。在 18 世纪头十年，法国商人和其他著名人士将利率的上升归咎于硬币的短缺。因此，除了承认货币是一种交换媒介，人们越来越认为它通过与利率的联系与资本有关。赫克歇尔认为，重商主义学者中，约翰·洛克（John Locke）为货币和资本之间的关联提供了最清晰的理由。洛克认为，货币的自然价值，因为它很可能通过利息产生这样的年收入，取决于整个王国流通货币的总量，与整个王国的贸易——所有商品的一般出口成比例。在另一篇文章中，洛克认为货币有双重作用，他称之为"双重价值"。货币有可能产生利息收入流，比如提供给土地所有者的收益。洛克将货币置于与土地同一水平，土地是一种生产要素，因为它也有能力产生收入流。

货币和贵金属在其交换机制中的另一个作用是积累宝藏。人们认为，积累的财宝可以作为战争财宝，在战争时期，资源往往是迫切需要的，以资助战争的努力，这些资源会变得很方便。欧洲一些国家大力推行战争财宝积累政策，但法国和英国这两个重商主义时期最先进的欧洲国家并没有认真对待这一政策。据报道，这些积累的财宝有时会随着王子的去世而消失，而这些财宝可能是在王子的领导下积累的。教皇西克斯图斯五世统治时期，教皇的巨大积累所遭遇的命运就是一个典型的例子。赫克歇尔（1994）也讲述了瑞典查理十一世死后财富消失的故事。

重商主义者把货币和贵金属的良好流通放在经济中非常重要的位置。赫克歇尔引用冯·霍基克（von Horkigk，1684）的第四条规则，清楚地表明了重商主义者赋予货币流通的重要性，"金银一旦进入国家，不管是来自本国还是通过工业从国外带来的，都不能再拿出来，不管它是为了什么，都要尽可能地留在那里，也不应该埋在箱子里和库房里，而应该永远留在流通中；也不应该进入这样的制造业，使它立即被销毁，不能重新使用。因为在这种情况下，一个国家一旦拥有大量现钞，尤其是拥有自己的金银货币，就不可能变得贫穷；事实上，就后者而言，它不可能在财富和财产方面不断增长"。重商主义者还希望增加流通中的货币数量，因为他们把更多的货币与贸易，尤其是对外贸易的便利化联系在一起。在重商主义时期，货币经济在一定程度上得到了推广，帮助君主以贵金属和货币收税，并阻止中世纪以实物缴税的可接受做法。因此，对货币的需求也是为了确保加快向货币经济的过渡。

重商主义学者和罗马帝国早期的学者一样，明白货币数量和商品价格之间存在着某种关系（Heckscher，1994）。例如，赫克歇尔引用了一些早期重商主义作家的语录来强调这一点，比如博丹（1530）。1568 年，博丹在谈到价格大幅飙升时说："迄今为止，人们尚未触及的最主要的、几乎是唯一的（原因）是金银过剩。"同样，在英国，货币数量和商品价格上涨之间的关系也同样被承认（Heckscher，1935）。货币数量重要的另一个原因是，货币数量和汇率关系之间的联系（Heckscher，1935）。重商主义的提倡者认为，一个国家的钱比其他国家少，就必须"贱卖贵买"（Heckscher，1994）。马雷尼斯、洛克、佩蒂和孟等著名的商业作家都撰文支持增加货币储备的必要性，以避免英国对其他国家的出口变得更便宜（Heckscher，1994）。重商主义者也明白，汇率偏离他们所谓的"铸币平价白银"取决于贸易的平衡（Heckscher，1994）。然而，这些作家们无法清楚阐述的是，是什么导致了贸易平衡的变化。

第六节　重商主义的第五个方面：社会的概念

除了所体现的经济思想，重商主义还被一套特定的社会思想所支配，特别是关于"社会作为一个整体或人作为一种社会动物是如何被创造的，以及因此必须如何对待人"（Heckscher，1994）。重商主义者更赞同新教改革，新教改革削弱了天主教会的影响力，并在16世纪席卷西欧。赫克歇尔认为，重商主义者的社会概念是建立在几千年前奠定的知识基础之上的。因此，与自由放任主义所体现的思想相比，他们的社会观念并不像他们对经济的看法那样有缺陷。赫克歇尔认为，实际上，在这两种结构之间，就它们对人和社会的整体概念而言，并没有太多的选择。重商主义理论家相信自然权利和不可剥夺权利的学说。洛克认为，这些权利包括生命、自由和财产的自然权利。英国哲学家托马斯·霍布斯（Thomas Hobbes）也是自然权利的主要倡导者之一。重商主义对让国家不断强大的痴迷使他们将个人的福利置于次要地位，而国家福利却得到了提升。与中世纪不同的另一个方面是，他们稍微偏离了关于高利贷的教规禁令，重商主义者在这方面的要求较低，因为他们的道德和宗教考量得到了缓和。

重商主义对经济自由的支持，似乎与"小贩"们支持的众多限制和垄断形成了鲜明的矛盾。柯尔贝尔在他的许多著作中都谈到了自由，以及贸易必须是自由的这一事实。事实上赫克歇尔记录了西欧许多国家的事例，包括法国、英国和瑞典，在17世纪早期，自由贸易的优点被吹捧（Heckscher，1994）。对贸易和商人的信仰使重商主义者将经济上的"自由"视为其指导准则。庞大的人口被认为是国家财富的重要来源，这种信念在一定程度上推动了16世纪大规模的跨大西洋奴隶贸易。在道德和宗教问题上，中世纪的欧洲和重商主义时代的社会有本质区别。重商主义时代将国家凌驾于个人之上的做法是非常特别的（Heckscher，1994）。重商主义的倡导者拒绝了教规中对高利贷的严格憎恶，对这一问题轻描淡写。更重要的是，重商主义的经济政策普遍不支持教会和神职人员（Heckscher，1994）。

第七节　结论

重商主义是一套全面的制度，涵盖了广泛的国家愿望。这些愿望包括政治、经济和社会福祉。在追求这些愿望的过程中，人们坚信实现与政治、经济和社会福利有关的愿望，从一个国家的角度来看，本质上是一场零和游戏。因此，在重商主义时代，西欧国家为了维护国家利益而采取侵略姿态的情况并不多见，经常发生冲突和战争。本章的讨论提供了证据，证明跨大西洋奴隶贸易以及随后的殖民被欧洲人视为追求重商主义理想的重要经济活动。例如，埃里克·威廉姆斯（Eric Williams）引用了曾两次担任英国首相的著名政治家威廉·皮特的话，生动地阐述了殖民者英国及其殖民地之间的经济关系。根据皮特的说法，"殖民地必须只把他们的贵重产品运往英国，并且使用英国船只。除非这些外国商品先运到英国，否则他们只能买英国货。由于作为孝顺的孩子，他们要为父母的更大荣耀而工作，他们被降为永久的附庸，只能剥削他们的农业资源。威廉姆斯（1944）说，"没有钉子，没有马蹄铁，帽子、铁和精制糖都不能被制造出来"。

第三部分
长时段下的非洲经验

第 六 章

中世纪的非洲经济：700—1500 年

第一节 引言

常言道，一个人如果不知道自己从哪来，就不知道自己要到哪去。虽然非洲现代史在很大程度上总是与"匮乏"和"贫困"等词相联系，但值得强调的是，非洲大陆并不总是处于贫穷与苦难中，尤其是 15 世纪之前的非洲。理解 15 世纪前的非洲历史有助于更好地指导当下的战略制定，并帮助 21 世纪的非洲大陆应对其面临的无数发展挑战。

问题在于：我们从何处开始？显然，对非洲大陆从人类出现到当代历史进行时代划分极具挑战，而且可能对要探讨的问题也没有多少帮助。但即便如此，对经济史进行合理的断代划分依然是非常有益的。因此，笔者选择从中世纪开始。经济史文献普遍认为，在 1500 年之前的大部分时间里，就经济活动与经济成效来说，非洲与欧洲基本没有区别。两者间的巨大差异在 15 世纪之后才出现。

因此，本章将以 7 世纪前后这一时期作为讨论的出发点。非洲地理面积巨大，其陆地面积约为欧洲的 3 倍。据估计，刚果共和国的陆地面积实际上与西欧相当。在这一时期，非洲经历了：北部的埃及文明、东部的埃塞俄比亚文明、南部的大津巴布韦文明和西部的西苏丹文明。在本章中，笔者将重点关注西苏丹文明，该地区在地理区域上位于当代西非。本章的分析意在证明在欧洲人到达非洲之前，非洲大陆已经在国际社会中开辟出了自己的位置。

对大多数持欧洲中心论的学者来说，在欧洲人登陆非洲前，非洲是没有历史的。现实也是如此，非洲的大部分历史都是以 15 世纪欧洲人到达非洲大陆为基础的。人们常常认为，非洲大陆，尤其是在撒哈拉以南非洲，缺少任何形式的国家机构，也从未出现过任何重要的政体。这一荒诞说法与偏见在很大程度上掩盖了非洲的真实历史，并形成了非洲大陆自古以来就很贫穷这一叙事。尽管非洲史学开拓者，如莱奥·弗罗贝纽斯（Leo Frobenius）和莫里斯·德拉福斯（Maurice Delafosse）已开展了大量重要工作，但大多数非非洲学者（Non-African Scholars）总是认为，缺乏书面资料和档案便意味着无法对非洲大陆进行科学研究。在古希腊研究中，与《伊利亚特》《奥德赛》等相关的资料被认为是真实可信的，但将非洲的口头传统作为历史的来源却很容易被否定。

撒哈拉沙漠经常被描述为一道巨大且无法逾越的屏障。在欧洲人登陆非洲大陆的沿海地区之前，它将非洲与世界其他地区完全隔离。但这并不完全正确。[①] 长期以来，萨赫勒地区的原住民柏柏尔人都非常熟悉横跨撒哈拉沙漠的路线网络。从古代到中世纪，这些路线一直是北方文明与世界其他地区之间贸易与交流的交通要道走廊。

通过借鉴《非洲通史》（*General History of Africa*，*GHA*）各卷[②]中有关真实非洲历史的权威严谨研究，以及其他非洲学者与非非洲学者

---

① 自古以来，跨撒哈拉沙漠的贸易活动就一直存在。前 600 年前后，腓尼基人在迦太基（位于今天的利比亚）的财富就部分来源于该殖民地与撒哈拉以南非洲地区横跨广阔沙漠的贸易（Shillington，2012）。

② 联合国教科文组织组建了一个由 39 名知名学者组成的工作组，其中 2/3 为非洲人，1/3 不是非洲人，其目的是提供一个客观的、内部人视角的非洲历史，并竭力避免多数西方学者持有的根深蒂固的偏见与错误观念。这套丛书借鉴了大量资料，包括口述传统、考古证据、未发表的阿拉伯语和阿贾米语（用阿拉伯文字书写的非洲语言）作品，以及在欧洲各国档案馆与图书馆获得的档案清单汇编。有关编写《非洲通史》的方法论，详见《非洲通史》第一卷。该丛书每卷有 30 章，每卷都有独立的主编，每位主编还有 1—2 名副主编。每一章由一位主要作者撰写，有些也有一位或两位合作者。这套八卷本丛书涵盖了非洲3000 年的历史。

的研究，笔者得以建构 15 世纪第一批欧洲人到来之前的非洲经济史。可以证明的是，中世纪的非洲并不需要慈善救济，而是一个充满活力且存在各种不同政体的大陆，并与当时北方伊斯兰世界等其他地区保有经济联系。在当时，阿拉伯人是世界主流文明的保管者，因此，与阿拉伯世界存在联系可以表明非洲在中世纪确实与世界文明中心存在联系。

　　对中世纪非洲经济的讨论分为两个阶段，分别为 7—11 世纪的中世纪早期阶段和 12—15 世纪的中世纪晚期阶段。之所以这样分期，是因为欧洲人正是在这一时期来到非洲大陆，进而改变了非洲的社会经济轨迹。为描述撒哈拉以南非洲的中世纪经济，笔者主要关注撒哈拉以南非洲中世纪 3 个著名帝国的经济状况：加纳帝国（Ghana）、马里帝国（Mali）和桑海帝国（Songhay）[①]。这些帝国均兴起于西苏丹地区。[②]

　　大多数欧洲中心论文献给人的印象是，非洲是一片黑暗的大陆，撒哈拉沙漠将非洲与"文明"世界隔离开来，因此，非洲没有任何历史。这种论断显然是不真实的，或者说至少没有充分了解情况。考古学证据和 10 世纪后越来越多的阿拉伯著作表明，将撒哈拉沙漠假设为阻碍撒哈拉以南非洲和世界其他地区交流的巨大屏障，尤其是在第一批欧洲人出现在非洲海岸线之前的时期，并不完全正确。尼希米·列夫齐翁（Nehemiah Levtzion，1973）进一步强调了这一事实（Connah，2016）。

　　萨赫勒在阿拉伯语中意为"海岸"，如果将沙漠比作沙海，

　　[①]　在 11 世纪，加纳帝国位于今马里西南部与毛里塔尼亚东南部。需要注意的是，加纳帝国与今天的加纳共和国没有任何关系。今天的加纳共和国之所以命名为加纳，是为了强调加纳帝国的历史重要性。加纳帝国首都是昆比萨利赫（Kumbi Saleh）。加纳帝国存在于 300—1200 年。当加纳帝国于 11 世纪走向衰落后，马里帝国成为西苏丹地区的主要帝国。马里帝国覆盖的地理区域比加纳帝国大得多。马里帝国存在于 1230—1550 年。14 世纪马里帝国开始衰落时，桑海帝国出现。桑海帝国存在于 1300—1600 年。

　　[②]　苏丹（Al-Sudan）一词来源于阿拉伯语，意为非洲黑人。

将骆驼比作船只，这就很好理解了。因此，可以将萨赫勒地区内发展起来的城镇……看作是港口。这些城镇既是商业口岸，又是政治中心。在这些战略中心拥有权力的人努力扩大权力，以实现对贸易的有效控制。纵观历史，西苏丹的政治发展与洲际和跨撒哈拉贸易路线的变化模式有关。

第二节　中世纪早期的非洲——加纳帝国

本节将回顾 7—11 世纪（即 601—1200 年）这一时期。该时期非常重要，因为通过可信的历史资料至少可以确定存在一个重要的撒哈拉以南非洲国家。在中世纪早期，西苏丹最重要的国家是加纳帝国。[①] 尽管加纳帝国没有自己的文字档案可供查阅，但该帝国在整个伊斯兰世界非常重要，并引起了那个时代主要阿拉伯学者的关注。因此，有关加纳帝国的大部分信息都是基于地中海和伊斯兰世界其他地区的阿拉伯学者的著作。例如，8 世纪阿拉伯地理学家法扎里（Al-Fazari）的著作为加纳帝国的早期历史提供了丰富的洞见。另一位 11 世纪位于伊斯兰西班牙（Islamic Spain）的阿拉伯学者巴克利（Al-Bakri）也提供了大量关于西苏丹加纳帝国的信息。通常认为，11 世纪位于马格里布和其他地方的阿拉伯商人是巴克利获得该帝国信息的主要渠道。

一　地理位置

加纳帝国位于今加纳共和国西北部约 640 千米处，[②] 位于撒哈拉沙漠南部和尼日尔河西北部。该地区是现在马里共和国与毛里塔尼亚共和国的一部分。该帝国的统治时期为 3—12 世纪，帝国的黄金时代被认为在 800 年前后。加纳帝国的臣民为索宁克人，属于西撒哈拉曼德语族。

---

① 之所以将加纳帝国划分到中世纪早期，是因为该帝国发展的顶峰时期是 10—11 世纪。
② 加纳共和国在 1957 年独立时采用了加纳这一名字。但从地理上看，该国离加纳帝国较远。

当地人称加纳帝国为瓦加杜古（Wagadugu），阿拉伯人则称其为加纳。

二　政治经济

在西苏丹人和阿拉伯人之间的跨撒哈拉沙漠贸易中，商品包括盐、柯拉果、小麦、纺织品和黄金制成的奢侈品，有时也有铜制品。这些当地商品与世界其他地区的贸易主要通过地中海国家进行。同世界其他地区一样，交易模式主要是以物易物。索宁克人用萨赫勒和北部草原的盐从加纳帝国南部森林地区的矿工手里购买黄金，再用黄金换取衣服、奢侈品以及来自北非马格里布地区的粮食。索宁克人也将从南方获得的黄金卖给位于加纳帝国首都昆比萨利赫的阿拉伯和柏柏尔商人。加纳国王对北方进口的盐征税，并对将这些盐运往帝国南部班布克森林地区的索宁克商人再次征收两倍于进口税的附加税。虽然没有对黄金出口直接征税，但加纳国王收缴所有金块，只允许出口金粉来控制黄金贸易。在某种程度上，这一间接黄金税可能更重。尽管如此，只要商品是金粉，商人就可以免于直接税。尽管加纳人并不完全识字，但国王还是雇用了具备读写能力的穆斯林作为政府官员来管理和记录税收与贸易系统（Shillington，2012）。可以说，国王和国家的财富在很大程度上取决于贸易税收和收缴所有矿区开采的金块的政策。

加纳帝国的政治经济体系类似于中世纪早期西欧和世界其他地方的封建制度。例如，首都昆比萨利赫以外的城镇管理权被交予副酋长们管理。

作为撒哈拉以北商人感兴趣的主要商品，黄金的重要地位及其来自萨赫勒南部森林地区这一事实，可能是那些即使对非洲存在错误观念与偏见的西方学者也不得不承认的（Shillington，2012）。阿拉伯人对黄金的高需求来源于铸币厂对黄金需求的不断增长。笔者将引用让·德维塞（Jean Devisse，1988）来证明这一论点。

在北方，从 10 世纪开始，政府负责铸币已成为一种规则。这一方面是由于西方伊斯兰势力对霸权的渴望日益强烈以及行政管理的进步；另一方面是由于西方的总体经济形势。贸易起源于北非和西班牙各个黄金铸币王朝对年度货币的需求。这些王朝包括：9世纪伊夫里基亚（Ifrikya）的阿尔加维德（Alghavid）统治者；10世纪伊夫里基亚的法蒂玛王朝（Fatimids）；10世纪西班牙的倭马亚王朝（Umayyads），970年后埃及的法蒂玛王朝；伊夫里基亚的齐里王朝（Zirids），以及阿尔莫拉维德王朝（Almoravids）。特别是当法蒂玛王朝、倭马亚王朝和阿尔莫拉维德王朝以伊斯兰世界前所未有的规模大量铸币时，跨撒哈拉沙漠贸易明显更有活力。

即使在这一时期，地中海经济体间存在贩奴市场，但由于需求有限，其数量并不是特别多。事实上，现有文献普遍认为，黄金是北方地中海经济体与撒哈拉以南非洲经济体之间的主要贸易商品。德维塞（1988）特别强调了这一事实。

证据表明，北方不缺粮食。距离和主食差异表明，阿拉伯人跨越撒哈拉不是为了小米、柯拉果（13世纪后才出现在北方）或胡椒，因为这些主要来自亚洲；非洲的"胡椒"在很久以后才出现小规模贸易。同时，没有任何迹象表明人们南下是为了购买当地纺织品。此外，也没有证据表明在11世纪之前当地有大规模生产纺织品。

虽然自石器时代之后，构成撒哈拉沙漠的海湾地区被认为会随时间的推移而扩大，但依然存在能够穿越这一辽阔沙漠的明确路线。这些沙漠路线①横穿稀树草原地区，成为连接萨赫勒地区与出产大量黄金的西苏丹南部森林地区的纽带。虽然盐在森林地区有大量需求，但该地区基本不产盐，因此不得不依靠贸易来满足其需求。

----

① 德维塞（1988）认为，10—12世纪的阿拉伯人全面详细地描绘了西苏丹与地中海北部经济体之间的跨撒哈拉路线。这表明，在穿越沙漠时，任何试图偏离既定路线的行为都可能导致灾难性后果。这些描写还提供了通过沿线特殊过境点时的细节指示。

到 8 世纪，随着骆驼这一交通运输工具的引入，连接地中海与撒哈拉以南西苏丹经济体的跨撒哈拉交通路线有了很大的发展。西苏丹地区北部沙漠港口与地中海地区南部沙漠港口之间 2000 千米的旅程可在两个月内完成。到 10 世纪，一支拥有数百头骆驼的跨撒哈拉商队并不罕见。骆驼在中世纪的跨撒哈拉贸易中具有特殊地位，它既是军事工具，又是商业工具。在这一时期，将中亚的双峰骆驼和阿拉伯的单峰骆驼杂交，可以培育出两种不同类型的骆驼，它们在步态与承载能力两方面各有优势。步态缓慢但承载能力较强的骆驼常用于商业活动，特别是在跨撒哈拉贸易中用于运输货物；灵活性与速度较快的品种则通常被认为是战争和传递信息的首选。

虽然摩洛哥是饲养骆驼的主要国家，但对于了解中世纪撒哈拉以南非洲的历史学家来说，涉及西苏丹的阿拉伯史料表明西苏丹也曾因饲养骆驼而闻名（Bathily 和 Meillassoux，1988）。例如，据说桑哈贾（Sanhadja）[1] 国王为其军队配备了十多万头纯种骆驼（Pacha，1976）。据记载，在正常年份的跨撒哈拉贸易中，往来于马格里布与埃及等北非阿拉伯地区和西苏丹地区的骆驼[2]有数千头。

连接西非与西北部阿拉伯人控制的摩洛哥伊斯兰国家的沙漠运输业主要掌握在桑哈贾柏柏尔人手中。图阿雷格人则控制了萨赫勒中部地区的运输，并与伊夫里基亚（今突尼斯和利比亚）保持联系。值得注意的是，沙漠被认为是某种意义上的海洋，而撒哈拉（Sahara）与萨赫勒（Sahel）这两个词恰恰与阿拉伯语中的"海岸"（Sahil）一词有关（Shillington，2012）。

研究表明，黄金贸易的增长与加纳帝国的扩张是同步进行的。沙漠海湾北部的贸易城镇，包括摩洛哥阿特拉斯山脉南部地区的西吉尔马萨都属于穆斯林。加纳帝国则是阿拉伯商人与来自西非森林地区的

---

[1]　该王国是西苏丹地区柏柏尔人不同政治组织的联合体，阿瓦达古斯特（Awdaghust）为政治首都。

[2]　一头骆驼承载的最大重量约为 130 千克，一头满载的骆驼可在一天内以稳定的速度行走 25—30 千米（Shillington，2012）。

草原最南部的黄金生产者之间的中介。

9—11 世纪，跨撒哈拉贸易的其他重要贸易港口或终点站包括：沙漠海湾以北的阿格玛特（Aghmat），西边是摩洛哥南部的塔姆杜尔（Tamdult），东边是加达梅斯（Ghadames），以及位于今利比亚的瓦格拉（Wargla）。南部的主要城市有阿瓦达古斯特（Awdaghust）、昆比萨利赫（Kumbi Saleh），以及北方地区的加奥（Gao）和杰内－杰诺（Jenne-Jeno）。

阿拉伯商人主要通过加纳帝国获得黄金商品，贸易越兴盛，中间商就越繁荣。通过计算一个典型年份的黄金交易量，能够估计部分西非黄金主要目的地的铸币能力。其中一个地方就是 10 世纪的西班牙，即倭马亚西班牙（Umayyad Spain），其首都在科尔多瓦（Cordoba），当时的西班牙受远在叙利亚的倭马亚哈里发控制。研究（Ehrenkreutz，1977）表明，1009—1010 年第纳尔硬币产量非常高（约 40000 第纳尔），大约使用了 160 千克黄金。历史学家安德鲁·斯特凡·埃伦克鲁茨（Andrew Stefan Ehrenkreutz，1977）进一步指出，在 879—880 年和904—905 年，图鲁尼德领地①的铸币能力高达 100000 第纳尔（Devisse，1970）。这些数字还只是考虑了黄金贸易的两个北方目的地。相关的钱币研究表明，这一时期的黄金贸易总量平均为 1—3 吨。多数西非黄金贸易的目的地包括：阿盖尔比德（统治突尼斯和阿尔及利亚东部的阿拉伯穆斯林王朝，被称为伊夫里基亚）、法蒂玛王朝（埃及）、倭马亚王朝（阿拉伯人控制下的西班牙）、阿瓦达古斯特王朝（扎纳塔柏柏尔人控制，但他们起源于摩洛哥南部的阿特拉斯山脉地区）和穆拉比特王朝（摩洛哥的柏柏尔王朝帝国）。

硬币对北方伊斯兰教控制的地区非常重要，因为它不仅具有经济作用，还被视为向被统治者彰显统治者权威的一种手段。统治者通过金币的供给展现其权力与权威。值得注意的是，除了制造金币，地中海的阿拉伯帝国还利用这些从西非获得的黄金建立了一个战备库。因

---

① 一个起源于土耳其的独立王朝，在 865—905 年统治埃及。

此，在海外商品供应方面，北方伊斯兰国家之间存在激烈的竞争。

德维塞专攻4—16世纪非洲西北部历史，并参与撰写了《非洲通史》。他认为在中世纪早期，西苏丹与阿拉伯人之间的黄金贸易主要由阿拉伯世界①欧洲以及非洲自身硬币或代币的供求关系所驱动。在提出这一观点时，他论证道：

> 考古学和文字档案已非常清楚地表明，在我们所讨论的这一时期（7—11世纪），整个非洲都存在这类代币（例如小铜十字架、铁制品和织物），因此没有必要重新讨论。非洲熟悉代币作为通货存在的必要性，也了解黄金的价值，以及应如何建立黄金储备以度过困难时期。跨撒哈拉贸易并不是一个不受时间限制的现象。其具体形式为借助骆驼每年向南寻找黄金，但其兴起与发展的方式则需要我们进一步确认与研究。（Devisse，1988）

现在，有必要将非洲的中世纪经济史放在全球经济背景之下来理解。正如本章后文所述，非洲并不像大多数非洲现代史学研究者认为的那么悲惨。

在穆拉比特王朝的不断攻击下，加纳帝国于1076年开始衰落。到12世纪末，加纳帝国已经失去了对西苏丹黄金贸易的控制权。加纳帝国衰落的原因包括南部森林地区出现了新的金矿，以及阿瓦达古斯特东部开辟了新的跨撒哈拉贸易路线。这一变化削弱了加纳帝国对高利润的黄金贸易的控制。随后，索宁克农民与商人搬离昆比萨利

---

① 与中世纪早期（7—11世纪）其他文明或文化区相比，伊斯兰世界在包括科学与医学等多个领域内处于当时世界领先地位（Hrbek，1988）。实际上，到8世纪末，阿拉伯人征服与统治的地域堪比罗马帝国巅峰时期。从地理范围上来说，阿拉伯人在崛起后不到一个世纪的时间里，其控制的地区从西方法国与西班牙之间的比利牛斯山脉开始，越过阿富汗的帕米尔山脉，直抵中亚的中国西南边境。此外，阿拉伯人还控制了西班牙、整个北非地区、金牛座山脉以南的早期拜占庭帝国的领土，以及位于东部的古波斯帝国。可以说，阿拉伯人控制并影响着一整片广袤的区域。但到11世纪末，阿拉伯人在过去5个世纪不断扩展的帝国轰然崩塌。西班牙、北非各国、土耳其和波斯国家纷纷宣示主权，脱离阿拉伯人的控制。

林，前往经济更加繁荣的东南地区定居。

第三节　中世纪晚期的非洲：马里帝国

本节讨论将中世纪晚期定义为 12—15 世纪（1101—1499 年）。在 11 世纪初加纳帝国衰落后，马里帝国取代加纳帝国成为西苏丹的主导国家。

从地理上来说，马里帝国的领土面积比加纳帝国大得多。马里帝国背靠大西洋，西至冈比亚河与塞内加尔河之间，南至首都尼亚尼，东至德梅卡与加奥，北至廷巴克图与瓦拉塔。该帝国在 14 世纪达到全盛时期，并占据了今毛里塔尼亚南部、塞内加尔、冈比亚和马里共和国。可以说，马里帝国囊括了加纳帝国全境乃至更多的领土。

曼萨·穆萨一世（Mansa Musa Ⅰ）是马里帝国的著名君主，他经开罗前往麦加的朝圣之旅有详细的阿拉伯文记载。部分欧洲中心主义学者认为这次旅行挥霍了大量财富[①]，但实际上，有大量的书面资料证明，他带回了许多专家，为帝国的建设做出了重要贡献。

与加纳帝国不同，马里帝国的部分城镇位于有利于发展农业的气候区，这便于其拥有一个繁荣的农业部门。南部热带雨林地区种植小米与高粱，而相对干旱地区则饲养小型与大型牲畜，包括绵羊、山羊和骆驼。大部分农产品是由农民生产，他们向当地酋长缴纳贡赋，而这些地方酋长则又向位于首都尼安尼（Niani）的国王缴纳贡赋。

除了阿拉伯人对马里帝国的记载，14 世纪葡萄牙旅行家的记载也有力地证明该帝国的粮食供应并不短缺。记载表明，在塞内冈比亚的尼日尔河与桑卡拉尼河的河谷间种植着水稻（Niane，1984a）。此外，该地区还种植小米、豆类与其他蔬菜。15 世纪后半叶，棉花种植

---

① 例如，威肯斯（Wickens，1981）等人认为，非洲中世纪的货币财富很少，即使有也都被挥霍在消费上。这一论断显然不正确。有学者认为，曼萨·穆萨一世在朝圣归来途中对拥有的少量货币财富进行大肆挥霍，但他有能力为马里帝国带回建筑师与其他专家，从而为国家建造了宏伟的建筑和其他基础设施。这当然不是一个将资源浪费在消费上的案例（Godwin，1957）。

在马里帝国已十分普遍。葡萄牙航海家们对此也有非常清楚的记载（Niane，1984a）。

在马里帝国内部，部分萨赫勒地区的富拉尼人主要从事畜牧业，而尼日尔河沿岸的桑海人与博索人则从事渔业。这些捕捞的鱼经熏制或晒干后能够延长保质期，然后销往马里帝国其他地方。

作为经济活动的手工业也由特定氏族掌控。马里帝国首都尼安尼周边地区有丰富的铁矿供铁匠加工。皮具与皮革由鞋匠氏族进行制作，黄金则由被称为锡亚基（Siaki）的铁匠氏族加工。这些氏族存在于马里帝国的主要城市。另一个名为马博（Mabo）的氏族控制着棉服的织造和染色。继曼萨·穆萨一世之后登上帝位的曼萨人桑迪亚塔·凯塔（Sundiata Keita）将手工业氏族的制度编纂成法典，使这些职业得以世袭。上述手工业氏族可与西欧中世纪时期的行会制度相比较。

尽管国内经济组织良好，但马里帝国的主要经济活动与权力来源依然是其从加纳帝国夺取的跨撒哈拉贸易。更重要的是，马里帝国有许多金矿，这是中世纪贵金属的重要来源之一。黄金贸易以金块的形式被课以重税，进口食盐也为马里帝国提供了大量税收收入。来自南部森林地区的柯拉果也是非常重要的贸易商品，主要由马林克人与索宁克人把控。铜制品、盐和棉花制品被运到南部森林地区，以换取黄金和柯拉果。14 世纪葡萄牙人有一篇关于该地区的文章写道，对于来自杰内的旺加拉商人来说，组织一支 200 名奴隶的搬运队将盐运到南部森林地区以换取黄金是很普遍的（Fernandes 等，1938）。

尼安（Niane，1984a）对马里帝国的贸易经济、贸易商品和贸易对象作了补充说明：

> 黄金、盐、铜和柯拉果对马里帝国的经济极为重要。马里帝国有许多金矿，这使它成为古代世界最大的贵金属产地。黄金的开采地包括同曼德省接壤的布勒，当地人只开采黄金。班布克、塞内加尔河上游的加拉姆和尼安尼周边地带也生产黄金。与卡亚·马汉时代一样，曼萨·穆萨一世对金块拥有专属权利。此外，马里

帝国还从南部森林地区获取黄金。布朗兰（今加纳）的贝格霍是柯拉果、黄金与铜的重要贸易中心。销往整个帝国的盐由迪乌拉人在特加扎和伊吉尔开采，而塞内冈比亚沿海地区生产的海盐则没能销往内地。

14世纪后，马里帝国开始衰落。衰落的原因有许多，其中之一就是贸易伙伴逐渐从北方阿拉伯人转变为沿海的葡萄牙人。图阿雷格人、柏柏尔人和桑海人成为撒哈拉贸易中的主导力量。葡萄牙人也进一步削弱了马里帝国对西苏丹地区的贸易经济控制权。

到14世纪末，马里帝国已不复昔日辉煌。马里帝国大多数重要的城市已被其他新兴势力占领，如南方草原国家的莫西人、图阿雷格人和北方的柏柏尔人。此外，其他城市也因中央政权的衰落而脱离掌控。在1500年前后，失去对廷巴克图这一重要文化与贸易中心的控制象征着马里帝国权力的全面崩溃。

第四节　西非最后的帝国：桑海帝国

西索科（Cissoko，1984）认为，桑海帝国的发展历经800年。西索科对该帝国的论述借鉴了萨迪（Al-Sadi）和马哈茂德·凯蒂（Mahmud Kati）两位阿拉伯学者著作的1964年法语译本。继马里帝国衰落后，桑海帝国是西苏丹地区兴盛于15—16世纪的重要帝国。阿拉伯和欧洲的资料为深入了解该帝国提供了基础。

桑海帝国主要位于尼日尔河中游一带，即今马里共和国中部地区。桑海帝国向东延伸至今尼日尔共和国和今贝宁与尼日利亚北部地区，向西越过塞内加尔河北岸延伸至今布基纳法索北部地区。

在16世纪的权力巅峰时期，桑海帝国由两部分组成：直接统治地区和朝贡地区。西部的瓦拉塔（Walata）与阿瓦达古斯特以及东部的阿加德（Agades）和塔德梅卡（Tadmekka）等城市是主要的朝贡地区。但其他重要城市，如廷巴克图（Timbuktu）、库克亚（Kukiya）、北部的塔加扎（Taghaze）、南部的杰内（Jenne）以及首都加奥都由桑海帝国直接控制，其中最大的三个城市分别是廷巴克图、杰内和加奥。1468 年，廷巴克图处于全盛时期，其人口数量大约为 80000 人（Cissoko，1984）。

　　桑海帝国的君主富有且强大，并拥有来自帝国各地的稳定资源。大规模的税收制度由一个精心设计的行政系统管理，该系统的最高官员被称为卡里萨·法玛（kalissa farma）。桑海帝国的收入来自君主的个人财产和对庄稼、牲畜和捕鱼等农业生产的征税。位于大城镇的主要商人也是征税对象。此外，季节性战争的战利品也是重要的资金来源。这些资源主要用于维持桑海帝国的权力与军队发展。穷人能获得援助，那些受高度尊重的伊斯兰教师也经常能获赠大量礼物（Cissoko，1984）。利奥·阿非利加努斯（Leo Africanus）记载道：

　　　　这里有许多手工业者与商人的店铺，特别是那些编织亚麻布和棉布的店铺。柏柏尔商人从欧洲运来布匹。当尼日尔河涨水时，他们通过运河将河水输送到城里。该地区盛产玉米、牛匹、牛奶和黄油，但盐却非常稀缺，主要从特加扎通过陆路贩运过来……当我本人在此地时，我曾亲眼看到一骆驼的盐卖到了 80 杜卡（一种当时在欧洲通流范围很广的金币）。（Pory 和 Brown，1896）

　　桑海帝国位于萨赫勒地区，这意味着它可以控制跨撒哈拉贸易的路线，这也是 7 世纪以来所有西苏丹地区帝国财富的来源。横跨桑海帝国的尼日尔河不仅提供了运输手段，还为农业生产创造了肥沃的谷地。桑海帝国存在双重经济结构，即一个以农村为基础的经济和一个充满活力的商业经济。大型农场由奴隶耕作，农场主则必须向位于首都加奥的帝国政权缴税。

　　桑海帝国在北非地区同今阿尔及利亚、摩洛哥和利比亚等国境内的城镇是贸易伙伴，也与其他地中海国家与欧洲国家进行贸易。贸易主要由桑海帝国境内的柏柏尔商人以及旺加拉人、瓦科雷人、莫西人、豪萨人和桑海人等控制。据说部分商人有严密的组织，在帝国内的许多城镇都有代理或分支机构。

> 看到每天有这么多昂贵奢华的商品被运到这里非常令人惊讶。在欧洲以 10 达克特买来的马匹，在这里可以卖到 40 达克特，有时甚至高达 50 达克特。对于那些欧洲不曾出现过的粗布匹，1 埃尔（刚刚超过 1 米）的价格低于 1 达克特。但如果是较为精美的布匹，1 埃尔的价格则为 15 达克特。1 埃尔产自威尼斯或土耳其的猩红布匹售价高达 30 达克特。一把剑的售价则为 3 克朗或 4 克朗（一种欧洲银币，价值低于达克特）。马刺、马缰绳、香料，以及其他类似商品也都以高价出售。但在所有商品中，盐是最昂贵的。（Leo Africanus，1550）

利奥·阿非利加努斯的著作（Cissoko，1984）表明，无论是低价值贸易，还是涉及黄金、盐或铜等的高价值贸易，大多要么通过以物易物的方式进行，要么通过牛角等中间货币进行。欧洲进口布匹主要来自威尼斯、佛罗伦萨和热那亚等城镇，但也有些来自英国与法国城镇。盐进口自北非的特加扎和伊德吉尔。其他从北非进口的产品包括武器、马匹、铜、玻璃制品和糖。用来换取进口商品的本土产品为来自南方的黄金和来自南部森林地区的柯拉果。总之，贸易使得桑海帝国的权力和部分市民，特别是那些贸易中介，变得更加富有了。

第五节　结论

截至目前，我们讨论的是 15 世纪欧洲人进入非洲之前西非国家的经济与政体。然而，在非洲大陆的东部、中部和南部还有其他有组织的政体。非洲大陆各地区之间的贸易和这些地区与其他洲之间的经济往来同时存在。例如，大津巴布韦的绍纳人（Shona）和其他亚赤道地区的居民同时在大西洋与印度洋方向有贸易往来。

　　大量的黄金禀赋及其在苏丹地区的贸易被很好地利用起来。例如，前往麦加朝圣后，曼萨·穆萨一世拥有足够的资源在回国路上雇佣阿拉伯建筑师。这些富裕的国王经常雇佣有学识的外国人为其王国提供服务。而这些外国专家则能获得丰厚的黄金报酬。大津巴布韦的皇室能够获得昂贵的中国瓷器和其他奢侈品，而这些物品都需要用黄金换取。北非国家在撒哈拉以南的王国与欧洲和地中海国家之间的贸易中充当中介。尼安（1984a）指出，当瓦斯科·达·伽马（Vasco da Gama）于 1498 年绕过开普敦时，他已在非洲大陆最南端发现了令人印象深刻的王国。因此，南部非洲在第一批欧洲人抵达时几乎一片荒芜的说法是不成立的。

　　可以确定的是，直到 15 世纪末，非洲作为黄金的主要来源地，在世界经济中发挥着举足轻重的作用。这是因为黄金是货币的重要组成部分，因此黄金也是欧洲新近货币化经济的重要资源。虽然克利斯托弗·哥伦布（Christopher Columbus）于 1492 年发现美洲大陆，为欧洲列强开辟了采矿和农业的新机会，但在 15 世纪末之前，欧洲和非洲的经济发展水平几乎没有差别。例如，安格斯·麦迪逊（Angus Maddison，2007）汇编的经济发展数据清楚地表明，在 1500 年之前世界不同大陆之间的经济发展差异并不大。

　　从 15 世纪末到 16 世纪初，欧洲大陆采用新技术标志着欧洲与世界其他地区之间巨大差异的开始。当时，新技术在以陆地为基础的帝国（如非洲的帝国）和以海洋为基础的欧洲帝国之间造成了明显的分野。有趣的是，1450—1750 年欧洲海洋帝国用来推动其发展的大多数技术并不是全新的。

　　新技术是火药①、指南针和最初由葡萄牙人与西班牙人在 15 世纪发明的拥有多功能风帆系统的轻快帆船（卡拉维尔帆船）。对这些特

---

　　① 中国人大约在 900 年发明了火药，但欧洲国家大幅改良了火药，并广泛利用这一技术来掠夺与征服世界其他地区。1326 年前后，意大利出现欧洲第一支枪。15—18 世纪，欧洲的战争不断，促使欧洲各国加强对枪支的发展，使其在火药的帮助下成为历史上最致命的武器。

定产品的了解与开发使欧洲对海洋有了无限的支配权。对海洋的控制意味着对世界贸易的控制和支配。因此，欧洲海洋帝国的出现标志着撒哈拉以南非洲历史的一个转折点。欧洲利用新技术的力量征服了世界大部分地区，包括撒哈拉以南非洲，并借此努力积累资本和其他资源，以促进其经济发展。

第 七 章

非洲经济的衰退 I：奴隶贸易，
1451—1830 年

第一节　引言

历史学家们普遍认为，在 1500 年前后，世界地缘政治地图表明存在一个多极化的霸权世界，大片地区行使着相当程度的自治权，但通过贸易和冲突联系起来。正是在这个全球范围内，撒哈拉以南非洲有着许多独立的王国和文化。1500—1900 年，一个新的地缘政治体系和秩序被建立起来。这一时期，西欧比世界其他地区占有明显优势。

本章试图阐明非洲奴隶贸易，一方面是数量和趋势，另一方面是贸易对非洲大陆经济命运的影响。这并非无关紧要，而是发生在西欧开始扩大自身与非洲的发展差距之时。西欧经济发展和财富积累的突然爆发，部分是以非洲为代价而实现的。理解非洲奴隶贸易的作用很重要，因为它与始于 16 世纪的世界经济秩序的演变密切相连，而这种秩序在今天影响着世界经济秩序。因此，很明显，目前的资本主义世界秩序的根基可以追溯到几个世纪以前。为了说明目前世界秩序的顽强性，我们不妨看看知名历史学家约瑟夫·伊尼科里（Joseph Ini-kori，1992）是如何定义世界经济秩序的。

一个包含几个国家的单一经济关系体系，同时通过贸易网络

153

的机制向有关国家分配职能和报酬。发展这样一个国际经济关系体系，需要在该体系内的各个成员国或次区域发展经济、社会和政治结构，使该体系的运作有可能完全依靠市场的力量来维持。一旦如此发展，对该体系的任何重要修改只能来自有意的政治行动，可能是由于该体系内的一个或多个国家的政权更迭引起。

在关于非洲大陆经济发展经验的讨论中，奴隶制对非洲经济不发达的影响没有得到很好的承认。事实上，15—19 世纪的非洲奴隶贸易的影响，比许多人想象的要更深远。显然，奴隶贸易的影响会比实际在非洲大陆大多数国家持续不到 90 年的殖民主义（1885—1965 年）要深远。虽然经济文献提供了有关贸易负面影响的实证证据，但这些研究往往并未给人了解其规模和对非洲经济命运影响的机会。尽管如此，实证证据已经推翻了奴隶贸易对非洲不发达没有影响的假设。例如，沃伦·沃特利和鲍勃·吉列兹亚（Warren Whatley 和 Bob Gillezea，2011）根据经验证明，奴隶贸易刺激了非洲资源的重新分配，使其转向奴隶的生产，而不是其他生产性经济活动。奴隶贸易还产生了外部效应，最终阻碍了长期的经济发展乃至整个大陆的发展。同样，内森·纳恩（Nathan Nunn，2008）的实证研究表明，非洲奴隶贸易系统地造成了非洲大陆许多国家的不发达。

罗德尼在其 1972 年出版的《欧洲如何使非洲欠发达》（*How Europe Underdeveloped Africa*）一书中，阐述了几个世纪以来，在追求财富积累的过程中，西欧的行动如何阻碍了非洲的发展。罗德尼认为，历史上许多事例表明，社会群体通过入侵邻国领土以获取妇女、牲畜和其他物品，从而变得更加强大，因为他们随后将从袭击中掠夺的物品用于促进其自身社会群体的发展。非洲奴隶制的受害者没有任何可能的救赎机会。相反，奴隶们被运到离他们故乡数千英里之外的地方，而不是被安置在任何特定的非洲社区工作以创造财富。15 世纪开始的非洲奴隶贸易的一个显著特征在于其庞大的交易数量。

虽然非洲在非人道的贸易制度中处于接受方，但非洲大陆与 16 世纪的经济秩序相联系，该秩序覆盖了世界大部分地区，特别是大西洋地区。因此，在罗马帝国的巅峰时期，地中海成为世界经济的中心，而大西洋地区则成为世界上最重要的经济区，特别是在 17—19 世纪。西欧、北美洲的欧洲分支、加勒比海、拉丁美洲和非洲是大西洋地区参与这一经济秩序所涉及的地区。

第二节　非洲奴隶贸易：数量和趋势

动产奴隶制是一种可以追溯到古代的现象，甚至在罗马帝国在世界上最具统治力的时期也很普遍。在非洲，各帝国和国家都有奴隶制活动。因此，所有种族在过去都曾以不同方式被卷入奴隶制的旋涡。[①] 同样值得注意的是，在古代，数量很少的撒哈拉以南非洲的奴隶可能会被贩卖到地中海及其周围地区；约瑟夫认为，从 9 世纪起，非洲奴隶被大量出售（Inikori，1982）。

纵观整个世界历史，非洲的奴隶输出，特别是通过跨大西洋贸易，在许多方面都骇人听闻，比如这种贸易的规模之大，以及对人类同胞的残忍程度之高。同样，非洲奴隶贸易的另一特征是，在许多情况下，同一种族/文化群体的个人相互奴役。但除了跨大西洋奴隶贸易，还存在三种涉及非洲人的奴隶贸易，分别是基于印度洋的奴隶贸易[②]、红海奴隶贸易[③]和跨撒哈拉奴隶贸易。[④] 因此，在 15—19 世纪，非洲同时经历了四种奴隶贸易。还有一点很重要，首先要指出的是，除了跨大西洋奴隶贸易，其他三种奴隶贸易都比跨大西洋奴隶贸易早，且相比之下贸易规模较小。

---

　　① 凯恩斯（1971）讲述了一个故事，教皇格里高利作为修道士时曾在罗马市场上目睹英国儿童被买卖，并为此感到难过。正是这种同理心使他在 596 年前后指导了部分修道士前往英国进行基督传教活动。

　　② 在这里，奴隶从东非被带至中东、印度次大陆及印度洋上的岛屿。

　　③ 奴隶贸易运送涉及非洲角各周边地区，即今天的索马里、苏丹及埃及。

　　④ 奴隶贸易的贸易主体多来自撒哈拉沙漠以南地区。

1400—1900 年，从非洲运出的奴隶总数难以估计，但约瑟夫认为这个数字应为 2200 万人（Inikori，1992）。由于缺乏可靠的贸易记录，参与非洲奴隶贸易的确切总人数很难确定，但关于跨大西洋奴隶贸易的历史记录很丰富。尽管如此，对跨大西洋奴隶贸易总量的估计仍存在差异。但重要的是，可靠的证据表明，1515—1880 年，超过 1000 万名奴隶从非洲被运往美洲。很容易得出这个结论，因为几乎所有著名历史学家在文献中的估计最后都是超过 1000 万人或略低于 1000 万人。关于 1450—1867 年跨大西洋奴隶贸易的各种估计数据，见表 7.1。

表 7.1　　　　　　　**跨大西洋奴隶贸易量：出口和进口**　　　　　单位：人

估计数据来源	出口（上船人数）	进口（下船人数）
欧文（Owen）	17244000	15520000
库辛斯基（Kucynski）	1627800	14650000
邓巴（Dunbar）	15431000	13887500
伊尼科里（Inikori）	15400000	13392000
洛夫乔伊（Lovejoy）	15400000	9778500
迪尔（Deer）	13300000	11970000
罗利（Rawley）	12606000	11345000
奴隶航行项目（Slave Voyages Project）	12521337	10702655
埃尔蒂斯等（Eltis et al.）	10646724	9181970
科廷（Curtin）	10629000	9566100

资料来源：Owen（1864）、Kucynski（1931）、Dunbar（1861）、Deer（1951）、Curtin（1969）、Inikori（1978），奴隶航行项目、网络数据等。

对奴隶贸易相关数量的估计主要基于航运数据，以及描述奴隶进口到美洲不同殖民地并被投入工作的统计数据。不同的历史学家对奴隶的确切数量有不同的看法。尽管如此，菲利普·科廷（Philip Curtin）和保罗·洛夫乔伊（Paul Lovejoy）的交易规模数据估测是最为广泛接受的。伊尼科里和其他人对这些数字展开了激烈的讨论，他们的估测数量更高。

如表 7.1 所示，对出口（上船）奴隶的估计从 1063 万人到 1724

万人不等，进口（下船）的人数从 957 万人到 1550 万人不等。尽管估值有所差异，但在有影响力的历史学家中似乎有一个普遍共识，即上船人数确实超过 1000 万人。大量奴隶在中间通道中死亡，这是从非洲海岸到美国海岸航程的一段。据估计，死亡率大多在 10%—12%。即使考虑 10% 的保守数字，数量依旧非常高。

　　海上航行平均需要两个月，死亡率很高。有观点认为，超过 10% 的奴隶是由于包括疾病和虐待在内的一系列原因而在海上失踪的。历史学家估计，400 年间的航行次数超过 34000 次。

　　为了加深对被运往美洲的人的情况，由大卫·埃尔蒂斯（David Eltis, 2010）和他的同事建立的埃默里大学跨大西洋奴隶贸易航行数据库（Emory University's Trans-Atlantic Slave Trade Voyages database）的数据相当具有启发性。该数据表明，大多数被卖为奴隶的人为男性。事实上，被送往美洲的非洲奴隶中有 64.6% 是男性，儿童占 21.1%（见表 7.2）。

表 7.2　　　　　　　　　　跨大西洋奴隶贸易的统计摘要

类别	样本量*	平均数	标准偏差
航行期间的死亡率（%）	6459	12.1	14.7
航行天数（天）	7069	60.5	33.7
男性（%）	3925	64.6	12.3
儿童（%）	4273	21.1	16.8

注：*用于估算不同类别统计数据的航程样本数量。

资料来源：Estimates Database（2009）；航程数据来自埃默里大学跨大西洋奴隶贸易航行数据库，http://www.slavevoyages.org/assessment/estimates。

　　虽然不同的历史学家对 400 年来非洲奴隶的确切数量有不同的看法，但似乎有一个共识，即非洲奴隶贸易在 18 世纪大幅增长。例如，奴隶航行数据库清楚地展示了 18 世纪记录的奴隶数量的巨大增长。非洲奴隶贸易在 17 世纪末达到顶峰，到 19 世纪末开始下降。造成这

种增长的原因之一是，除了葡萄牙和西班牙，其他欧洲国家也参与了
奴隶贸易。这些国家被吸引到奴隶贸易中的原因是西班牙和葡萄牙从
该贸易中积累了财富。

　　关于贸易载体的数据表明，迄今为止，葡萄牙是非洲奴隶的主要
贸易国。几乎所有运过大西洋的奴隶中，约有一半是由葡萄牙/巴西
运送的。英国亦是重要的贸易参与者，占奴隶贸易量的26.0%，其次
是法国和西班牙/乌拉圭，葡萄牙/巴西和英国共占贸易的72.7%
（见表7.3）。荷兰和丹麦也是交易非洲奴隶的重要欧洲国家。英属北
美的西欧分支在贸易中也很有影响力，因为大量的非洲奴隶在其海岸
登陆。这些奴隶被用作英国在北美殖民地发展其农业经济的劳动力。

表7.3　　　　　　　　估算运送奴隶数量（1501—1900年）

国家	奴隶数量（人）
葡萄牙/巴西	5848265
英国	3259440
法国	1381404
西班牙/乌拉圭	1061525
荷兰	554336
美国	305326
丹麦/波罗的海	111041
总数	12521337

　　资料来源：Estimates Database（2009）；航程数据来自埃默里大学跨大西洋奴隶贸易航行
数据库，http://www.slavevoyages.org/assessment/estimates。

第三节　大西洋奴隶目的地

　　最初，非洲奴隶被运往葡萄牙和西班牙拥有的大西洋岛屿上，特
别是在巴西殖民化之前（1441—1521年）。只有在16世纪下半叶，
才发生了从大西洋岛屿到美洲迁出地区的转变。彼时，大量奴隶交易

被记录下来。事实上，大部分奴隶后来都在葡萄牙的属地——巴西上岸，其中上岸人数最多的是该国东南部地区。根据奴隶航行项目信息来看，巴伊亚地区是第二个最重要的上岸港口。伯南布哥也是巴西另一个重要的奴隶运送港。此外，牙买加、古巴、圣多明各也是接收奴隶的重要港口。英属加勒比海地区有许多欧洲岛屿和种植园是奴隶上岸的重要港口，见表7.4。荷兰属地苏里南也有相当数量的奴隶上岸。

表7.4 奴隶上岸区域（1501—1900 年）

区域	奴隶数量（人）
巴西	5532119
英属加勒比海地区	2763411
西属美洲	1591245
法属加勒比海地区	1328423
荷属美洲	514193
北美洲大陆	472382
非洲	1789
丹属西印度群岛	129866
欧洲	10798
总数	12521337

资料来源：Estimates Database（2009）；航程数据来自埃默里大学跨大西洋奴隶贸易航行数据库，http：//www. slavevoyages. org/assessment/estimates。

第四节　非洲奴隶的地区来源

虽然在跨大西洋奴隶贸易中，估算的奴隶数量似乎越来越趋同，但奴隶来源的区域分布却并非如此。奴隶航行项目所提供的与来源地区有关的估算数据是有启发性的。圣赫勒拿岛周围的中西部非洲地区构成了跨大西洋奴隶贸易的最大奴隶来源地，该地区产生了16—19世纪近一半的奴隶交易数量。大部分奴隶源于主要港口的腹地。贝宁湾，也被称为奴隶海岸，横跨今天的贝宁国和尼日利亚的西南部，是第二大奴隶来源地区。第三个主要来源地是尼日利亚东南部的比夫拉湾。贝宁湾和比夫拉湾这两个地区加在一起，几乎贡献了1/3的奴隶交易（见表7.5）。艾尔蒂斯和大卫·理查森（David Richardson, 2010）还以图解的方式，展示了在各种非洲奴隶贸易中各地区奴隶的来源和相对数量。

表7.5　　　　　　　奴隶登船区域（1501—1900年）

区域	奴隶数量（人）
圣赫勒拿岛周围的中西部非洲地区	5694573
贝宁湾	1999061
比夫拉湾	1594560
黄金海岸	1209322
塞内冈比亚和大西洋近海	755514
东南非洲和印度洋岛屿	542668
塞拉利昂	388771
向风海岸	336868
总数	12521337

资料来源：Estimates Database（2009）；航程数据来自埃默里大学跨大西洋奴隶贸易航行数据库，http：//www. slavevoyages. org/assessment/estimates。

第五节　非洲奴隶和大西洋经济

跨大西洋奴隶贸易刺激了17—18世纪世界贸易的显著发展。加勒比历史学家——后来成为特立尼达和多巴哥第一任总理的斯尤斯塔斯·埃里克·威廉姆斯博士（Dr Eustace Eric Williams, 1944）认为，"17世纪和18世纪确实是贸易的世纪，就像19世纪是生产的世纪一样"，而这主要是源自跨大西洋奴隶贸易。伊尼科里（1982）也对非洲奴隶贸易所催生的全球商业做出中肯的描述，他指出："一方面是为国际市场的资本主义生产购买、运送和雇用1100万名奴隶；另一方面是运送和销售这些奴隶生产的商品，这在数量上构成了1451—

1870 年所有国际经济贸易的主要组成部分。"伊尼科里（1982）进一步解读了大西洋经济体系的关键运作部门及其主导者，他说："该体系的主要功能类别包括贸易和金融、运输、制造、采矿、种植园的主食农业出口、中型自由经营农场的商业食品农业以及贩卖劳动力。西欧在贸易、金融、运输和制造业方面占压倒性优势。葡属美洲和西属美洲也从事一些贸易和运输，包括一些国内消费的制造业。但它们在大西洋体系中的主要功能是开采贵金属和出口种植园主食农产品。北美洲的中部和东北部各州，从殖民时代开始，就集中于商业食品生产，以出口到西印度群岛的奴隶种植园、进出口贸易、航运、金融、造船、木材生产、渔业以及后来的制造业。南方各州专门从事种植园农业，最初主要是烟草，后来是棉花。西印度所有岛屿的特殊功能是种植业——烟草、棉花、靛蓝，尤其是甘蔗。"伊尼科里（1982）随后指出，非洲的作用是通过"收购和出售奴隶劳动力"为该系统提供劳动力。伊尼科里（1982）还提出，一个特定的领土在整个大西洋经济体系中，扮演的角色对于解释该领土的经济发展轨迹和该体系对其的影响非常重要。

在埃里克·威廉姆斯看来，由奴隶贸易发展而来的三角贸易以英格兰、法国和北美殖民地为轴心。第一轴心欧洲提供制成品商品和船只；第二轴心非洲则提供奴隶，即作为商品的人；欧洲人在美洲殖民地拥有的种植园构成第三轴心，主要为欧洲工业生产提供原材料。例如，对英国人来说，西印度群岛是其殖民种植园系统的中心。

如果研究奴隶贸易对欧洲国家经济发展的作用，可以发现奴隶贸易刺激这些经济体发展的具体机制。在英国这一案例中可发现三个机制。第一，非洲奴隶由英国制成品交换而得，然后被送至种植园中充当生产糖、棉花、靛蓝、糖蜜和其他热带商品的劳工。第二，对种植园商品的加工刺激了英国新兴工业的发展。第三，种植园主和奴隶对英国商品的消费成为英国工业和新殖民地的一个需求来源：新英格兰和纽芬兰分别成为英国农业和渔业的市场。

为了证明非洲奴隶在 17 世纪英国经济中的重要性，埃里克·威廉姆斯（1944）援引英国著名商人和重商主义者乔赛亚·乔尔德（Josiah Childs）当时的估算，他指出，"与他一起工作的 10 个黑人，再算上他们的吃穿用度，可在英格兰创造 4 个工作岗位"。埃里克·威廉姆斯（1944）还援引了德维南（Devenant）的一项估计，即"岛上的每一个人，无论是白人还是黑人，都能获得七倍于在英格兰的利润"。斯密在对奴隶贸易对英国经济所作贡献的一项估计中指出，"任何一个我们西印度殖民地糖业种植园所得之利润，都比欧洲或美洲种植园的利润大得多"（Williams，1944）。

英国的造船业也因三角奴隶贸易获得巨大推动力。例如，1690 年，有 225 艘船在英国、西印度群岛和新大陆殖民地之间进行贸易往来。据估计，每 10 艘参与国际贸易的英国船只中就有一艘在西印度群岛和美洲殖民地之间航行（Williams，1944）。造船业产生的后向和前向联系有助于扩大该产业对英国经济发展的贡献。例如，除了为英国海员创造就业机会，木匠、油漆工、造船工以及维修工等其他相关行业工种也得以蓬勃发展（Williams，1944）。布里斯托尔、利物浦和格拉斯哥等船坞和海港城镇也在贸易中受益匪浅，贸易促进了这些地区经济繁荣发展。尤其是在 16 世纪和 18 世纪，这些城镇成了英格兰和苏格兰的重要贸易中心。布里斯托尔因奴隶贸易成为英格兰第二重要城市（Williams，1944）。格拉斯哥在 18 世纪也因其炼糖厂和烟草加工业而激发商业活力。

埃里克·威廉姆斯（1944）列举了 1789 年一艘驶往非洲购买奴隶的船只上携带的各种货物：棉花和亚麻制品、丝绸手帕、蓝色和红色粗毛布、粒状大红布、粗帽和细帽、精纺帽、枪支、火药、弹丸、军刀、铁条、锡盆、铜壶和铜锅、铁锅、各种五金制品、土器和玻璃器皿、毛皮和镀金皮箱、各种珠子、金银戒指和装饰品、纸张、粗格子和细格子织物、亚麻褶皱衬衫和帽子、英国与外国的烈酒和烟草。上述大部分货物都在英国本土生产，这不仅刺激了各类工业生产活动，更重要的是为英国国内创造了大量就业机会。

在三角贸易中获利的主要行业是羊毛制品业、棉花制造业、炼糖业、朗姆酒业和冶金工业。随着加工技术的进步，棉花变得越来越重要，羊毛制品的重要性则随时间推移而减弱。但在此之前，羊毛制品最为重要。埃里克·威廉姆斯（1944）描述道："1695 年的一次议会委员会表示，公众普遍认为非洲贸易对羊毛纺织业有推动作用"。埃里克·威廉姆斯（1944）认为，虽然利物浦 18 世纪在造船业和非洲奴隶运输中获得巨大利益，但曼彻斯特的利润则来自棉制品的生产与加工，因为这些棉制品多被用于换取非洲大陆的奴隶。伊尼科里（1982）估计，1750—1776 年，英国出口到非洲的棉制品比例从不足 1/3 增至 1/2。作为重商主义政策的一部分，英国在 18 世纪用特殊的关税制度阻止了印度棉花进口，以保护曼彻斯特的棉花贸易。在英格兰，非洲贸易公司享有的垄断权经常受到希望开放市场的自由商人的挑战。英国工业使用的原棉主要从西印度群岛进口。

英格兰的炼糖业是与奴隶贸易相关的最重要的行业之一。到 18 世纪中叶，英格兰有多达 120 家炼糖厂，布里斯托尔是该行业的龙头城市。巨额财富也在该城市被创造。因此，布里斯托尔炼糖厂的工厂主在 1789 年向英国议会请愿反对废除奴隶贸易的过程中，成为主要发声者之一也就不足为奇了（Inikori，1982）。苏格兰在 1707 年与英格兰合并后，也成为一个重要的炼糖业中心。事实上，格拉斯哥据称有 80 家炼糖厂，而布里斯托尔只有 20 家。值得注意的是，将生红糖提炼成保质期较长的白糖由一项与重商主义有关的重要政策所决定。法国人在 1698 年前后也制定了类似的禁止性税收法规，旨在使其西印度群岛殖民地无法发展炼糖业，以促进和保护法国本土的炼糖厂。朗姆酒业和糖蜜业等其他产业也与制糖业有关。朗姆酒和糖蜜的生产活动也因其为非洲奴隶贸易中的重要交易货物而得到发展。

奴隶贸易也扩大了对金融服务的需求，这又进一步促进了 17 世纪和 18 世纪英国金融服务业的发展。大西洋经济的需求加速了该行业的发展，使英国在金融服务业方面具有优势，甚至直到今天英国都还享有这种优势。伊尼科里（1982）认为，"奴隶商人经常面临相当大的风险，因此他们对保险的定期需求对英国海上保险业的发展非常重要"。信贷市场基于贸易发展而来，因为在大西洋经济的整个三角贸易价值链中，商人们需要大量资本支出。贸易中存在周转期意味着资本会被冻结很长一段时间。例如，获取用于贸易的货物、在非洲购买奴隶，以及在美洲出售奴隶的总交易周期需要一年时间（Inikori，1982）。贸易的需求促进了英国银行和贴现服务业的发展。

研究发现，英国和美国经济的发展与大西洋经济有着密切联系，而非洲奴隶提供的廉价劳动力又促进了大西洋经济的发展。例如，伊尼科里的研究表明英国的美洲南方殖民地在原棉出口中发挥了关键作用，尤其是在1790—1860年（North，1961）。伊尼科里（1982）在论述中进一步引用英国历史学家戴维斯的研究，强调大西洋经济与英国工业发展之间的联系，并认为这是工业革命的前奏。戴维斯（1962）认为，"殖民贸易给英国工业带来了一种全新的可能性，即向不存在商品交换的市场大量出口羊毛制品……从18世纪三四十年代起，英国工业化进程在很大程度上受到殖民地对钉子、斧头、火器、水桶、马车、钟表、马鞍、手帕、纽扣、绳索和其他无数商品需求的推动"。

奴隶贸易所带来的好处并不仅限于英国，西欧大多数国家都受益匪浅。伊尼科里（1982）援引了一位法国历史学家的论述："18世纪可被真正称为欧洲发展的大西洋阶段。对外贸易，特别是与美洲的贸易，是整个经济的活力部门（例如，法国的殖民贸易在1716—1787年增加了10倍），来自海外的需求也刺激着大量的产业发展，劳动力的专业化程度持续提高。由于海运比陆运更有优势，18世纪的欧洲经济是由许多海港组织起来的，最繁荣的是那些在不断增长的殖民贸易中占有最大份额的港口，如波尔多或南特；每个港口不仅有自己的工业，还同时发展为工业腹地的河运出口港。"

远途航行也被认为是英国海军的训练场。事实上，这些商船在需要时可方便改造成战舰。在16世纪和17世纪，奴隶贸易、西印度群岛和北美洲的殖民化，以及大西洋经济是紧密相连的。重商主义实际上是试图将奴隶贸易、殖民化和商业三者黏合在一起的"黏着剂"。

　　欧洲人登陆美洲导致当地印第安人原住民人口大幅减少。这主要是因为新疾病的引入和对当地人口的大批屠杀。美洲印第安人人口的减少在一定程度上刺激了对非洲奴隶的需求，因为在该地建立的农业种植园需要大量劳动力。据估计，1519 年美洲印第安人为 2500 万人，但到 1622 年已降至不到 100 万人（Goucher 等，1998）。来自非洲的奴隶所从事的主要经济活动是甘蔗生产、咖啡种植，以及家务劳动，还有不少受雇于矿场，见表 7.6。然而，甘蔗糖种植是迄今为止吸纳奴隶劳动比例最大的行业。休·托马斯（Hugh Thomas，1997）估计，大约有 500 万名奴隶被雇用于制糖业。虽然荷兰人不一定是最大的奴隶贸易商，但他们在制糖业中发挥了重要作用，因为这些商人控制了种植园蒸煮室所需锅具的铜器贸易。荷兰人在为制糖业提供企业融资方面也有重要影响力。因此，荷兰各城市以及伦敦的金融从业者经常为该贸易提供融资和保险服务。

表 7.6　　　　　　　　　　　　**奴隶在美洲大陆的首次就业**

就业行业	奴隶数量（人）
甘蔗种植园制糖业	5000000
咖啡种植业	2000000
采矿业	1000000
家务劳动	2000000
棉田	500000
可可田	250000
建筑业	250000
总数	11000000

资料来源：Thomas（1997），基于 Curtis（1971）估计的修改。

　　首先，荷兰于 1602 年成立东印度公司，以保证政府对海外商业活动的控制，这些商业活动主要集中在东印度群岛。随后，借鉴东印度公司的经验，西印度公司于 1621 年成立。西印度公司被荷兰授予从事非洲奴隶贸易和新大陆其他相关贸易活动的垄断权。这两家公司的成立也是为了将贸易活动（包括奴隶贸易）所产生的风险和利益分散至大量投资者。荷兰将海外商业冒险公司化的策略引起了欧洲其他国家的注意。包括英国在内的一些欧洲国家开始效仿荷兰。英国人也成立了一家同荷兰一样享有垄断权的公司，并命名为皇家非洲公司。该公司成立于 1672 年，股东主要包括富裕的地主、贵族和英国皇室成员。

不同的欧洲公司在非洲海岸设立贸易点，并在当地建造堡垒和城堡，这些活动甚至在 17 世纪出现垄断性企业巨头之前就已经完成。许多城堡现在仍然可以在非洲西部或其他地区的海岸上找到。例如，克里斯蒂安斯堡和埃尔米纳城堡是当时在黄金海岸（现加纳）建造的重要城堡。

在 14 世纪以前，世界上大部分地区唯一重要的糖源是蜜蜂产出的蜂蜜。葡萄牙人及其西班牙邻居通过他们在马德拉（非洲东北海岸的一个小群岛）、圣多美和普林西比（非洲中部海岸）的甘蔗种植园进入蔗糖制品业。此前，地中海沿岸、西西里岛和塞浦路斯都有大型糖业种植园。转移至美洲后，一个完整的甘蔗种植园亦是一个巨大的企业，既是一个农场，又是一个工厂。显然，这些种植园具有非常大的商业影响力。这些企业种植甘蔗以生产原糖，并在炼糖过程中蒸馏糖蜜以获取朗姆酒这一副产品。

从事大西洋地区农矿经济生产活动的劳动力大部分是来自非洲的奴隶劳工。除了蔗糖的生产，奴隶劳工还参与了咖啡种植园、棉花田、金银矿和其他经济领域等的生产。事实上，研究者认为在谈论西印度群岛的食糖生产时，不能不考虑在甘蔗田和在蒸煮房里劳作的奴隶。为了进一步说明非洲奴隶在新大西洋经济中的作用，斯文·贝克特（Sven Beckert，2014）是这样描述的："换句话说，对于新的棉花帝国，奴隶制就像适当的气候和良好的土壤一样重要。正是奴隶制使这些种植园主能够对价格上涨和市场扩大作出迅速反应。奴隶制不仅能够在短时间内动员大量劳工，还允许建立一种暴力监督和几乎无休止的剥削制度用以满足对农作物的需要，这被经济学家冷酷地称为

'密集型劳动'。"显然，许多奴隶在从事种植棉花的苦力劳动（Beckert，2014）。

第六节　奴隶贸易对非洲经济的影响

伊尼科里在回顾奴隶贸易对非洲经济的影响时，驳斥了那些认为将新作物引入非洲和非洲奴隶贩子可能进行利润投资会对非洲产生积极影响的观点。他指出，"很难在奴隶贸易对非洲经济发展的影响中找到任何积极贡献"。

即便在废除后，非洲奴隶贸易对非洲大陆的经济发展依然产生持续的负面影响。这是因为与所有其他商品贸易不同，非洲当地社会已经完全丧失了劳动力。已经有不同学者认识到奴隶贸易对撒哈拉以南非洲自然演变和经济消亡的扭曲。例如，罗德尼（1972）强调了奴隶贸易是导致了非洲的欠发达。需指出，"欠发达"这个词语的使用是经过认真思考的，且是有目的的。因为这里所说的欠发达既不是发展的反义词，也不是完全没有发展。这主要是因为每个社会都有自己的发展能力，但随着时间的推移，其发展速度也各不相同。因此在比较发展水平时，提出"欠发达"这一概念是有意义的。社会经济发展是不平衡的，一些社会能通过生产比其他社会更多的商品而变得更富裕。英国在 18 世纪成为非常富裕的国家，这在一定程度上促使斯密写下了《国富论》，该书试图解释为什么英国领先于世界其他国家。

伊尼科里（1976）同意罗德尼（1972）的推断并进一步认为，奴隶贸易阻碍了非洲的经济发展，因为它对当地社会造成了巨大的人口损失。约克大学的杰出教授洛夫乔伊（Lovejoy）在其 1983 年首次出版、2012 年修订的著作中指出，非洲奴隶贸易的扩张与基于奴隶制的特定生产模式的加强有关。法奇（J. D. Fage，1978）则详细讨论了奴隶贸易如何扭曲非洲的政治制度。

尽管文献中有大量证据表明奴隶贸易对非洲大陆的经济发展产生了不利影响，但也有一些学者，如埃尔蒂斯和劳伦斯·詹宁斯（Eltis

和 Lawrence Jennings，1988)，坚定认为奴隶贸易的影响并不显著。例如，他们认为："奴隶贸易和商品贸易只占非洲经济活动总量的很小一部分，非洲经济活动可以在基本不受影响的情况下按照既定的增长路径发展……在 19 世纪中期，奴隶贸易和商品贸易的商人都没有重要到必须面对生产要素无弹性供应的问题。"

许多著名的历史学家认为埃尔蒂斯和詹宁斯的论断是错误的，其中就包括洛夫乔伊（1989）和伊尼科里（1992）。帕特里克·曼宁（Patrick Manning，1983）借助一个基于奴隶贸易人口变化及其对非洲影响的统计模型驳斥了艾尔蒂斯和詹宁斯的修正主义的论点。曼宁最后总结指出，模拟结果提供的证据充分表明，因为大西洋奴隶贸易，非洲人口出现明显减少。穆勒（1803）认为，因抓捕和奴役导致的死亡人数几乎与非洲海岸线上主要港口的奴隶贸易出口人数相当。

伊尼科里（1982）指出了跨大西洋奴隶贸易对非洲发展的三个主要负面影响。首先，400 多年的奴隶贸易导致非洲大陆人口出现负增长。例如，奴隶贸易导致非洲刚果—安哥拉地区的人口大幅减少。虽然对海运中途奴隶死亡率的估计已经存在大量的学术研究，但从抓捕到登船这一过程中的奴隶损失却难以获取。但众所周知，战争、袭击、抓捕以及出发港口的"仓库"中都存在严重的损耗。因此可估，与最终进入海运的人数相比，损失的总人数相当大。伊尼科里（1982）认为，1500—1879 年非洲低人口增长率主要是由于奴隶贸易造成的，他将此与 1900—1950 年的高人口增长率进行对比。20 世纪前半叶的非洲被认为是当时世界上人口增长率最高的地区之一（Inikori，1982）。伊尼科里估计，如果没有奴隶贸易，非洲人口在 1870 年将会增至 9900 万。[①]

长达 4 个世纪的非洲奴隶贸易导致的非洲大陆人口不足产生了持久的结构性影响，直到今天依然存在。例如，人口稀少的大陆以及人口压力的缺乏导致没有发展土地市场的需求。因偶然因素导致的人口压力缺失对塑造整个大陆的市场外土地所有权制度发挥了重要作用，

---

① 由柯蒂斯（Curtis，1971）的研究可以推测，截至 1863 年，1700—1810 年交易至美国的 43 万非洲奴隶共产生了 450 万非洲人口。

这有悖于资本主义的法则（Inikori，1982）。为证实这一点，伊尼科里（1982）提出，"非洲大陆大多数，甚至全部城市地区的土地市场发展都由人口压力所致，由此产生的对土地的高需求清楚地表明人口压力如何刺激城市和农业土地市场的发展"。在进一步论证该论点时，伊尼科里（1982）指出，"在没有大量人口的情况下，对生产中属于土地密集型的非洲产品将存在非常大且不断增长的外部需求，这会逐渐将土地转变为一种稀缺的可交易资源，从而导致农业和整个农村经济的商业化"。

奴隶贸易创造的整体社会经济和政治环境产生了一种推动力，并最终形成了一股负面的社会经济和政治力量，这些力量相互配合使奴隶贸易得以延续。这些社会经济和政治力量的运作方式是借助欧洲和阿拉伯商人提供的武器和马匹进行持续性战争；[①] 职业奴隶劫掠者或"奴隶猎人"的出现则共同导致了社会经济和政治机构被用于支持奴隶贸易（Inikori，1982）。

奴隶贸易对非洲造成的制度性破坏仍然伴随着我们。例如，纳恩（2008）引用曼宁（1979）的研究指出："奴隶制是一种腐败：它涉及盗窃、贿赂、使用野蛮力量以及欺骗行为。因此，奴隶制可以被看作是现代腐败的一个前殖民时代起源。"[②] 纳恩（2008）进一步利用经验数据确定了奴隶出口和非洲经济发展之间的因果关系。他指出，这种因果关系的主要路径是"国家崩溃"[③] 和"族群碎片化"。这些结论支持了早期研究，即新大陆的奴隶制导致非洲产生不支持经济增

---

① 伊尼科里（1982）讲述的跨撒哈拉奴隶贸易的利奥·阿弗里卡纳斯展示了 16 世纪初博诺国王如何用奴隶从阿拉伯人手中换取马匹。这些马匹在很大程度上被用于骑兵的突袭和战争费用，以捕获更多的奴隶。

② 许多研究也得出结论，奴隶贸易极大地腐化了现有的制度结构（例如，参见 Mahadi，1992；Hawthorne，1999、2003；Koelle，1854；Lorejoy，2000）。

③ 纳恩列举了一个发生在 1514 年中非西部刚果王国的严峻例子。在那里，绑架刚果人并与葡萄牙人进行买卖的行为非常普遍，已威胁到社会秩序，削弱了当地国王的权威。于是，阿方索国王写信至葡萄牙国王，传达了个人的失望。法律和秩序的崩溃被认为在一定程度上导致了这个曾经伟大大国家的衰落（Nunn，2008；同见 Inikori，2003）。

长的倒退性制度。①

跨大西洋奴隶贸易对非洲经济发展的另一个重要负面影响是，在国际贸易日益成为经济发展的重要推动力之时，奴隶贸易使非洲大陆无法在合法商品贸易的基础上与世界其他地区维持合法的贸易关系。伊尼科里（1982）指出，"很显然，非洲生产的商品确实存在进入国际贸易的机会，而且1451—1870年来到非洲的外国商人也发现了这些机会，还有证据表明，奴隶贸易的运作以各种方式阻碍了这些国际贸易的发展"。伊尼科里还描绘了荷兰人如何在1633—1634年向黄金海岸进口贝宁生产的布匹；以及葡萄牙人与贝宁人进行了贝宁胡椒的贸易。此外，还有相当多的黄金和象牙贸易。然而，非洲合法贸易的发展被故意阻止，例如，英国政府认为这种贸易的发展会与西印度群岛和北美殖民地进行的贸易相竞争。更重要的是，英国人认为新大陆的殖民地属于他们，但非洲还不完全是他们的势力范围。这就是当皇家非洲公司的总督建议该公司考虑在非洲种植甘蔗、烟草、靛蓝和棉花时，英国议会匆忙颁布一项法令禁止在黄金海岸开展此类活动的部分原因。②

另一个英国政府故意阻止非洲进行合法贸易的证据可能与其他欧洲国家相同，伊尼科里的一段引文很好地展现了这一点。这段引文基于一封由非洲商人贸易公司委员会写的信，其写作时间为英国废除跨大西洋奴隶贸易后不到五年。"一个可悲但确定的事实是，非洲迄今为止一直是我们西印度殖民地的牺牲品。它的商业被限制在一种似乎排除了所有文明进步的贸易中。它的耕种者被卖到不属于自己的土地上劳动，而促进耕种和改善农业的所有努力都被这个国家的政府阻止了，仅为防止其产品影响对我们更有利的殖民地。"③

---

① 索科洛夫、恩格曼（Sokoloff和Engerman，2000），米切纳、麦克莱恩（Mitchener和Mclean，2003）也提供了支持这一论断的证据。

② 伊尼科里通过非洲商人贸易公司的会议记录提供了支持这一论断的证据（1752年2月14日星期五贸易委员会会议纪要）。对于那封暗示在非洲进行合法贸易可能性的信，伊尼科里引用了《达尔比·托马斯爵士致皇家非洲公司的信摘要》（1709年11月29日）。

③ 非洲商人贸易公司委员会致财政部，1812年4月9日。

总而言之，17—18 世纪国际贸易的扩张使西欧国家受益，这主要仰赖于在新大陆种植园和矿场劳作的非洲奴隶所提供的廉价劳动力。同时，奴隶贸易导致了社会经济和政治制度的瓦解，抑制了人口增长，并创建了微妙而又隐秘的机制以瓦解本土国家权力的任何残余。鉴于奴隶贸易持续了十几代人，关于非洲能够而且应该在独立后立即走上重新建国和发展的道路的假设并不符合实际情况。

第七节　结论

跨大西洋奴隶贸易对非洲经济发展潜力和结果的深远影响往往被严重低估。奴隶贸易是大西洋经济的中心且对非洲不利，这一事实在有关经济发展的讨论中几乎没有出现。虽然对欧洲人贩运非洲奴隶的数量存在大量估计，但毫无疑问的是这些数字非常惊人。自有历史记录以来，没有任何一群人被系统性地剥削了如此之多和如此之久。因此，对非洲经济发展问题感兴趣的经济学家和政策制定者必须了解非洲国家制度中某些功能失调的根本原因，以便设计必要且适当的改革来解决这些问题。

第 八 章

非洲经济的衰退 Ⅱ：殖民化，
1880—1960 年

第一节　导言

　　随着 19 世纪后期奴隶贸易的结束，以及"合法贸易"新时代的开始，非洲人几乎掌管了整个非洲大陆。[①] 整个非洲大陆有数百个语言群体，这些语言群体从帝国到独立的村庄各不相同。虽然有些有统一或集中的国家结构，如现代加纳的阿桑特人和西非的曼丁卡帝国等，但也有一些没有统一的国家。[②] 然而，即使经历过多年的奴隶制和语言群体之间的战争，这些群体基本上都是自治的。非洲国家和社区控制着各种贸易网络，这些网络将它们与其他社区和国家，更重要的是与欧洲商人联系起来。

　　欧洲人与非洲人的第一次接触是在 400 年前，也就是 1450 年。在欧洲国家瓜分非洲大陆的前夕，即 1880 年前后，欧洲人在非洲大陆的存在范围仅限于沿海地区的小块飞地贸易站。尽管欧洲人在大西

---

① 截至 1880 年，欧洲帝国主义国家的总面积估计不到 1000 平方千米。鉴于非洲包括其邻近岛屿的总面积超过 3000 万平方千米，欧洲的领域是相当微不足道的。
② 殖民化初期非洲无首领社会的例子有尼日利亚的伊博人、肯尼亚的基库尤人和乌干达北部的朗吉人。

洋奴隶贸易时期建立了城堡①和要塞，但欧洲人基本上没有探索过非洲大陆的内陆地区。然而，他们越来越想要掌管贸易体系，却对内陆腹地以及如何最好地进入内陆腹地一无所知。因此，欧洲国家，特别是英国的商人阶层资助了各种冒险家的探险活动②，他们试图探索这片广阔大陆的内陆地区。这些探险活动的目的通常是探查流向海岸的河流的航道。当时的理解是，可通航河道的"发现"可以打开内陆地区的贸易和开发大门。到了 19 世纪 70 年代，主要的河流已经被识别和探索，它们被用作深入内陆地区的"高速公路"，尤其是在非洲西海岸。除了少数几个地方，例如法国人的阿尔及利亚、英国人和布尔人的南非以及某种程度上北非的奥斯曼帝国，外来者基本上承认当地的统治者。19 世纪 70 年代，英国人宣布黄金海岸（今加纳）的沿海地区为王室殖民地，并且控制了今塞拉利昂的沿海城镇弗里敦、诺沃港（今贝宁）和拉各斯岛（今尼日利亚）。英国人还将埃及置于其统治之下。阿杜·博恩（Adu Boahen，1985）报告说：

> 到了 1880 年，……整个东非没有一寸土地受到任何欧洲强国的控制，而整个中非的莫桑比克和安哥拉沿海地带则被葡萄牙人统治着。只有在南部非洲，外国统治不仅被牢固地植入，而且已经向内陆延伸了相当长的距离。简而言之，直到 1880 年，非洲大陆约 80% 的地区在各种规模和形态的帝国、王国、共同体和政体中，由它自己的国王、王后、部族和世系首领统治。

如今，在欧洲主要大国废除跨大西洋奴隶贸易后，非洲已将奴隶

---

① 在加纳，我们可以看到埃尔米纳城堡，它是由葡萄牙人在 1482 年建造的。它后来被荷兰人和英国人用作黄金交易的贸易站，然后又被用来交易奴隶和从欧洲获得的商品。这些城堡和要塞建在特定的区域，以划分贸易区，防止敌对的欧洲贸易者侵入，并作为奴隶上船之前的"仓库"。埃尔米纳城堡和大部分的城堡、要塞至今仍矗立在那里。

② 追踪蒙哥公园和尼日尔河：1820 年法国人凯尔对廷巴克图的访问；来自英国的兰德尔兄弟在 1830 年追踪尼日尔河的河道至三角洲。对其他重要河流，如尼罗河、赞比西河和刚果河进行追踪的其他著名探险家有理查德·伯顿、约翰·斯佩克、格兰特、大卫·利文斯通和亨利·斯坦利。这些探险活动是在 19 世纪 50—70 年代完成的。

贸易换成了与欧洲的商品贸易。新的贸易主要是指农产品和森林产品以及黄金的出口。例如，棕榈油是尼日利亚主要的出口商品，冈比亚和塞内加尔是花生的主要出口国。在1880年之前的西非，有一小批受过西方教育的非洲人经营自己的进出口业务，并垄断了欧洲产品在黄金海岸内陆地区的销售。博恩（1985）甚至认为，到1887年，已经有一些具有法律和医学等方面资格的黄金海岸人从英国回到这个国家。其中一些人是英国公务员队伍的一部分，另一些人则从事私人执业。有趣的是，泰特·夸尔西（Tetteh Quarshie）于1879年从费尔南多—波城带着可可作物回到了黄金海岸，而可可作物后来成了加纳农业出口经济的主要支柱。

在相当短的一段时间内，即1890—1910年，非洲大陆经历了一个惊人的悲剧性转折事件，这将对其发展进程产生深远的影响。欧洲列强发动的该事件还对土著制度、文化以及其在多年的跨大西洋奴隶贸易之后剩下的经济权力构成了系统性攻击。因此，在很短的时间内，几乎整个非洲大陆被五个欧洲大国瓜分了，其陆地面积比中国、欧洲、美洲（南北美洲加起来还要多）都要大。伴随这场瓜分而来的殖民化在文献中经常被描述为"瓜分非洲"。

首先，必须指出的是，瓜分之后的殖民化时代几乎没有受到非洲人民的质疑。这绝对不是对主权的消极默许。当时非洲领导人不知道的是，欧洲人拥有更强大的军事力量，因为他们拥有马克沁机枪[①]和其他精密的武器装备。非洲人多年来通过贸易获得的前装式枪支根本无法与欧洲人发明的威力更大的枪支匹敌。蒂莫西·威斯克尔（Timothy C. Weiskel，1980）指出，法国人在1911年科特迪瓦的鲍勒人起义时，从他们那里缴获了21365支火枪的库存。为了证明非洲人没有轻易放弃的事实，我们可以引用加纳历史学家博恩（1985）的一些语录。1891年，当英国人试图向黄金海岸的阿桑特人提供"保护"时，据说阿桑特国王普雷姆佩一世曾说过以下的话：

---

① 这被描述为第一把机枪。英国黄金海岸警察队在1889年就拥有一把。但这种机枪最早是在1885年研发出来的（Tylden，1960）。

关于目前状态下的阿桑特应该得到女王陛下和印度女皇保护的建议，我会说是一个非常严肃的值得考虑的问题，而且我很乐意地说，我们已经得出这样的结论，我的阿桑特王国绝不会承诺执行任何这样的政策。阿桑特必须像以前一样，同时与所有白人保持友好。我不是以夸耀的方式或精神来写这篇文章，而是以其明确的意义来写……阿桑特的事业正在取得进展，任何阿桑特人都没有理由对前景感到恐慌，也没有理由认为我们的事业已经因过去的敌对事件而倒退。[①]

四年后，在阿桑特王国北部，位于今天布基纳法索的莫西人的国王，用以下话语向一位法国军队上尉表达了类似的感情：

我知道白人希望杀死我以夺取我的国家，但你却声称他们会帮助我管理我的国家。但是我发现我的国家很好。我不需要他们。我知道什么对我来说是必要的、什么是我想要的：我有我自己的商人，你也该庆幸我没有下令砍掉你的头。现在就走，最重要的是，再也不要回来。[②]

在现在已经成为现代国家的埃及、苏丹和索马里，也有同样强硬的抵抗（Ibrahim，1985）。实际上，在非洲所有地方都有对欧洲列强试图夺取其土地和资源控制权的抵抗。可悲的是，除埃塞俄比亚外，这些阻止欧洲帝国进攻的努力基本上没有成功。在某些情况下，还试图通过外交渠道与欧洲大国进行接触，以预先制止其统治。例如，当塞西尔·罗德斯（Cecil Rhodes）即将接管恩德贝勒国家时，恩德贝勒国王派了一个代表团前往伦敦会见维多利亚女王。黄金海岸的阿桑特国王普雷姆佩一世以及埃塞俄比亚的梅内利克都不得不向大英女王

[①] FAbbâs（1931）；由 Berque（1936）在 Adu Boahen（1985）的第 24 章中引用。

[②] 如 Adu Boahen（1985）所述，但由 M. Crowder（1968）引用。

提出交涉，说服她停止接管他们的国家。在所有情况下，这些交涉都被拒绝。

第二节　瓜分

17—19世纪，荷兰人、法国人、葡萄牙人和英国人通过在印度次大陆建立定居点和贸易站，对亚洲各国进行殖民统治。尽管非洲被欧洲帝国主义列强殖民化的时间要晚得多，但是其发生的速度和冷漠的方式令人费解。在1884年11月15日柏林会议①前夕，如前所述，一些欧洲帝国主义列强已经控制了非洲大陆上的一些沿海政体。就欧洲帝国主义列强而言，会议的主要目的是以一种非对抗的方式促进对非洲内陆的获取。这次会议根本上是要通过谈判结束关于谁控制非洲哪个地区的混乱局面，并确保各国在其声称的非洲领地方面尊重彼此的权利，会议在1885年2月26日结束。短短三个多月内，整个非洲大陆在遥远的柏林的一个会议厅里，在德意志帝国宰相奥托·冯·俾斯麦的主持下被分割开来。有14个国家参与这次会议，包括13个欧洲国家②和美国。英国、法国、葡萄牙和比利时是这次会议的主导者，它们的殖民足迹在瓜分前夕也踏遍了非洲。在会议召开之前，法国和英国之间一直存在敌意，③它们在非洲都拥有稳固的殖民地。欧洲列强瓜分非洲的原则载于1885年2月26日签订的《柏林总议定书》。

有人认为，俾斯麦是在葡萄牙的推动下召开了这次会议，但更重要的是，他还想把德国的殖民对手聚集到一起，同时扩大德国在非洲

---

①　会议在威廉大街的俾斯麦官邸举行，于1884年11月15日开始，在经历了圣诞节和新年假期短暂休息后继续进行，并于1885年2月26日正式闭幕。

②　这些欧洲国家包括：德国、英国、法国、比利时、葡萄牙、西班牙、意大利、荷兰、俄罗斯、瑞典—挪威（在1814—1905年是一个国家）、丹麦、土耳其和奥匈帝国。

③　荷兰人于1652年抵达开普地区，但到1802年，该地区已被英国人控制。法国在1830年对阿尔及利亚的殖民化始于对阿尔及利亚的入侵。

的影响范围（De Blij and Muller，2003）。《柏林总议定书》涉及六个主要问题：（1）刚果盆地的贸易自由；（2）奴隶贸易；（3）刚果盆地领土的中立性；（4）刚果河上的航行；（5）尼日尔河上的航行；[①]（6）非洲大陆海岸未来的占领规则。该法案由参加柏林会议的 14 个国家的代表们签署。上述主要问题在该法案中进行了处理，并就每个问题作了声明。《柏林总议定书》第六章试图为非洲的殖民化事业制定基本规则。该法案第六章的第 34 条和第 35 条内容如下：

> 今后任何大国在其现有属地以外的非洲大陆沿海地区占有一片土地，或迄今为止没有这种属地而将获得这种属地的国家，以及在该领土上承担保护国地位的国家，都应在各自的法案中附上一份通知，寄给当前法案的其他签署国，以使他们能够在必要时实现自己的任何要求。（《柏林总议定书》第 34 条，1885 年 2 月 26 日）
>
> 本法案的签署国承认其有义务确保在它们所占领的非洲大陆沿海地区建立足以保护现有权利的权力，并视情况在商定的条件下保护贸易和过境自由。（《柏林会议总议定书》第 35 条，1885 年 2 月 26 日）

会议结束后不久，原本自治的非洲内陆地区实际上被 6 个欧洲国家瓜分，而已经在非洲拥有领土的帝国列强的所有权也得到了认可。到 1914 年年底，整个非洲大陆，包括内陆地区，都被外国势力所控制。唯一的例外是阿比西尼亚[②]（埃塞俄比亚）和利比里

---

① 值得注意的是，在柏林会议召开时，刚果河和尼日尔河被认为是非洲大陆上最重要的两条河流。

② 在约哈尼斯皇帝统治时期（1871—1879 年），埃塞俄比亚已经形成了拥有核心和完善政府的强大的统一国家。特沃德罗斯二世皇帝（1855—1868 年）的统一努力在此时得到了巩固。政府分为三个层次（区、省和国家），分别由领主、省长和皇帝领导。政府也以三个轴心为基础：经济、政治和宗教支柱。官僚机构的核心是构成精英阶层的阿姆哈拉—蒂格雷人，他们是皇室的文化群体。对皇帝绝对忠诚的地方贵族和领主被招募到统治结构中。领主对总督负责，而总督则向皇帝报告。这些领袖同时是军事领袖。区领袖对帝国结构的效忠与埃塞俄比亚东正教会的结构是一致的。领主收集贡品并将一部分交给总督，总督从领主那里积累贡品，再将一部分交给皇帝。有人认为，当梅内利克二世皇帝接手时，埃塞俄比亚的中央集权政治文化已经基本确立（Akpan，1985）。

亚。① 然而，就利比里亚而言，这个国家并非在非洲大陆的瓜分下毫发无损。利比里亚东南部的大片领土被法国人夺走，西南地区则是被英国人占领。利比里亚总统阿瑟·巴克利（Arthur Barclay）在面对欧洲列强夺取非洲社区进行剥削的欺凌时，愤怒地说②：

> 我们前所未有地认识到，这是一个新外交时代，这种外交不受国际法基本原则的约束，甚至不受与弱小民族有关的天然正义和公平的约束……大国在没有征求小国意见的情况下会合并瓜分小国；它们无能为力，因为它们没有足够的陆军或海军来进行武力对抗。

埃塞俄比亚从瓜分非洲的攻击中逃脱的故事并非没有戏剧性和阴谋。在意大利人接管厄立特里亚之后，他们曾试图通过两国间条约的欺骗性措辞来征服埃塞俄比亚。梅内利克二世领导下的埃塞俄比亚人以非常强烈的措辞拒绝了这一事项。埃塞俄比亚人随着时间的推移获得了现代武器，这些武器包括来自法国人和俄国人的枪和迫击炮。因此，到了紧要关头，他们凭借储备的现代化武器和一支庞大的士兵部队，在阿多瓦战役中果断地击败了意大利军队。1895年10月，意大利人在亚的斯亚贝巴与埃塞俄比亚人签订了一项和平条约，该条约有效地废除了先前意大利人用来胁迫和支配梅内利克二世的荒诞条约。

---

① 在争夺非洲的前夕，就所有意图和目的而言，利比里亚是美国殖民协会的一个殖民地，该协会在美国政府的支持下于1822年成立，旨在安置渴望逃离奴隶制和白人种族主义暴政的"自由"非裔美国人奴隶。被重新捕获的非洲奴隶是被美国和英国在大西洋上的反奴隶制海军部队所救出的奴隶。美国的新俘虏也被送到了利比里亚。1822—1906年，估计年均有18000名来自美国的人加入了当地人口。这些定居者中的大多数是自由奴隶，其他的则是新俘虏。新世界的定居者被描述为美国—利比里亚人。利比里亚的定居地最初是与沿海地区的当地非洲酋长在陆地上谈判达成的。利比里亚于1847年被美国殖民协会授予独立，新国家保留了对其所有治理结构的控制权，这些治理结构是按照美国的模式制定的。到了1875年，在超出美国殖民协会最初获得的土地后，利比里亚沿着海岸线延伸了900千米，内陆延伸了300多千米（Akpan，1985）。

② 阿克潘（Akpan，1985）引用利比里亚总统阿瑟·巴克利在1907年的话。

梅内利克二世的胜利是自汉尼拔时代以来非洲军队战胜欧洲军队的最大胜利。埃塞俄比亚所取得的功绩为它赢得了荣誉，并且为它在黑人世界和红海地区赢得了骄傲的地位。这便是利比里亚和埃塞俄比亚如何摆脱瓜分的事实。最终，埃塞俄比亚实际上扩大了它的陆地边界，而利比里亚则在英法帝国列强的蚕食下失去土地。利比里亚由于其特殊的国家构成，并凭借自己的外交努力，逃脱了其他非洲国家的命运。美国政府在维护利比里亚国家独立方面的支持也不容忽视。就埃塞俄比亚而言，拯救了这个国家的首先是它的军事实力，其次是外交手段的应用以及对欧洲帝国列强之间竞争的利用。

非洲大陆其余地区的情况则大不相同。这些国家缺乏抵御西方帝国攻击的资源。尽管许多国家和社区有微弱的努力，但是当面对欧洲人马克沁机枪的威力挑战时，他们全都崩溃了。西非的大部分次区域都属于法国人的势力范围，除了冈比亚、塞拉利昂、加纳和尼日利亚归属于英国，而葡萄牙语小国几内亚（今天的几内亚—比绍）归属于葡萄牙。东非由英国人控制，而葡萄牙人控制着莫桑比克、安哥拉和非洲大陆离岸的几个岛屿。比利时国王利奥波德二世批准了对刚果的控制。在这里，与非洲殖民地不同，利奥波德二世将刚果视为私人领土。当时被称为刚果自由邦的国家将由一个国际组织①管理，该组织试图将科学、文明和基督教引入非洲的心脏地带，这一想法得到了柏林会议的支持。在刚果发生的实际情况后来被描述为对一个民族的剥削和残酷待遇，它仅次于跨大西洋奴隶贸易，如果不是更糟糕的话。② 德国人拥有四个殖民地。极具战略性的是，俾斯麦在非洲大陆的每个地区都保持一块殖民地：德属多哥兰（西非）、喀麦隆（中非）、位于南部非洲的西南非洲（现在的纳米比亚）、位

---

① 利奥波德二世在 1877 年成立了非洲国际协会。正是这个组织在 1878 年为探险家亨利·莫顿·斯坦利提供了一份工作，让他前往非洲。

② 利奥波德二世的统治是野蛮和残酷的，是全世界最糟糕的殖民形式。利奥波德二世的代理人所犯下的暴行是有据可查的，见 Hochschild（1998）。

于东非的坦喀尼喀（坦桑尼亚）。另外，葡萄牙人最终在西非建立了一个小型殖民地，并在南部非洲建立了两个大型殖民地，即安哥拉和莫桑比克。

在帝国瓜分和随后的殖民统治之后，唯一失去领土的欧洲帝国是德国，而这是在第一次世界大战之后。德国的领土被移交给国联托管，国联又将这些殖民地的托管权移交给了法国和英国。殖民国家一直保留着他们的领土，直到 20 世纪中期非洲国家动员起来，并取得了政治独立。

第三节　殖民化

值得注意的是，欧洲对非洲的殖民化不止一种。在阿尔及利亚、南非和罗得西亚有定居者殖民地；在肯尼亚有半定居者殖民地；在法国控制的中部非洲地区有特许殖民地；非定居者殖民地占大多数。殖民化形式之间的差别不小。殖民化的形式随后将决定独立后的发展道路。殖民地的生产要素被提取的程度，很大程度上取决于当地的殖民化形式。在大多数情况下，非洲殖民历史的文献都强调定居者殖民地与农民殖民地的二元性。但很显然，情况并非如此简单。

在英国的定居者殖民地，特别是在南非和罗得西亚，欧洲人有机会管理当地立法机构。因此，定居者在管理政府事务方面发挥了突出作用，而且以宗主国为最终权威。在殖民时期的大部分时间里，至少在英国殖民地，非定居殖民地的土著居民被剥夺了在政府中的代表权。

根据南非历史学家泰列伯兰奇（Terreblanche，2014）的说法，欧洲帝国主义在非洲剥削的 80 年可以分为三个不同阶段进行讨论。第一阶段（1885—1920 年）是一个征服和巩固的时期。正是在这一时期，欧洲帝国主义列强利用它们先进的军事力量征服了非洲的王国和国家，并将其纳入各自的势力范围。大多数残酷的征服战争都发生在柏林会议后的头 15 年内。① 在某些情况下，帝国主义列强利用外交手段通过缔结条约将各国置于其控制之下。第二阶段开始于 1920 年，结束于 1945 年的第二次世界大战。第二阶段的特点是商业开发的增加和殖民地的巩固。在第三阶段（1945—1960 年），英国和法国有意地试图增加对非洲的投资，以刺激经济发展。据估计，20 世纪 50 年代冷战时期反殖民主义抵抗的加剧，特别是阿尔及利亚和肯尼亚的激烈叛乱，促成了一个突然的去殖民化进程（O'Ballance，1967）。

　　殖民化事业首先是从非国家的商业行为者开始，这些特许公司②对非洲沿海地区的贸易站和欧洲飞地拥有垄断权。特许公司是帝国主义列强在欧洲各国首都的代理人。随着瓜分浪潮和各国对扩大其势力范围的敦促，国家政府开始直接负责。除了南部非洲和阿尔及利亚，欧洲列强在其他非洲国家殖民化努力中所采用的方法和制度是一种接纳土著治理结构的间接统治方式。然而，这些本土治理结构变得屈从于欧洲权威。英国之所以采用间接统治的治理方式，是因为大都市政府无法实行直接统治。在非洲被管理的国家很大，而且在某些情况下，欧洲人对非洲内陆地区知之甚少。他们也缺乏在所有殖民地运行行政机构的人力，还有成本问题。帝国主义者普遍接受"廉价帝国"原则（Betts，1985；Wesseling，1996）。这意味着整个非洲殖民化事业需要以很少或没有成本的方式进行，因此大都市政府希望利用当地的制度结构和治理方法。事实上，从殖民冒险中获取经济盈余的必要

---

　　① 南非的英布战争（1899—1902 年），两个布尔共和国约有 10% 的阿非利卡白人被杀害；1904—1907 年，德属西南非洲对纳马人和赫雷罗人的叛乱进行了近乎种族灭绝式的残酷镇压；利奥波德二世的代理人在刚果对当地人进行的大屠杀；英国与黄金海岸的阿散蒂人的"金登"战争，以 1900 年阿散蒂国王和其他王室成员的被迫流亡而告终。法国在西苏丹、科特迪瓦和贝宁的征服行动都发生在 1880—1898 年（Gueye 和 Boahen，1985）。英国人也在 1895—1903 年征服了尼日尔河三角洲地区和尼日利亚北部。

　　② 特许公司的例子——英国：英帝国东非公司（1888 年）、塞拉利昂公司（1792 年）、尼日尔皇家公司（1886 年）、非洲商人公司（1752 年）；德国：德国西非公司（1882 年）、德国东非公司（1884 年）、葡萄牙：葡萄牙莫桑比克公司（1888 年）、葡萄牙几内亚公司（1482 年）。

性要求冒险是有利可图的。因此，没有一个殖民国家想立即废除殖民地的社会和政治制度。

从本质上讲，殖民冒险一旦启动，其目标虽然是家长式的，但至少根据殖民国家的言辞，可以与其他三个主要理想联系起来。这三个主要理想是：（1）维护被使用酋长所在地的法律和秩序；（2）避免沉重的财政负担；（3）征用可用于商业目的劳动力。为了实现这些目标，酋长制度被用来推进法律和秩序，而殖民政府也向当地居民征税，以资助殖民化事业。在大多数殖民地，对成年人征收人头税是不常见的。尽管当地居民对这些征税提出异议，有时甚至是暴力抗议，但他们还是不得不遵守，违约者面临严重后果。

殖民地的劳动力往往由于商业目的和建设当地基础设施而被强制征用。例如，法国人在科特迪瓦森林地区的橡胶种植园使用强制劳动。约瑟夫·康拉德在1889年首次出版的《黑暗之心》一书中，详细记载了名称颇具讽刺性的"刚果自由邦"这个殖民地森林地区残酷和滥用当地非洲劳工从事橡胶采伐业务的情况。强制劳动也被使用于诸如铁路和道路等公共基础设施的建设中。最终，用"剑"建立起来的殖民主义也只能用"剑"来维持。

诚如殖民主义者的设计一样，"本土的"非洲酋长①公然成为代理人，殖民政府当局通过代理人执行其命令，很大程度上剥夺了代理人的"本土性权威"。总督或常驻将军是殖民地的最终权威，有时他所担任的角色几乎像是一个主权国家，但要服从于宗主国政府。比利时、葡萄牙和法国的殖民地实行中央殖民行政制度，允许宗主国保留立法权。然而，英国人实行的制度是，殖民地委员会作为原立法机构运作，其成员由任命或选举产生，某些情况下则是两者兼有。这些委员会在任何情况下都要服从位于伦敦的帝国政府的要求。

欧洲基督教传教士是殖民地建立的重要组成部分。如果没有基督

---

①　非洲酋长在殖民主义事业中的角色至关重要。在没有酋长的地方，如尼日利亚的伊格博人，就会设立一个酋长。如果当地的非洲酋长与帝国主义政权的方针对立，他们就会被迅速地废黜或者流放。

教传教士的传教，非洲的殖民事业不会成功。泰列伯兰奇认为，教会承担把基督教带到殖民地的使命，并通过改变非洲人宗教信仰的方式来对他们进行"安抚"。传教士主要是新教和天主教的信徒，他们的任务是为当地人口提供教育，并使其"开化"。作为教会试图对人们进行西方文明和文化教育的一部分，当地精英的子女是教会学校教育的第一批受益者，这种教育在整个殖民地领域如雨后春笋般出现。还有人认为，教会学校体系是将西方帝国主义文化强加给非洲人的一种坚定的努力（Reid，2008）。

殖民化的前提是三个主要支柱：廉价劳动力、生产活动投资和贸易。这三个支柱被期望产生财政盈余，宗主国可以提取这些盈余用于本国的发展。这项事业的关键参与者是私人企业和帝国权力。同样，无论是在英国、法国、比利时还是在葡萄牙的统治下，殖民经济结构都将非洲置于全球经济秩序的边缘，就像跨大西洋奴隶贸易所做的一样。然而，意义深远的是，通过殖民化，非洲人的日常经济活动越来越受到一个或另一个欧洲强国的限制。殖民经济关系的基础在 20 世纪中期得到了巩固。新的殖民地经济结构的巩固始于交通和通信基础设施的建设，以开辟内陆腹地和帮助殖民地的开发。还需要着重强调的一个事实是，在 19 世纪末对非洲进行全面瓜分之前，特别是在从塞内加尔到安哥拉的沿海一带，一个连接欧洲和非洲的新的"合法"经济纽带已经形成了。这种新经济是由一个农产品收集、经济作物种植和有偿劳动的网络组成（Rodney，1985）。在非洲大陆东部沿海地区，欧洲人并不是非洲人唯一的贸易伙伴，阿拉伯人、斯瓦希里人和印度商人在东部海岸线上也很活跃。东部沿海地区主要从事丁香等香料的生产和象牙的供应，这些贸易最初是在桑给巴尔苏丹的控制之下。

第四节　英国非洲属地的经济

到 20 世纪的第二个十年，英国人已经在非洲的所有角落建立了一个殖民地网络，见表8.1。尽管我们知道，与其他帝国主义大国一样，英国没有一个适用于其版图下所有地区的殖民模板，因为各殖民地在许多方面都有显著的差异，但人们仍然可以总结出指导殖民者的广泛假设。例如，经济史教授卡尼基（Kaniki，1985）提出了一些假设，这些假设是殖民主义经济政策制定者和执行者的指导原则。第一，殖民地需要生产原材料或初级产品——农业和矿产品。第二，殖民地必须从帝国主义国家而不是其他地方进口制成品。在前两个必要条件的强力推动下，一开始就建立了一种不对称的经济关系。一端是帝国大都市，另一端是殖民地。现在，尽管帝国大都市可以纯粹基于合理的经济基础从任何其他来源进行购买，但殖民地不能与其他帝国主义国家达成贸易安排，即使这种安排在经济上同样合理。第三，殖民地被要求完全自给自足，这样它们就不会在财政上依赖帝国大都市。因此，殖民地必须创造税收，为一般行政管理提供资金，并承担将要发生的任何资本支出的费用。殖民地行政长官在任何时候都要遵循上述三项基本原则。整个殖民行动的总体目标最重要的是使宗主国富裕起来，同时促进帝国主义国家的利益，因此，在殖民道路上带来的任何好处都将被视为殖民化的副产品。实际上，殖民地的经济发展是殖民者最不关心的问题。帝国的利益通常是由来自大都市的商业利益集团代表，这些角色扮演者是殖民国家的间接代表。

表8.1　　　　　　　　　　　　瓜分后的非洲殖民属地

宗主国	殖民地
法国	法属西非：塞内加尔、法属几内亚、毛里塔尼亚、法属苏丹（马里）、上沃尔特（布基纳法索）、科特迪瓦、达荷美和尼日尔。法属赤道非洲：乍得、赤道非洲（赤道几内亚）、中非共和国、刚果共和国和加蓬共和国。其他：阿尔及利亚、摩洛哥、突尼斯、法属索马里兰和马达加斯加
英国	塞拉利昂、冈比亚、黄金海岸（加纳）、尼日利亚、埃及、英属埃及苏丹（包括南苏丹）、乌干达、英属东非（肯尼亚）、英属索马里兰、北罗得西亚（赞比亚）、南罗得西亚（津巴布韦）、贝丘纳兰（博茨瓦纳）、南非联邦（南非）、尼亚萨兰（马拉维）、巴苏托兰（莱索托）和斯威士兰

续表

宗主国	殖民地
德国 *	德属东非（坦桑尼亚）、德属多哥（多哥）、德属西南非洲（纳米比亚与沃尔维斯湾割让给南非联盟）和喀麦隆（割让给法国和英国）
意大利	利比亚、厄立特里亚和索马里兰
葡萄牙	葡萄牙几内亚、莫桑比克和安哥拉
比利时	比利时刚果（刚果民主共和国）、罗安达—乌隆迪（最初是德属东非的一部分，后来是比属刚果的一部分：今天的卢旺达和布隆迪）。
西班牙	里奥德奥罗（原西班牙撒哈拉，现为西撒哈拉）

注：＊表示第一次世界大战后，德国的领土在托管安排下交给了盟国。

商业代表在矿业和银行业以及其他商业领域经营。帝国政权的非官方代表以商业利益的形式规定了殖民经济政策的方向，因为它们构成了一个强大的利益集团，能够通过对立法机构和大都市政府行政部门的游说来指导殖民政策。这些商业利益集团的行动对殖民地普通土著人的日常经济生活有更直接的影响。劳动力工资、进口商品价格、经济作物价格等都在非官方的帝国商业代表的控制之下。

就殖民经济结构而言，至少在20世纪30年代以前，英国殖民地的主要生产资料是土地。正是在这里，我们看到英国殖民者采取了明显不同的方法。例如，在英属西非殖民地，以及很大程度上在乌干达和坦噶尼喀，土地实际上掌握在土著人手中，而在肯尼亚和南部非洲的大部分地区，情况并非如此。西非的土地是公有的，试图将土地所有权授予殖民国家手中的努力失败了。在民众掌握土地的殖民地，殖民商业利益集团可以获得拥有木材和矿产资源的土地上的特许权，但在所有情况下，这种安排对当地居民农业用地的供应没有重大影响。

在肯尼亚，1903—1914 年，土地转让发生率出现了惊人的增长，这与肯尼亚高地的优质农业用地有关。例如，1903 年，欧洲人在肯尼亚获得的土地仅有 2000 公顷，到 1912 年，这一数字急剧增加到 26 万公顷，到 1930 年年底达到 274 万公顷（Wolff，1974）。卡尼基

（1985）认为，肯尼亚高地的土地转让占该国肥沃土地储备的很大一部分。更为重要的是，高地面积仅占肯尼亚土地面积的 15% 左右，但在 20 世纪 30 年代之前却养活了全国 75% 以上的人口。肯尼亚的吉库尤人以及马赛人和南迪人似乎首当其冲地遭到了土地征用。在肯尼亚的定居人口中，有冒险家和土地投机者。有一位名叫德拉梅尔（Delamere）的勋爵，曾在肯尼亚高地拥有超过 40 万公顷的优质土地。有趣的是，到 1930 年，定居者拥有的近 65% 的土地没有用于生产。

英国南非公司通过与洛本古拉（Lobengula）国王签订条约，在马塔贝莱兰和马绍纳兰获得了一个立足点。[1] 据估计，南罗得西亚被转让的土地比例比肯尼亚要高得多。1890—1900 年，在"淘金热"中涌入南罗得西亚的欧洲人从英国南非公司获得了土地，[2] 英国南非公司通过伦敦的帝国统治者的特许状统治着这片疆土。当欧洲人没能找到另一个像南非联邦兰德地区所发现的大规模金矿时，他们转向了农业。1900—1935 年，南罗得西亚的欧洲人口急剧增加，随之而来的是欧洲人拥有土地比例的增加。1911 年，欧洲定居者已经获得了 77 万公顷土地，1925 年进一步增加到 125 万公顷。欧洲定居者最终获得了南罗得西亚铁路线附近 0.9—40 千米范围内的所有土地。欧洲定居者获得的土地也是最肥沃的。到 1926 年，约 35000 名欧洲定居者已经获得了与其比例不相称（与南罗得西亚总人口相比）的肥沃农田份额。

1930 年，《土地分配法案》颁布，并从 1931 年 4 月起开始执行。

---

[1] 该条约规定，国王每月可获得 100 英镑的报酬、1000 支马蒂尼—亨利步枪、10 万发子弹和赞比西河上的汽船或另外 500 英镑（Wesseling，1997）。作为回报，塞西尔·罗德斯和他的伙伴们获得了一项特许权，其中包括"对位于我的王国、公国和领地内的所有金属和矿物的完全和独家管辖权，以及完全有权做他们认为必要的一切事情，以赢得并获得同样的权力"。

[2] 英国南非公司（BSAC）是由塞西尔·罗德斯的中央搜索协会和总部设在伦敦的勘探有限公司合并而成的，在此之前，这两家公司一直在竞争开采马绍纳兰的矿产资源，但是为了吸引英国皇室的支持，它们不得不合并成一个商业实体。BSAC 最初被授予 25 年的特许权，后来又被延长了 10 年。1889 年 4 月 30 日，BSAC 被授予宪章。BSAC 背后的三个关键人物是塞西尔·罗德斯、阿尔弗雷德·贝特和鲁德亚德·吉卜林。这些人都是拥有巨大财富的英国人。

该法案为进一步促进定居者的利益提供了法律支持，从而损害了南罗得西亚土著人的利益。该法案实际上将全国的土地分为四类。在该国，根据非洲习惯法持有土地的地区被划为土著人保留地，占土地总面积的 22.4%。8.8% 的土地为土著人购买区，在南罗得西亚其他地方失去购买土地权利的非洲人可以在那里获得土地。还有 50.4% 的土地专门留给欧洲人，包括欧洲人持有的所有土地和额外的 7700 公顷。为欧洲人划定的土地完全由欧洲人购买或独占，更重要的是，所有的城市地区都位于欧洲人的专属区域。剩下的 18.4% 的土地，坦率地说是不毛之地，由政府①持有，以便将来分配给它认为合适的任何团体。就像肯尼亚的情况一样，南罗得西亚的殖民者既把土地看作是生产要素，又看作是投机的金融工具（Kaniki，1985）。

北罗得西亚的土地归属于英国南非公司。该公司在 19 世纪 90 年代通过与当地酋长签订条约，获得了除巴罗兹兰（西赞比亚）以外的整个领土的权利。该公司鼓励欧洲人移民到这片土地上定居，但与南罗得西亚不同，最终落入欧洲人手中的土地相对较少，仅占土地面积的 4% 左右。土著人口被分配到大约 31% 的土地，其余的被划为森林和狩猎保护区。

英国试图直接控制西非土地的努力基本上是失败的。例如，英国先后于 1894 年和 1897 年在黄金海岸提出了一项土地议案，目的是收购所有空置的土地，以便向欧洲农民和木材商人等提供土地特许。由殖民地受过教育的精英和传统领袖组成的开普海岸土著人权利保护协会，于 1898 年派代表团访问英国，以此游说伦敦的帝国政府。伦敦的殖民地办公室被说服放弃该法案，理由是黄金海岸没有空闲的土地，并且每块土地都被一个家庭拥有。同样，20 世纪头十年通过政府法案在尼日利亚获得土地的企图也被尼日利亚反奴隶制和土著人权利保护协会的主张所挫败，该协会得到赫伯特·麦考利领导下的精英和酋长的支持。尽管当地的反对意见很强烈，但英国的商业利益还是推

---

① 1923 年，英国政府从英国南非公司手中接管了南罗得西亚。

动了支持西非土地转让以种植园农业为目的的做法。来自利物浦的强大的英国工业实体利华公司（以肥皂和其他快速消费品而闻名），与英国棉花种植协会一起游说殖民地政府在西非征用土地，但未获成功。在欧洲人的游说下，该地区只有少数几个地方建立了种植园。历史学家奥斯汀·G.霍普金斯（Austin G. Hopkins）认为，在西非大规模土地转让的失败主要是由于一个"偶然的地理事实"。一是因为这里不像南部非洲那样拥有丰富的矿产。二是由于种种原因，无法在该地区建立种植园。三是通过小农农业，人们利用自己拥有的小块土地就能满足对可可、花生和油棕榈等出口作物的需求。反对夺取大片土地和强制农业劳动都是殖民主义者土地转让政策遭受抵制的众多原因中的一部分。

在殖民时代，采矿业对出口部门的显著贡献正如今天一样，会使人误以为，矿产财富对各殖民地民众的总体财富做出了重大贡献。采矿业就其性质而言是资本密集型的，而且依托于大都市的资本所有者倾向于榨取该行业的所有利润。因此，采矿业的利润是由帝国的经济代理人积累起来的，而且是用于发展宗主国经济。殖民地获得的唯一好处是工资、地方税和微不足道的版税。就工资而言，政府故意将工资保持在很低的水平，以至于工薪阶层必须由农业部门提供补贴，至少在西非和东非是这样。除了南罗得西亚，特别是南非，采矿业成为工业化的跳板，在大多数殖民地，这个行业几乎没有对更广泛的经济产生附带效应。

英国在南非以外的非洲地区的殖民经济有两个主要部门。第一个部门基本上生产主食以供国内消费，而第二个部门生产初级产品以供出口。出口商品主要是经济作物和矿产品。就矿产品出口而言，罗得西亚人是极其重要的。在北罗得西亚和南罗得西亚，矿产出口占了出口的最大份额（见表8.2）。西非的主食包括芭蕉、山药、玉米、木薯和大米，中非和东非的农民在维持生计的基础上种植了几乎同样的主食。在所有情况下，剩余劳动力都被帝国的资本所有者占有，这一点清楚地表现在"20世纪30年代中期附属国的落后和普遍贫穷"（Kaniki，1985）中。

表 8.2　　　　　　　　　矿产品价值占国内出口总额的比重　　　　　单位：%

国家	1913 年	1929 年	1930 年	1931 年	1932 年	1933 年	1934 年	1935 年
塞拉利昂	a	a	a	4.0	7.4	21.5	44.7	52.0
尼日利亚	8.4	13.1	9.3	11.0	6.7	9.1	17.6	15.7
黄金海岸	33.0	17.8	25.6	25.1	29.3	34.8	46.6	41.0
北罗得西亚	26.7	28.9	29.4	51.2	85.7	86.8	84.2	72.0
南罗得西亚	83.3	66.0	65.5	69.2	72.8	79.2	78..2	79.9
肯尼亚	a	10.0	7.0	8.0	8.0	9.0	7.0	6.0
坦噶伊卡	a	3.0	a	a	a	a	a	12.0

注：a 表示可忽略不计或很小。

资料来源：Kaniki（1985）。

　　现代货币被引入英国殖民地，取代了传统的贝螺、金粉和其他形式的货币。1912 年，西非货币委员会成立，向该地区的英国属地提供货币，取代了流通中的英国硬币。1920 年东非货币委员会成立后，英国人用当地货币取代了在英属东非使用的印度货币。在非洲，英国领地的所有货币都与英镑挂钩。随着现代货币的引进，英国银行也跟着进入了非洲。英属西非银行于 1894 年开业，32 年后，巴克莱银行也随之成立。在东非和中非，银行业由国家银行和格林德雷银行主导。这些银行非常不支持当地经济，首先，它们把在当地调动的所有资源都投入了宗主国；其次，它们在贷款政策上歧视非洲人；最后，它们几乎没有给非洲人提供获得银行业技能的机会（Kaniki，1985）。非洲人在商业和运输领域发挥的作用很小，因为这些领域被少数的欧洲公司所把控。

　　南非的殖民化在许多方面不同于其他英国的非洲殖民地的演变。这种差异是深刻的。事实上，它是唯一能见到大规模欧洲人定居的殖民地。此外，珍贵矿产的偶然发现在很多方面改变了该地区殖民化的性质。第一批欧洲人定居 100 年后，南非由四个白人殖民地组

成：奥兰治自由邦、德兰士瓦、纳塔尔和开普。① D. 霍巴特·霍顿
（D. Hobart Houghton）用非常不友好的语言描述了开普殖民地的
情况。

> 到 1860 年，开普殖民地的总体特征是一个人口稀少的国家，
> 主要从事田园牧业和自给自足的农业，由于太过贫穷而无法通过
> 国内资本形成迅速发展，并且缺乏任何可开发的资源来吸引外国
> 资本。

卡尼基（1985）表示，开普殖民地是这个时期南非的主要殖民
地，其他殖民地甚至处于更贫穷的状态。但是，这一切随着 19 世纪
后期钻石和黄金的发现而发生了戏剧性的变化。

欧洲人对南非的殖民化是随着荷兰人扬·范·里贝克（Jan van
Riebeeck）的到来而开始的，他是荷兰东印度公司的一名雇员，在圣
诞节前一天从荷兰特克塞尔开始了这段旅程。他于 1652 年 4 月抵达
南非开普地区。公司的雇员本身并不是殖民主义者，因为他们只是临
时驻扎在好望角。随后，其他欧洲人也来到这里，这些人都是自费旅
行的，正是这些人的涌入，好望角的殖民化逐渐开始了。欧洲人抵达
好望角时，该地区有两个主要的土著族群，分别是科伊人和桑人，他
们在本质上都属于游牧民族。就公司而言，该定居点旨在为远东从事
贸易活动的公司船只提供食品和物资的供应站。公司对移民的接纳改
变了该地区的命运。随着欧洲移民的涌入，开普敦发展成为一个商业
中心，而斯泰伦博斯则作为一个农业区出现。欧洲移民主要是新教的
胡格诺派，他们是为了逃避在法国和欧洲其他地方（如德国）的起
诉。随着时间的推移，奴隶也从东非、马达加斯加和印度输入到此

---

① 即使是开普敦在 1860 年也是一个不起眼的地方。镇上没有汽车交通的道路，铁路
网总长仅有 3 千米。因此，殖民地的所有运输工具都是靠动物拉运。新兴制造业围绕着畜力
运输的马车、皮革鞣制、鞋子和家具的制造而展开。出口部门主要由初级商品（羊毛、皮
革和皮毛）所主导，价值都是 250 万英镑。

地。因此，开普地区成了一个不同民族和文化的大熔炉。

在 1795 年法国革命军攻打荷兰①之后，英国接管了开普殖民地。1802 年，开普殖民地被暂时交还巴达维亚共和国。英国人在 1806 年再次夺取了该殖民地。此次占领在 1814 年的《伦敦条约》中得到批准。大约在这个时候，大量的欧洲人出现在开普地区，他们主要是荷兰人、德国人和法国人。这些定居者发展得非常紧密，以至于他们现在拥有一套文化认同和一门共同的语言——阿非利卡语。更重要的是，他们视英国政府为殖民者。与英国政府的激烈关系导致许多非英裔欧洲人决定离开开普地区，进一步向内陆地区深入，建立一个不受英国影响的独立国家。1835—1837 年的大迁徙（The Great Trek），描述了来自开普地区非英裔欧洲人移民的这场运动。

布尔人，也就是对迁徙者的称呼，在内陆地区与当地的非洲国家进行了战斗和谈判，最终在南非东北部建立了三个独立的殖民地：奥兰治自由邦、德兰士瓦和纳塔尔。在独立国家形成期间，他们进行了非常激烈的战争，特别是与祖鲁人的战争。英国人于 1843 年吞并了布尔人的沿海领土纳塔尔，但承认了另外两个布尔人"共和国"的独立：分别于 1852 年和 1854 年独立的奥兰治自由邦和德兰士瓦。德兰士瓦和奥兰治自由邦的白人人口分别是 25000 人和 12500 人。就发展而言，这两个国家与开普殖民地相比不尽如人意，开普殖民地人口更密集，约有 20 万人，其中大多数是非欧洲人（Wesseling，1997）。到 1872 年，开普殖民地实行自治政府，由总理向地方立法机构负责。然而，英国在该殖民地有一位总督作为宪法规定的国家元首。另一个英国殖民地纳塔尔直到 1892 年才获得自治。随着时间的推移，这四个地区都明显地扩大了其势力范围。开普殖民地与更东边的非洲部落国家科萨人进行了战争，而纳塔尔殖民地也与祖鲁人进行了许多战争。

1867 年，在开普殖民地北部、奥兰治自由邦和半独立的格里夸兰

---

① 此时荷兰被称为巴达维亚共和国，荷兰统治者奥兰治王子逃到了英国。

的接壤地区偶然发现了钻石，这改变了南非的生活和经济面貌。这一珍贵矿产的发现引发了与该地区接壤的三个国家之间的纠纷。经过纳塔尔总督的协调，大家同意这块土地属于格里夸兰。格里夸兰的领导人沃特博尔（Waterboer）随后请求英国保护，格里夸兰立即被并入开普殖民地。1870 年在金伯利地区发现大量钻石，导致采矿业在开普殖民地的形成。在金伯利发现钻石后的几年里，该城镇发展成为继开普敦之后南非第二个最有活力的城镇。1871 年到达金伯利的罗德斯①正是在那里发了财，他在十几岁时就来到了纳塔尔，此前他的一位哥哥赫伯特（Herbert）在纳塔尔内陆地区从事棉花种植。

1881 年，英国在一场围绕德兰士瓦的战争中被击败，这场战争被称为第一次英布战争，该地区曾在 1877 年被英国人吞并。德兰士瓦的布尔人于 1881 年宣布该地区独立，这让荷兰和其他海外同情者感到钦佩。然而英国人没有像往常那样有立即报复的欲望，这一次他们决定争取时间。

1886 年，在威特沃特斯兰德地区发现了黄金，不像开采钻石那样，个别探矿者发挥了非常重要的作用。黄金开采需要大量的资本，因为这种矿物埋藏在地下深处，需要更多的努力。黄金开采工业的资本并不短缺。英国和美国的资本市场，特别是伦敦和纽约的证券交易所，为该行业提供了必要的资金资助。新的"黄金国"也吸引了来自欧洲各地和南部非洲次区域的技术知识和劳动力。例如，1896 年的人口普查显示，在德兰士瓦发现黄金 10 年后，该地区的白人人口超过50000 人。而在这个数字中，只有 6000 人来自德兰士瓦。其余的人来自世界各地，其中 16000 人来自英国，15000 人来自开普殖民地，还有大约 3000 名俄裔犹太人、2000 名德国人、800 名荷兰人和大约 800名混血种族的人。亚洲人为 6000 名，非洲人为 42000 名。随着新移

---

① 在到达金伯利的两年内，罗德斯积累了巨大的财富。他于 1873 年前往牛津大学开始攻读学位，并返回南非赚取更多的钱。也是在金伯利，他认识了利安德·詹姆森博士和查尔斯·鲁德，这两个人后来分别成为他的协作者和商业伙伴。1881 年，罗德斯参加了牛津大学的学士学位考试，并在同年进入开普殖民地的议会。与罗斯柴尔德一起，创建了德比尔斯联合矿业公司这个巨无霸，这家公司控制了当时世界上 90% 的钻石产量。

民的到来，白人人口继续成倍增长，因此，到 20 世纪初，南非的白人已经超过 100 万人。

黄金的发现对南非的影响比钻石大得多。例如，在 19 世纪末，德兰士瓦一直是一个农业国家，与世界金融中心几乎没有任何联系，但突然之间，它成了世界经济体系的主要参与者。20 世纪末，南非的黄金产量占世界总产量的 1/5，并拥有世界已探明黄金储量的 1/4。同样，相当引人注目的是，在 1886 年发现黄金后的短短 10 年内，南非的出口总值就翻了一番。约翰内斯堡迅速取代开普敦成为南非的经济中心。相关的政治中心也从开普敦转移到德兰士瓦政府所在地比勒陀利亚。随着金矿的开采，德兰士瓦的制造业和其他相关服务业也得到了发展。

矿产的发现在政治和经济上对南非产生了深远的影响。政治上，它导致奥兰治自由邦和德兰士瓦两个布尔人共和国在 1898—1902 年的第二次英布战争后被吞并。这场战争使英国付出了巨大的代价。[1]所有四个白人殖民地都被并入南非联邦，并因此被英国授予自治权。在经济方面，这些发现吸引了来自英国和美国的大量资本流入，从根本上改变了经济面貌，为进一步发展提供了跳板。根据菲利·科廷和其他人的说法，正如卡尼基（1985）所指出的，在第二次世界大战之前，南非的人均投资估计为 56 英镑，是非洲所有殖民地中最高的。例如，在南罗得西亚和北罗得西亚，人均投资为 38 英镑，而在比属刚果为 13 英镑。在非洲其他地区，人均投资不到 10 英镑。发现矿产的第二个重要成果是为南非提供了基础设施。在很短的时间内，铁路的发展取得了非常大的进展，距离遥远的矿业中心都能与开普敦、伊丽莎白港、东伦敦和德班等沿海城镇相连。南非铁路网总长度从 1869 年的 110 千米增长到 1889 年的 1700 千米。到 1905 年，铁路网已经增长到 4000 多千米。与此同时，公路网也得到扩大，到 20 世纪第二个十年结束时，南非拥有 75000 千米的省级公路和更多的支线公路。

---

[1] 关于这场战争的讨论见 Nasson（2011）。

　　繁荣的采矿业对劳动力的需求几乎是无穷无尽的。为了保证必要的劳动力供应和保护白人（特别是阿非利卡人）的利益，颁布了一系列法律。这些法律大多是在20世纪前30年内颁布的，目的是迫使非洲人离开农业和其他经济活动，①转而从事欧洲人经营的雇佣劳动（采矿业、农业和制造业）。1913年臭名昭著的《土著人土地法》是最让人失去权力和财富的法案。根据这项法案，南非联邦88%的土地归属于仅占全国人口20%的欧洲人。其余12%的土地被指定为土著保留地，供人口占多数的非洲土著居民使用。不仅如此，该法案还取缔了"耕作平分"制度，这是一种允许非洲人在白人农场主拥有的土地上耕作的分成制度，白人农场主有权获得一半的农场产出。该法案禁止非洲人在土著保留地之外购买土地。因此，甚至在1948年种族隔离制度建立之前，这项特殊法案就已经成功地在南非建立了领土隔离制度。到1931年，600万非洲人被限制在面积为8.8万平方千米的保留地内，而180万欧洲人则占据了114万平方千米的土地（Fieldhouse，1981），即92.8%的土地。

　　各种严厉法律颁布后的劳动力供应成功地把非洲人推向城市中心的矿山、工厂和农场从事雇佣劳动，但劳动力仍然供应不足。南部非洲地区的非洲人也被吸引到南非的劳动力市场。例如，1936年，在30万非洲人矿工中，40%来自特兰斯凯和西斯凯土著保留地，25%来自莫桑比克，约15%来自巴苏托兰（莱索托）。其他工人则从尼亚萨兰（马拉维）、罗得西亚（赞比亚和津巴布韦）等遥远的地方招募。早在1899年，中国的契约劳工已经进口至南非，作为部分努力来满足南非对劳动力贪得无厌的需求。南非爵士音乐家休·马塞克拉（Hugh Masekela，1994）在他的歌曲《斯蒂梅拉》（煤炭列车）中生

---

　　①　1913年《土著人土地法》、1926年修订的《矿业和工程法》和1922年《学徒法》试图将非洲人排除在一系列熟练职业之外，并对熟练白人劳动力和主要是非洲无技能劳动力以及无技能印度人和有色人劳动力制定了歧视性工资标准；1923年《土著人法》、1927年《土著人管理法》和1932年《土著人服务合同法》共同旨在限制非洲人的流动、居住和就业，以利于白人工人。一个更加明目张胆的政策——"文明劳动力"政策，试图用贫穷的白人取代非白人的工人（Kaniki，1985）。

动地描述了20世纪南非的劳工动态。

> 有一列火车来自纳米比亚和马拉维；有一列火车来自赞比亚和津巴布韦；有一列火车来自安哥拉和莫桑比克；来自莱索托，来自博茨瓦纳，来自斯威士兰，来自南部和中部非洲的所有内陆地区。这列火车载着年轻和年长的非洲人，他们被征召到约翰内斯堡和周边大都市的黄金矿场工作，每天16个小时或更长时间，几乎没有报酬。

采矿业也加速了南非的城市化进程。约翰内斯堡和金伯利这两个主要的采矿中心的人口规模有所增加，开普敦和伊丽莎白港这两个历史悠久的城镇在1890—1935年也有显著增长。到20世纪30年代，非洲人沦为工薪阶层，并在很大程度上被排挤在南非经济的边缘。通过对工资的控制，非洲人口的经济财富牢牢掌握在欧洲人手中，这与西非其他殖民地的情况不同，在一定程度上也与英国在东部和南部非洲的其他殖民地不同。1932年成立的土著经济委员会的报告恰当地反映了非洲人口的困境，"虽然当时'贫穷白人'（Kaniki，1985）的现象已经完全消失，但非白人的状况却彻底恶化了。在保留地，人口过剩和贫困普遍存在。这导致了大量人口迁移到城镇和采矿中心，在那里，非洲人工资低，遭受歧视，被挤在贫民窟和少数族群聚居区。更糟糕的是，他们不被允许与家人一起在这些地方永久定居，他们中的大多数人成了在城市和乡村之间移动的临时移民"。毫无疑问，南非的殖民化对非洲乃至全世界而言，都是一种独特的类型。

第五节　法国、比利时和葡萄牙属地的经济

与英国不同，法国为其在撒哈拉以南非洲的领土建立了两个联邦行政机构：一个在西非，另一个在非洲大陆的赤道地区。在西非的联

邦被称为法属西非，其领土组成包括毛里塔尼亚、塞内加尔、法属几内亚（几内亚）、科特迪瓦、法属苏丹（马里）、上沃尔塔、达荷美（贝宁）和尼日尔。法属西非成立于1895年，1895—1902年，其行政首都设在塞内加尔的圣路易斯，后来迁至达喀尔。该联邦由居住在塞内加尔的总督领导，而中尉将军则负责管理各领土。第二个联邦是法属赤道非洲，其领土包括：加蓬、法属刚果（刚果布）、乌班吉—沙里（中非共和国）和乍得。喀麦隆是在第一次世界大战后才加入该联邦的。这两个联邦一直运作到1958年解散为止。

帝国主义列强的代理人需要劳动力从事搬运工作，建造铁路、公路、电报基础设施和建筑物等。他们还需要食物以养活劳动中的工人。同样，这些领土上的私营企业也迫切需要矿山、种植园、伐木、割象牙等方面的工人。殖民国家为了从自给自足且对雇佣劳动兴趣不大的人口中满足其劳动力需求，经常诉诸强迫劳动。

在殖民时代的撒哈拉以南非洲，所有殖民国家都普遍使用强迫劳动，尽管它们为达到目的而采取的做法有所不同。例如，比利时人在刚果自由邦对待劳工的残暴行为堪称传奇。[1] 因此，随着奴隶制的结束，欧洲列强经常提及的"殖民化是为了帮助消除奴隶制"这一理由显得空洞无物，因为它们自己拒绝了雇佣劳动。在建立殖民地之后，他们寻求廉价或免费的劳动力来建设物质基础设施和发展服务业，以服务殖民剥削。

法国人常常辩护，强迫劳动的做法与法国的徭役或奴役做法相似，这些做法在大革命之后就被停止了。在法属西非，有五种强迫劳动制度。第一种强迫劳动制度——获得劳动力的最高强制措施[2]，与所谓的征用制度有关。第二种强迫劳动制度是预备税，这是一种以公共项目工作形式支付的税，每年都要支付。法国颁布了一项法

---

[1] 1885—1908年，比利时国王利奥波德二世将刚果自由邦视为私人财产，他制定了一个剥削性的劳工制度，强迫非洲人为了他的利益采摘野生橡胶、割象牙和获取其他自然资源。鞭笞异己者在刚果是很常见的。参见 Hochschild（1998）。

[2] 最初，要求每年7天，后来增加到在法属西非每年12天，在法属赤道非洲每年15天，见 Coquery-Vidrovitch（1985）。

令，授权当地殖民行政机构对不服从命令的土著人进行严厉的惩罚。殖民当局所要求的预备天数在联邦的各个地区是不同的。根据法属非洲的贫困法，非洲人不能拒绝他们在预备税制度下的劳动。葡萄牙人也有类似的法律，根据该法律，非洲人具有土著人的地位，这要求所有从事无偿雇佣的健全男子在任何一年都要向殖民当局提供一定数量的免费劳动。第三种强迫劳动制度是一种被称为"第二部分配额"的制度。在这里，人们被征召入伍，但一定比例的被征召者在行政系统中被分配特殊任务。第四种强迫劳动制度是强制性刑罚劳动制度。第五种强迫劳动制度是强制种植的制度。这种特殊的劳动力招募旨在增加殖民地指定经济作物的产量。法国人经常使用强制种植的强迫劳动制度，为可可和咖啡种植园的发展提供免费劳动力，特别是在 1930 年以后的科特迪瓦。从 1932 年开始，直到 1946 年，科特迪瓦的可可和咖啡种植园大约有 5 万名劳工是通过这种制度获得的（Fall，2002）。

殖民政府通常通过当地酋长征用特定数量的健壮男子，以及征收劳动税来获得所需的劳动力。如果酋长不遵守规定，他们就会受到制裁。殖民政府采取了种植经济作物或投机性作物的办法，这些作物完全用于出口。非洲妇女也被要求提供免费劳动，在强制劳动计划下为工人做饭。直到 1920 年，英属西非的殖民政府在需要时向企业提供劳动力。例如，英国殖民政府从黄金海岸的北部领土为公共项目和私营部门招募劳动力。罗杰·托马斯（Roger Thomas，1973）认为，在 1906 年至 20 世纪 20 年代之间，黄金海岸（现在的加纳）的殖民政府为商业公司，尤其是为殖民地塔克瓦—普雷斯蒂亚地区的金矿招募人员。

为了回应当地人对殖民地劳动力市场滥用的抗议，以及殖民者所在的大都市中的公众情绪，联合国组织的前身国联介入了。1926 年，国联的《禁奴公约》是一个结束强迫劳动的尝试。1930 年，国际劳动组织在一项公约中规定，通过胁迫和惩罚、威胁获得的非自愿劳动是不可接受的。法国拒绝签署该公约，尽管英国迅速签署了该公约。① 法国殖民地部长勒内—默瑟（René Mercer）认为，反对强迫劳动的公约在非洲是不合理的。他进一步指出，非洲过去没有"自由雇佣劳动"的记录。事实上，像大多数殖民主义者一样，法国认为强迫劳动是促使非洲人文明化的一种手段（Ash，2006）。法国在 1946 年才废除了强迫劳动政策。然而，尽管国际社会对强迫劳动的做法表示愤慨，葡萄牙仍继续实行这种做法，直到 1962 年的《农村劳动法》颁布，才放弃了这种做法（Ash，2006）。

法国人决定将构成法属赤道非洲的大片领土作为特许区分割给欧洲商人。法属赤道非洲之所以采取优惠的经济政策，主要是因为与法属西非相比，该地区地域辽阔，而且贫穷②。法国殖民当局缺乏以其自身资源管理该地区的能力。凯瑟琳·科克瑞·维德罗维奇（Catherine Coquery-Vidrovitch，1977）指出，法属赤道非洲 70% 的土地面积因此被分给了大约 41 家公司。法国政府将特许区以 30 年的租期租出，享有"除矿产外全部的享用权和开发权"。特许公司被要求向法国政府支持 15% 的利润以及固定金额的年租。最小的特许公司克内梅—恩凯尼获得了 1200 平方千米的土地面积；而最大的公司上乌班吉苏丹获得了 14 万平方千米的土地面积，大约是比利时的 4 倍。然而，这些企业在其垄断权力不受约束的领域中投入的资本非常少，主要聚焦于以最小的成本开采自然和劳动力资源。这些公司往往对它们的货物收取更高的价格，而对非洲人收集和运输利益相关的产品（无论橡胶还是象牙）支付的费用很少。

在特许公司经营的地区，人们使用暴力来确保剥削企业的成功。在属于法国授予特许权范围内的桑加河地区，情况更是如此。

绑架似乎是镇压、招募搬运工和在特许领土上征收实物税的通

---

① 强迫劳动的做法往往导致非洲人从法国控制的领土移徙到英国控制的领土。例如，上沃尔特（布基纳法索）的莫西人大量迁移到黄金海岸（加纳），见 Thomas（1973）。

② 1920 年，法属赤道非洲的贸易额仅为 1.46 亿瑞士法郎。与法属西非的 12 亿瑞士法郎的记录相比，这个数字相形见绌（Coquery-Vidrovitch，1977）。

常手段。派武装卫兵制造橡胶，并指示如果居民不愿合作就把酋长和妇女锁进铁链，或者派其他配有刺枪和箭的人去威胁不合作的土著人，这些都是很常见的。

至于殖民公司，他们的愿景主要是剥削，包括确保对可以狩猎或采集的商品进行商业垄断，这些商品主要是橡胶和象牙。"土著人"将以尽可能低的价格交付货物，因为直到第一次世界大战之前，流通中的货币都很少，而生产者通过交换估值过高的西方制成品来支付他们的服务费用。（Coguer-Vidrovitch，1998）

尽管在殖民地内进行了各种各样的劳动力招聘工作，但某些殖民地还是成为"劳动力储备库"。葡萄牙殖民地安哥拉和莫桑比克成了招募劳动力的基地，以满足南非维特沃特斯兰德金矿不断扩大的需求。[1]

法属赤道非洲的大部分土地作为特许区出让给了企业，或者说法属西非的一小部分土地被分配给特许权获得者用于采矿活动。据报道称，法属西非只有不到 6% 的土地被授予特许权，而在法属赤道非洲中的比例为 70%（Austen，2010）。

殖民主义剥削事业的一个重要支柱是资本对生产活动和基础设施的投资，这与殖民地的资源和产品的开采直接相关。然而，作为建立殖民地的前奏，投资主要集中在行政和军事基础设施方面。在殖民地建立之后，殖民国家将资源集中在商业开发上。公开上市资本是法国和比利时殖民当局最重要的投资来源。

投资资源主要来自宗主国的企业。现有数据表明，殖民政府收入中的很大一部分来自铁路工业的收入。例如，在安哥拉，葡萄牙人的大部分收入来自劳伦索·马克斯铁路。到 1936 年，英国在非洲持有大量投资，占了欧洲在撒哈拉以南非洲投资总额的 77%。英国的大部分投资都在南非，这是因为该国拥有大量的矿产资源。英国的投资远远高于其他殖民者的投资，主要是由于在英国殖民地发

---

[1]　南非爵士乐传奇人物休·马塞克拉的歌曲《斯蒂梅拉》（煤炭列车）中的 Stimela 一词体现了南非殖民时期移民矿工的非凡影响。Stimela 来自 Isitemela，祖鲁语的意思是火车。

现了大量的矿产资源（见表 8.3）。

表 8.3 　　　　　在非洲的殖民投资（1870—1936 年）

地区	1870—19131 年[1] 累计投资（百万英镑）	1914—1936 年 累计投资（百万英镑）	1936 年撒哈拉以南非洲投资总额占比（％）
英属撒哈拉以南非洲	695	421[2]	77
法属撒哈拉以南非洲[3] 包括	25	29.5	5.7
法属西非		30.4	2.5
法属赤道非洲		21.24[4]	1.7
多哥和喀麦隆德国殖民地	85	18.64[4,5]	
葡萄牙殖民地包括	非常少	66.7	5.4
安哥拉		31.94[4,6]	2.6
莫桑比克		34.74[4,7]	2.8
比利时殖民地：刚果、乌伦迪	40	94.88[8]	11.7
共计（非英属殖民地）	150	190	22.9

注释：1. 根据 Frankel（1938）、Paish（1909）和 Paish（1910—1911）的说法；2. 不包括德国在西南非洲（1.265 亿英镑）和坦噶伊卡（3350 万英镑）的投资（Frankel，1938）；3. 弗兰克对投资于法属撒哈拉沙漠以南非洲的资本评估显然被低估了（也许是1/3），因为只考虑到了在证券交易所上市的公司；4. 1870—1936 年；5. 包括约 1580 万英镑的早期德国投资；6. 包括约 1600 万英镑的英国资本；7. 2000 万英镑的英国资本；8. 减去德国在罗安达－乌鲁迪的投资（900 万英镑）；9. 法属赤道非洲和喀麦隆。

资料来源：Coquery-Vidrovitch（1985）。

在非英属殖民地，比利时的投资比其他殖民者（法国和葡萄牙）更多。比利时的投资大部分来自私人上市资本。另外，公开上市资本是法国领地的主要资本来源。然而，在法属西非地区，私人上市资本同样重要（见表 8.4）。

表8.4　　法国和比利时殖民地的资本投资来源（1870—1936 年）

单位：百万英镑

投资	法属赤道非洲	法属西非	多哥和喀麦隆	比利时殖民地刚果（包括罗安达－乌鲁迪）
公开上市资本	15.25	16.48	11.31	35.85
私人上市资本	5.00	12.50	6.43	100.67
非上市资本	1.01	1.45	0.89	6.82
共计	21.26	30.43	18.63	143.34

资料来源：Pim（1977）。

　　法国殖民地，尤其是法属西非的出口产品主要是农产品原材料。1928—1936 年，花生仍然是主导性商品，占法属西非出口总值的一半，而大部分的花生来自塞内加尔境内。[1] 就价值而言，棕榈油和棕榈相关产品是第二重要的出口产品（见表 8.5 和表 8.6）。毛里塔尼亚、法国苏丹、上沃尔塔和尼日尔等联邦的领土处于法国在非洲殖民经济的边缘，只向沿海地区出口牛和劳动力（Berg，1960）。科特迪瓦日益成为可可和咖啡的主要出口国。就工业而言，除了塞内加尔的达喀尔，整个联邦几乎没有什么活力。即使在那时，塞内加尔工业活动的规模和价值也是微不足道的，因为殖民地的目的是成为宗主国制造业的进口商和原材料的输出国。第二次世界大战后，法属西非各联邦的经济得到了极大的发展。塞内加尔的花生出口量在 1947—1956 年几乎翻了一番，从 1947 年的 38 万吨增加到 1956 年的 71 万吨。在同一时期，科特迪瓦的咖啡出口量几乎增加了两倍，从 4.3 万吨增加到 11.8 万吨，从而使科特迪瓦成为世界上第三大咖啡出口国。在此期间，可可产量也从 2.8 万吨增加到 7.6 万吨。尽管战后出口大幅增长，法属西非的经济结构仍然没有改变。花生、可可和咖啡这三种商品占法属西非出口总额的 70% 以上。然而，整个联邦的社会指标有适度的增长，

---

　　[1]　甚至早在 1913 年，塞内加尔就出口了 24 万吨花生，超过了法属西非出口总值的一半。伯格（Berg，1960）进一步指出，到 1938 年，该数据增加到 37 万吨，占法属西非出口总值的 45%。而法属西非的经济结构与 1913 年并没有什么不同。

因为医生和在校儿童的数量在战后有适度的增长（Berg，1960）。

当涉及法属非洲殖民地的出口贸易时，穷困潦倒的法属赤道非洲实在是相形见绌。凯瑟琳（1985）认为该地区产量很低，这就是为什么法国宁愿把该地区的大片土地作为特许区转让给公司的原因。一般来说，法国的殖民地上几乎没有什么矿产，这与比利时和英国形成鲜明对比。例如，在比利时殖民地刚果，矿产出口占比超过了出口总值的一半（见表8.6）。棕榈油和棕榈相关产品是第二重要的出口产品，在1927年和1936年两次战争期间的占比是10%—20%。制成品和资本货物等进口产品从法国流入殖民地。

表8.5　　　　　　　　　　　法属西非出口占比　　　　　　　　　单位:%

	1928年	1929年	1930年	1931年	1932年	1933年	1934年	1935年	1936年
花生	52.7	47	46	47	38	42	49	53	53
棕榈制品/油	13	14	14	13	12	6.5	6	8	10
木头	7.5	6	7.5	5.5	4.5	3	3	3	1.6
可可	9	8	9.5	10	16	13	11	8	7.7
咖啡	—	—	—	—	—	—	—	0.3	0.3
香蕉	—	—	—	0.1	0.3	0.4	0.4	0.3	0.4
共计	88.2	75	77	75.6	70.8	64.9	69.4	72.6	73

资料来源：Coquery-Vidrovitch（1985）。

表8.6　　　　　　　　　　比利时殖民地刚果出口占比　　　　　　　单位:%

	1927年	1928年	1929年	1930年	1931年	1932年	1933年	1934年	1935年
矿产	61	61	60	67	70	60	54	59	62
棕榈制品/油	20	19	17	14	11	17	—	—	12
棉花	5	8	9	8	8	8	—	—	11
共计	86	88	86	89	89	85	54	59	85

资料来源：Coquery-Vidrovitch（1985）。

在英属殖民地，农产品销售委员会是在第二次世界大战期间成立的，具有垄断权力——它是唯一能够购买和出口经济作物的机构。例如，西非的农产品销售委员会从事可可和油籽作物（如花生等）的贸易。私人贸易公司，主要是欧洲人，可以从农民手中购买商品，但只有通过农产品销售委员会才可以出口。农产品销售委员会确定了贸易商在季节开始时相关产品的收购价格，这只是世界市场价格的一个零头。因此，农产品销售委员会能够获得收购价格和国际市场价格之间的差额，这些盈余由英国政府保存在英国银行，据说是为殖民地提供信托。

在法国和比利时的殖民地，由于缺乏像英国殖民地那样巨量的矿产资源，人头税和关税成为非常重要的剩余提取和收入来源。例如，在1930—1935年，这两种税收占这些地区殖民政府预算的40%以上（见表8.7）。

表8.7　　　　　人头税在殖民地预算总收入中的相对份额　　　　　单位：%

| 年份 | 比属刚果 | | 法属西非 | | 法属赤道非洲 | | 人头税总金额 | | |
	非洲的税收人口	关税	非洲的税收人口	关税	非洲的税收人口	关税	比利时殖民地刚果	法属西非（Ffrs）	法属赤道非洲（Ffrs）
1928			20.0	29.4	22.6	27.3	—	144	27
1930	21.2	21.0	28.0	18.4	22.5	30.9	115	181	38
1932	29.0	19.6	28.7	19.9	24.6	30.9	109	168	37
1934	22.5	18.9	27.1	21.1	19.0	30.3	82	154	41
1935	22.4	27.9	25.8	23.9		46.5	91	153	—

资料来源：Coquery-Vidrovitch（1985）。

第六节　瓜分非洲与殖民化的原因

在跨大西洋奴隶贸易被官方正式取缔后，欧洲国家几乎是突然之间想要获得非洲大片土地，其原因令历史学家感到困惑。虽然人们普遍认为，在20年的时间里，一些欧洲国家发起的一些行动实际上重新定义了非洲的国家边界，但导致欧洲人分裂非洲大陆的原因是多方面的。笔者将试图强调"界定比西欧大几倍的整个非洲大陆的边界"这一非凡壮举的核心地位。尽管瓜分非洲的论据存在分歧，但欧洲国家试图从非洲获取经济利益的结论是不容置疑的。正如历史一次又一次地证明的那样，军事强国总是为了经济利益而试图征服弱国。但是，让我们看看文献中提出的论点。

尤哈尼·科伯宁（Juhani Koponen，1993）认为，对非洲不同地区进行殖民统治的原因各不相同，然而，工业资本主义的不平等发展所引发的国际经济和政治竞争无疑对瓜分过程产生了很大的推动作用。但更重要的是，我们论证这种竞争可从零和游戏的角度看待，这与当时盛行的重商主义世界经济秩序是一致的。解释瓜分非洲的理论可以归纳为两大类。首先，一些欧洲中心主义的观点本质上是修正主义的。这包括经济和非经济原因，显然，经济原因比非经济原因更重要。

例如，尽管霍布森（"资本主义"理论）和列宁（经济帝国主义）属于对立的经济流派，但他们有一个共同的观点，即对外国投资的需求是欧洲殖民扩张和非洲殖民化背后的主要原因。霍布森认为，某些被他称为"寄生"的资本家集团在非洲的殖民化动力，实质上是由欧洲资本主义的紧迫性所驱动的。欧洲存在的过剩资本是瓜分非洲的主要驱动力。与这种特殊的欧洲中心主义观点相联系，我们会认为，为新的工业资本主义提供原材料的需求[1]，以及为新的欧洲工业产出寻求新的市场，也是殖民化的重要驱动力。因此，非洲[2]再次成为被剥削的目标。

针对瓜分非洲提出的非经济原因包括战略、政治、社会和心理等

---

[1] 伦纳德·伍尔夫在《非洲的帝国与商业》（1920）一书中，特别是在第24—26页提出了这样的论断。穆恩（1926）以及其他作者们也支持这一观点。

[2] 注意，跨大西洋奴隶贸易的大规模化主要是为了剥削非洲劳工，以推动当时欧洲农业资本主义的发展。

因素（Hayes，1941）。除了经济和非经济原因，还有一种"边缘"或"古怪"的观点，认为 19 世纪 80 年代和 90 年代在非洲内部发生的政治和经济变化推动了征服（Robinson，1972、2015；Uzoigwe，1985）。尽管有上述原因，我们认为科伯宁的论点更直观、更全面。例如，科伯宁（1993）认为："欧洲对非洲的瓜分不仅仅是从欧洲获得了发展势头，而是在双重意义上进行的：它既可以被看作是工业资本主义突破所释放的压力推动欧洲整体海外扩张的一部分，也是欧洲主要资本主义国家之间外交和政治竞赛的一部分。"

工业资本主义与工业革命有关，它首先在 18 世纪后期开始于英国，传播到比利时、法国、德国，后来到美国。工业革命与产量和生产力的非凡增长有关。英国的棉花工业是这一切的开始，后来蔓延到其他行业，吸引了煤炭、钢铁等工业。军火工业也得到了推动。军火工业对欧洲帝国主义的扩张目标至关重要。在工业革命和相关的工业资本主义之后，欧洲主要经济体新方向的一个关键结果是重心转移，从依赖农业和奢侈品作为财富创造和资本积累的主要来源，转移到大规模生产的工业品和大宗初级产品。

欧洲主要经济体的新结构要求从非洲获得新的资源。例如，对咖啡、茶叶、可可、棕榈等的需求增加了。正如科伯宁所引证的，经济历史学家保罗·贝洛克（Paul Bairoch）在他的著作《经济欠发达地区的历史根源：神话与现实》中描述了 1830—1910 年，三个欧洲国家的咖啡消费是如何激增的。在法国，人均咖啡消费量从 0.30 千克上升到 2.76 千克，在德国，人均咖啡消费量从 0.5 千克上升到 2.67千克。在英国，这种增长从 0.57 千克上升到 2.85 千克。还有一种情况是，尤其在英国和法国，巨大的资本积累需要投资机会。为此，埃里克·霍布斯鲍姆（Eric Hobsbawm，1976）辩称，从 19 世纪 30 年代开始，"大量的资本积累在其所有者的口袋里烧出了洞"。

迄今为止，人们提出的瓜分非洲的非经济原因是与"人道主义""科学""个人"有关的动机。在 19 世纪中期西欧的宗教复兴之后，奴隶贸易的废奴主义者和基督教传教士协会首先踏入非洲大陆的沿海地区。然后人们有了所谓的科学兴趣，但主要是地理上的兴趣，促使探险家去调查通往非洲大陆内部的水路通道。还有一个共同的原因是，这些探险活动往往是由西欧的商业利益集团资助的，某些情况下是由政府资助的。例如，非洲内陆地区促进协会成立于1788年，它的重点是对西非内陆的探索。1830年，皇家地理协会成立，这也是在英国成立的。德国和法国也有类似的地理协会，成立于1821年的法国地理协会是法国第一个地理协会，紧随其后的是1828年成立的德国协会。阅读一下非洲内陆探险队各个领导人的报告就会发现，他们指出了所调查的各种土地的经济潜力。例如，最重要的探险家之一，亨利·斯坦利（Henry Stanley，1979）说，唯一需要回答的问题是，究竟是曼彻斯特的棉纺厂要为衣衫褴褛的非洲人民提供大量所需的衣服，还是其他人要抓住这个机会。同样要注意的是，探险家们基本上都专注于在欧洲列强的沿海据点寻找更多可以流入海洋的河流水路。同样，大卫·利文斯通（David Livingstone）在他的改革运动中呼吁非洲的开放，他认为非洲需要的是三个C，这三个C是：商业（Commerce）、基督教（Christianity）和文明（Civilization）。因此，我们在这里看到一位主要的传教士兼探险家，信奉商业作为探索非洲内陆的动机为美德。

说到底，有一些关于瓜分时期的西欧社会经济状况的关键事实需要加以强调。在瓜分前后，欧洲正面临着严重的经济萧条。因此，英国的棉纺厂、法国的丝绸工业以及德国的酒业等都陷入了可怕的困境。因此，欧洲过剩的工业产出市场和对新市场的需求，在推动获得可以出售剩余产出的殖民地方面发挥了重要作用。各国需要自己的殖民地，因为重商主义的理想表明，贸易关系本质上是一种零和游戏。因此，为了促进一个国家的经济发展和贸易前景，拥有自己的殖民地是一件合理的事情。

第七节　结论

殖民经济关系产生的一个结果是，在每个殖民地的生产和消费之间产生了巨大的鸿沟。大部分的经济产出不是为了满足国内消费需求，而是为了满足宗主国的需求。同样，当地市场上可以买到的制成品都是来自宗主国。罗德尼（1972）暗示，随着殖民经济结构的扎根，越来越多的"非洲人在生产他们不消费的东西，消费他们不生产的东西"。罗德尼接着说，没有一个关键的经济参数（储蓄、投资、价格、收入和产出）是由国内殖民主义的需求决定的。因此，上述基本经济要素的严重失调，造成了结构性功能失调的后殖民经济，这不符合可持续的经济发展，反而加深了不发达、片面性和长期的依赖性（Rodney，1972；Brett，1973；Rweymanu，1974）。

　　垄断性贸易机构和强制性劳动机构等掘取性殖民机构的建立值得关注。例如，只有垄断性的销售机构才能从殖民地购买和出口初级农产品。在今天的一些非洲国家，这些机构仍然存在。例如，黄金海岸殖民政府的一个遗产，可可销售委员会仍然从加纳的可可农民手中榨取大量的盈余。强迫劳动制度虽然在独立后的非洲并不盛行，但造成了对公共服务的某些负面态度，这种在历史上被视为剥削和压迫的殖民手段，需要用智慧来战胜。因此，直到今天，在许多非洲国家仍然存在一种不爱国的职业道德遗产。

第 九 章

独立后的非洲经济：1960—2015 年

第一节　引言

20 世纪 60 年代是撒哈拉以南非洲解放斗争的重要时期。继加纳和几内亚分别于 1957 年和 1958 年实现政治独立后，非洲大陆又有 18 个国家于 1960 年实现独立。到 20 世纪 60 年代末，在现有的 46 个撒哈拉以南非洲国家中，已有 36 个国家实现了政治独立。[①] 因此在 20 世纪 60 年代，撒哈拉以南非洲充满着对独立的喜悦和对新独立国家的高度期望，而独立浪潮也结束了英国、法国、比利时、西班牙和葡萄牙西欧五国在非洲 75 年的殖民统治。但在非洲大陆的不同地区[②]，特别是在定居者殖民地，反殖民斗争的程度和强度并不相同。事实上，著名的肯尼亚历史学家阿里·马兹鲁伊（Ali Al'amin Mazrui, 1993a）将去殖民化定义为"结束殖民统治，废除殖民机构，抛弃殖民价值与作风的过程。从理论上讲，去殖民化的主动权既可受帝国掌控，也可由被殖民者把握。但现实情况是，去殖民化

[①]　这一数字包含埃塞俄比亚和利比里亚，它们在 20 世纪 50 年代以前就已获得独立（Gleditsch 和 Ward，1999）。

[②]　肯尼亚、赞比亚、罗得西亚、纳米比亚和南非。例如，参见 Wa-Githumo（1991）对肯尼亚独立斗争的讨论；马兹鲁伊（1993b）叙述了克瓦米·恩克鲁玛（Kwame Nkrumah）参与加纳独立抗争的"积极行动"和肯尼斯·卡翁达（Kenneth Kaunda）选择的"消极抵抗"或"公民不服从运动"。

通常是被压迫者在抗争过程中强行获得的。"非洲便是如此，因为在所有的独立案例中都存在某种形式的抗争。独立并不是被拱手送给非洲国家的。

第二节　初始条件：1960—1975 年

1981 年，世界银行发布了极具影响力的《伯格报告》①（*Berg Report*），该报告对非洲国家独立时期的经济状况进行了恰当的总结："当撒哈拉以南非洲国家于 20 年前赢得独立时，他们面临着巨大的发展限制。这些限制因素包括不发达的人力资源、脆弱的政治、根基不稳且不合适的制度……以及快速的人口增长。虽然政府已经取得了相当大的成就，但历史遗留问题和地理现实继续阻碍着非洲的进步。"

当代经济发展理论高度重视技能型人力资源在经济发展过程中的作用。该因素很关键，因为从理论上来说，人力资本对技术创新在生产系统中的转换率有重要影响（Killick，1992）。为支持这一论断，美国著名宏观经济学家罗伯特·巴罗（Robert Barro，1991）提供的证据表明，人力资本的初始存量对经济体追赶发达国家的能力有显著的积极影响。正如我们将在本章中所论述的那样，独立前夕的撒哈拉以南非洲因其严重不足的人力资本禀赋而处于极为不利的位置。

不仅如此，根据库兹涅茨、霍利斯·B. 切纳里（Hollis B. Chenery）和许多经济发展专家的著作，托尼·基利克（Tony Killick，1992）指出，"狭小的市场、熟练劳动力的供应不足以及歧视出口的政策，这三者相加可导致经济瘫痪"。②研究进一步指出，这些国家在独立后采取的经济政策存在失误，且不符合当时的具体情况，这导致它们追赶发达国家极为困难（Killick，1992）。

---

① 该报告是由艾略特·伯格（Elliot Berg）、K. Y. 阿莫阿科（Amoako K. Y.）、鲁尔夫·古斯滕（Rulf Güsten）、雅各布·梅尔曼（Jacob Meerman）和吉恩·蒂德里克（Gene Tidrick）在世界银行多名工作人员的协助下编写，因此常被称为《伯格报告》。
② 基利克深刻而简洁地描述了在南苏丹独立时殖民者留下的糟糕初始经济与社会状况。

在独立前夕，大多数非洲国家都不具备成功管理国家的能力。除了缺乏必要的制度能力，人力和物质资本也存在严重不足。如果将1960年作为评估非洲独立后情况的起始点和参考点，我们会发现这些国家将注定失败。为阐明撒哈拉以南非洲国家独立后经济增长和发展的初始条件[①]，笔者将重点讨论人力资本——教育与健康、生产与需求结构以及财政能力。当人们将撒哈拉以南非洲的经济状况同其他地区进行比较时，往往没有考虑到那些支撑经济发展路径的关键社会经济指标的初始值。[②] 即使研究者对经济增长进行了回归分析并试图解释非洲的发展之谜，在他们的模型中对初始条件的处理也是缺乏想象力的。但是，乔纳森·坦普尔（Jonathan Temple）在一项尝试解释非洲与世界其他地区经济增长缓慢的研究中证明，发展中国家经济增长成果一半以上的差异是由可观测的初始条件指标决定的。更重要的是，经济发展的政策与学术讨论主要关注的是能够实现经济快速增长和发展的路径选择，以及实现经济发展的最适当战略。笔者认为，在对任何特定地区的发展成果进行批判性评估前，针对初始条件的分析必不可少（Kim，1986）。因此，笔者将以分析撒哈拉以南非洲国家独立时的一些基本社会经济指标作为研究起点。

一 经济

在20世纪60年代，撒哈拉以南非洲国家之间虽存在一定程度的差异，但它们的同质性程度更高。多数国家的出口都依赖农业，且每个国家仅有两到三种主要出口商品。这与殖民主义所鼓励的以单一农业生产为主导的出口贸易相一致。此外，还有大量的矿产、金属，以

---

① 就撒哈拉以南非洲从殖民地向独立民族国家的转型而言，可以将推动一个国家从经济发展的一个时代向另一时代过渡的因素分为两大类。第一类因素关注转型前的重要发展特征。这些过渡前的特征在发展经济学文献中被称为初始条件，这些条件充分地描述了一个国家的环境或承袭的特征。第二类因素与经济、政治和制度选择所产生的一系列后果有关（Melo 等，2001）。在经济增长和经济发展的文献中，初始条件的重要性已被证实（参见Abramovitz，1986、1989；Sachs 和 Warner，1997；Easterly 和 Levine，1997；Temple，1998）。

② 这些研究经常使用虚拟变量来描述一种或另一种初始条件。

及石油出口，但即使在不依赖农业出口的经济体中，农业仍然是最大的就业部门。更重要的是，该部门占据着经济产出的绝大多数份额。在 1960 年的生产结构中，农业在该地区 GDP 中的占比接近一半（49%）。然而，不同国家之间存在巨大的差异。卢旺达的占比为81%，而主要石油生产国尼日利亚的占比为 63%（World Bank，1981）。此外，还有 5 个撒哈拉以南非洲国家的农业占比超过 60%。同时，工业占比为 16%，服务业占比为 34%。到 1979 年，农业的主导地位已大大降低，其在 GDP 中的占比已经下降至 32%（相较于发达国家的 4% 与中等收入国家的 14% 依然不尽如人意）。但值得注意的是，工业对 GDP 的贡献几乎翻了一番，增至 31%，而服务业的贡献则小幅增至 37%。由此可得出的结论是，非洲在 20 世纪 70 年代为实现工业化做出了不懈的努力，因为大多数新独立的国家都在寻求发展国内工业能力。

1962 年，撒哈拉以南非洲的主要出口商品为食品与饮料[1]，这些商品占出口总值的 62%。其他初级产品的出口占出口总值的21%，原油占 3%，金属和矿物占 7%，剩下的 7% 为制造业出口。到 1978 年，原油[2]已成为主要出口商品，几乎占撒哈拉以南非洲出口的一半（49%）。食品和饮料出口占比减至 31%，而其他初级产品和制造业的出口也分别降至 9% 和 4%。值得注意的是，随着工业在出口商品生产中的边际作用进一步下降，原本在 20 世纪 60 年代开始的工业化开始出现倒退（World Bank，1981）。尽管在 20 世纪70 年代从食品与饮料出口转向了原油出口，但大多数撒哈拉以南非洲国家的出口依旧是未加工产品。例如，1976—1978 年，尼日利亚是撒哈拉以南非洲的主要原油出口国，占该地区原油出口的 96%。这一时期，尼日利亚在撒哈拉以南非洲的出口份额为 42%。换句话说，1976—1978 年，撒哈拉以南非洲每出口 1 美元，就有 42 美分

---

[1]　这些产品是：可可、咖啡、糖、茶、花生与花生油、牛肉、棕榈油、香蕉和玉米。顺序按产品的重要性进行排列（Berg Report，1981）。

[2]　来自尼日利亚、安哥拉、加蓬和刚果共和国等少数几个国家。

流向尼日利亚（World Bank，1981）。

殖民时期的贸易关系在独立后并没有改变。例如，在 1960 年撒哈拉以南非洲的出口商品中，88% 的目的地是工业化国家。到 1970 年，对工业化国家的出口下降至 78%，对其他撒哈拉以南非洲国家的出口则略有改善，从 1960 年的 4% 上升至 1970 年的 5%。撒哈拉以南非洲的贸易条件指数①在 20 世纪 60 年代是相对有利的，该指数到 1970 年时提升了 8.3%。但在 1970—1979 年，撒哈拉以南非洲的贸易条件指数反而下降了 15%。值得注意的是，虽然该地区的整体贸易环境严重恶化，但安哥拉、刚果、尼日利亚和加蓬这四个原油出口国依然从高油价中获得了巨大收益。由于国际市场上的原油价格下跌，中等收入石油出口国的贸易条件指数在 20 世纪 60 年代保持着相对稳定，甚至实现了 100% 的增长。但是，大多数撒哈拉以南非洲国家因其贸易条件指数急剧下降而遭受巨大损失。低收入半干旱地区首当其冲遭受贸易条件指数的下降。以赞比亚和利比里亚为代表的其他中等收入国家的贸易条件指数也出现大幅下降。其中，赞比亚的贸易条件指数在 1970—1979 年大幅下降，而利比里亚的贸易条件指数则下降了 33%。扎伊尔（今刚果民主共和国）的情况更糟，作为一个低收入国家，其贸易条件指数下降了 55%。

撒哈拉以南非洲国家在 20 世纪 60 年代和 70 年代的另一个重要特征是出口商品的集中度，即三种主要商品在出口总值中的占比。撒哈拉以南非洲国家的平均出口商品集中度为 61%。其中有三个国家的集中度超过了 90%：布隆迪为 99%，马拉维为 94%，卢旺达为 92%。1976—1978 年，情况进一步恶化，撒哈拉以南非洲国家的平均出口商品集中度增至 79%。在这一时期，几乎一半的国家其出口收入的 80% 来自三种初级商品（World Bank，1981）。因此，撒哈拉以南非洲国家非常容易受到国际市场上初级商品价格波动的影响。

---

① 贸易条件指数由出口价格指数与进口价格指数的比率表示。以 1975 年为基准年，1975 年记为 100，以净面额衡量的贸易条件指数从 1960 年的 108 上升到 1970 年的 117。此后，该指数在 1979 年急剧下降到 100。

在独立后的第一个十年内，大多数撒哈拉以南非洲国家都出现了
一定程度的收入增长。但平均而言，与世界其他地区相比，其收入①
的增长幅度非常小。1960—1969 年，撒哈拉以南非洲的收入年均增长
率为 2.5%，是同一时期世界上增长率最低的地区（见表 9.1）。其他
发展中国家与地区拥有更为强劲的增长，如西亚的收入年均增长率为
5.3%，拉丁美洲的收入年均增长率则为 2.9%。

表 9.1　　　　　　1960—2016 年实际人均 GDP 增长的比较　　　　单位：%

地区	1960—1969 年	1970—1979 年	1980—1989 年	1990—1999 年	2000—2009 年	2010—2016 年	1960—2016 年
撒哈拉以南非洲	2.5	3.9	−0.4	−0.2	2.6	1.0	1.7
东亚	3.9	3.2	3.3	2.9	4.5	4.3	3.7
东欧	3.8	2.6	0.8	−3.7	5.6	2.3	1.9
拉丁美洲	2.9	3.6	−0.1	1.1	1.8	1.2	1.8
西亚	5.3	5.9	−3.3	2.0	2.4	1.3	2.3
西部分支*	3.1	2.2	2.0	1.9	0.9	1.3	1.9
西欧	4.2	0.9	2.0	1.6	0.9	0.6	2.1
全球	3.3	2.5	1.0	1.1	2.4	2.1	2.0

注：*美国、加拿大、澳大利亚和新西兰。

资料来源：笔者根据 Bolt 等（2018）的数据计算得出。

但是，这些代表撒哈拉以南非洲国家整体经济表现的数据掩盖了
国家之间的巨大差异。如果我们将视野从 20 世纪 60 年代延展至 21
世纪头十年，并在这一基础上对经济增长结果进行评估，会发现一个
有趣的经济增长模式。

由此可得出的结论是，相较于世界其他地区，撒哈拉以南非洲国家
独立后的经济增长率令人失望。基于收入变化的年代分析②表明，20 世
纪 80 年代与 90 年代的平均收入有所下降（PWT 9.1）。但经济增长结

---

① 以 1990 年的美元为基准计算的实际人均 GDP。

② 以 2011 年的美元为基准计算的十年实际人均 GDP 平均变化（PWT 9.1）。

果的整体数据掩盖了不同国家之间的巨大差异。需要注意的是，非洲是一个由 60 个国家组成的广阔大陆，其中撒哈拉以南非洲的 48 个国家覆盖了 3000 万平方千米的土地，这比中国、美国和欧洲的土地面积总和还要大。对各个国家经济表现的考察有助于对此有更深刻的认识。以 2011 年的美元购买力平价为基准计算不同国家的实际人均 GDP 变化可以发现，虽然许多撒哈拉以南非洲国家表现不佳，但也有一些国家取得了巨大进步。在有数据的 39 个国家中，21 个国家在 1961—1975 年的人均收入年均增长率超过 2%（见表 9.2）。表现优秀的国家有博茨瓦纳（9.9%）、加蓬（8.7%）、赤道几内亚（7.5%）、塞舌尔（6.7%）和毛里塔尼亚（6.5%）。而表现不佳的国家则包括塞内加尔、马里、尼日尔、刚果民主共和国、中非共和国和加纳，这些国家的人均收入在此期间基本都有所下降。

表 9.2　1961—2014 年撒哈拉以南非洲国家人均实际 GDP 平均增长率

单位：%

	1961—2014 年	1961—1975 年	1976—1990 年	1991—2007 年	2008—2014 年
赤道几内亚	12.6	7.5	−4.4	32.7	11.2
博茨瓦纳	7.4	9.9	11.5	3.7	2.3
佛得角	3.7	2.2	2.8	5.4	4.6
加蓬	3.7	8.7	0.3	3.1	1.3
塞舌尔	3.6	6.7	2.0	2.8	2.2
刚果共和国	3.5	3.5	1.2	4.1	7.2
毛里求斯	3.4	2.1	5.9	2.4	3.1
莱索托	3.0	5.1	2.9	1.4	2.7
埃塞俄比亚	2.7	2.4	3.2	0.3	8.6
尼日利亚	2.7	3.2	−8.2	11.6	3.4
毛里塔尼亚	2.4	6.5	−1.7	2.3	2.9
纳米比亚	2.3	2.9	−0.4	2.0	7.4
莫桑比克	2.0	1.8	−0.6	3.9	3.9
赞比亚	1.9	1.9	−3.2	4.3	6.6
乌干达	1.8	1.9	−1.2	3.7	3.7

续表

	1961— 2014 年	1961— 1975 年	1976— 1990 年	1991— 2007 年	2008— 2014 年
马里	1.8	-1.3	2.7	3.4	2.3
坦桑尼亚	1.7	3.6	-2.5	2.7	4.2
多哥	1.7	3.1	-0.4	2.4	1.5
卢旺达	1.7	0.4	0.6	1.8	6.3
喀麦隆	1.6	2.2	2.5	0.2	1.8
布基纳法索	1.5	1.3	0.5	2.1	2.7
科特迪瓦	1.5	3.1	-0.7	-0.2	7.0
几内亚比绍	1.4	3.9	1.2	0.0	-0.4
南非	1.3	2.5	-0.2	1.9	0.7
马达加斯加	1.3	0.0	-0.7	-3.0	18.6
肯尼亚	1.2	1.3	0.8	0.4	4.2
津巴布韦	0.9	2.5	-0.2	1.9	0.7
贝宁	0.8	1.2	-2.0	2.6	1.8
乍得	0.7	0.4	-1.4	2.0	3.0
加纳	0.7	-0.7	-1.7	1.8	6.2
布隆迪	0.6	0.8	1.4	-2.5	6.2
马拉维	0.6	3.0	-1.7	1.9	-3.0
科摩罗	0.4	4.3	-1.0	-1.7	0.1
冈比亚	0.4	1.3	-0.9	0.9	-0.3
塞内加尔	0.3	-1.4	1.4	0.2	2.1
刚果民主共和国	-0.1	-1.2	-2.4	-6.7	22.8
几内亚	-0.3	0.1	0.5	-3.5	5.3
尼日尔	-0.6	-1.2	-1.5	-0.8	3.0
中非共和国	-1.3	-0.9	-0.5	-1.0	-4.3

资料来源：笔者根据 Feenstra et al.（2015）中 PWT 9.1 的数据计算得出。

在撒哈拉以南非洲的经济增长历史上，1976—1990 年可以说是一个分水岭，而撒哈拉以南非洲的经济危机也正是在这一时期出现的。20 世纪 70 年代的经济危机被不同程度地描述为非洲悲剧（Arrighi，2002）。必须强调的是，非洲的经济危机出现在全球冲击之前，其具体表现为高通货膨胀和衰退。不同于世界其他地区，撒哈拉以南非洲因其经济薄弱而遭受了严重的经济失调（World Bank，1981）。绝大多数撒哈拉以南非洲国家都处于极为严重的经济困境中。所有主要的宏观经济指标都非常糟糕，除了严峻的国际收支平衡挑战，还存在巨大的预算赤字、严重的通货膨胀以及暴跌的国内汇率。造成危机的部分原因是撒哈拉以南非洲国家不得不面对巨额的债务负担和不断恶化的贸易条件指数。债务负担的严重程度可通过债务与出口的对比进行表征。例如，在1982年，撒哈拉以南非洲的未偿债务与出口之比为162%。到1986年，这一比例上升到291%，并持续至1990年。偿债率表明，撒哈拉以南非洲近1/3的出口收入被用于偿还债务。[①]

二　人力资本

首先，让我们看一下撒哈拉以南非洲国家独立时期的人力资本状况。在独立时，该地区的发展面临着严重的劳动力短缺。熟练劳动力的雇佣普遍过度依赖外籍员工。而且，对于那些需要拥有大学学历劳动力的"高级"工作来说，这一情况更为严峻。在20世纪60年代的大多数撒哈拉以南非洲国家，这些职位有3/4是由外籍人士担任（Teferra和Altbach，2004）。扎伊尔，即前比利时殖民地刚果，现在的刚果民主共和国，便是一个极端案例。在1960年6月30日独立时，刚果民主共和国甚至没有任何非洲裔医生、律师、工程师或军官（Teferra和Altbach，2004）。即使像加纳这样教育系统比较发达的国家也面临着严重的挑战。在900个中级技术岗位中，多达1/3是外籍员工。在肯尼亚和坦桑尼亚，高级公务员中只有不到1/5由非洲人担任。独立时的人力资源能力低下实际上是殖民政府有意为之的结果。殖民政府担心接受高等教育人数的增长将会进一步鼓动自治诉求。例如，在比利时殖民地，非洲人被完全禁止接受高等教育；而在英国和法国殖民地，非洲人接受高等教育也受到

---

① 参见Riddell（1992）对经济危机的讨论以及国际金融机构、世界银行和国际货币基金组织的相关反应；Ezenwe（1993）。

很大限制。

因此，在撒哈拉以南非洲国家独立前夕所观察到的人类发展悲剧主要是由限制接受高等教育的殖民主义造成的。能进一步说明这一点的是，1958 年仅 10000 名非洲人在本国或境外的大学学习，其中 65% 的大学生来自尼日利亚与加纳这两个国家。[①] 当时大多数国家的大学生不到 200 人。就撒哈拉以南非洲国家来说，1960 年只有不到 1% 的大学适龄人口进入大学，到 1977 年这一比例才刚到 1%（见表 9.3）。值得注意的是，到 20 世纪 60 年代末，人口总量为 2.3 亿人的撒哈拉以南非洲只有 6 所大学（Woldergiorgis 和 Doevenspeck，2003）。同时，中学阶段的入学情况也没有任何改善。1960 年撒哈拉以南非洲的中学适龄人口入学比例仅为 3%，但同一时期的印度和菲律宾分别为 20% 和 25%（Woldergiorgis 和 Doevenspeck，2003）。与当时世界其他低收入国家相比，这一比例非常低。当时，所有低收入国家的中学入学比例为 14%，中等收入国家为 16%，工业化国家则为 68%。尽管到 1978 年撒哈拉以南非洲国家的比例已经增加了 3 倍多，但仍然低于所有低收入国家的平均水平。

在独立近 20 年后，撒哈拉以南非洲国家的成人识字率依然非常低。与所有低收入国家的平均比例 51% 相比，该地区的这一数据较低，仅为 28%。

表 9.3　　　　　**基础教育指标**（1960—1978 年）　　　　单位:%

	小学入学人数占年龄组的比例		中学入学人数占年龄组的比例		大学入学人数占20—24 岁年龄组的比例		成人识字率	
年份	1960	1978	1960	1978	1960	1977	1960	1976
撒哈拉以南非洲低收入国家	30	56	2	10	..	1	15	26

① 这里的数值较高是因为英国人于 1948 年分别在尼日利亚和加纳建立了一所大学。

续表

	小学入学人数占年龄组的比例		中学入学人数占年龄组的比例		大学入学人数占20—24岁年龄组的比例		成人识字率	
年份	1960	1978	1960	1978	1960	1977	1960	1976
半干旱地区的低收入国家	10	28	(.)	5	..	(.)	3	20
其他低收入国家	34	61	2	11	..	1	19	27
中等收入石油进口国	51	85	4	19	0	1	20	34
中等收入石油出口国	36	64	4	14	1	1	14	..
撒哈拉以南非洲国家	36	63	3	13	..	1	16	28
所有低收入国家	76	83	14	36	2	3	28	51
所有中等收入国家	79	95	16	41	4	11	53	72
工业化国家	114	100	68	89	17	37	..	99

注：（.）代表数据低于单位值的一半，..代表数据不详。

资料来源：World Bank（1981）。

三　健康指标

在医疗保健方面，撒哈拉以南非洲的熟练人力资源严重短缺，这导致其健康指标表现不佳。1960年，撒哈拉以南非洲的外科医生密度（每位医生覆盖人口数）非常低。在半干旱地区的低收入国家与中等收入石油出口国，外科医生密度均超过67000人；在中等收入石油进口国，外科医生密度为20971人。就整个地区而言，外科医生密度为50096人（见表9.4）。同样，这一指标与世界上其他低收入国家相比也很差。总体来说，所有低收入国家外科医生密度为11680人，而工业化国家为830人。到1977年，情况虽有一定改善，但同世界其他

表 9.4　基础健康指标（1960—1979年）

	每位医生覆盖人口数（人）		每位护士覆盖人口数（人）		1975年获取安全饮用水的人口比重（%）	人均每日卡路里供应量		1979年人口平均预期寿命（岁）
	1960年	1977年	1960年	1977年		1977年总量（卡）	占总需求的比重（%）	
撒哈拉以南非洲低收入国家	50788	32241	8040	3670	24	2072	90	46
半干旱地区的低收入国家	67302	36781	6157	4498	23	1995	85	43
其他低收入国家	47756	31539	7818	3533	24	2085	91	47
中等收入石油进口国	20971	11877	4321	1551	28	2181	94	50
中等收入石油出口国	67250	15494	5889	3973	..	1970	84	48
撒哈拉以南非洲国家	50096	23904	6533	3315	25	2065	89	47
所有低收入国家	11680	6150	5700	6200	29	2231	98	57
所有中等收入国家	10430	4380	3390	1820	58	2581	109	61
工业化国家	830	620	450	220	..	3377	131	74

注：.. 表示数据不详。

资料来源：World Bank (1981)。

219

地区相比，撒哈拉以南非洲的比例仍然非常低。当时，所有低收入国家的外科医生密度已经提高至 6150 人，而撒哈拉以南非洲国家接近 24000 人。该地区在独立时的人口护士比（每位护士覆盖人口数）也非常高。但是，这一情况到 1977 年已有所改善，甚至比其他低收入国家更好。但与所有中等收入国家和工业化国家相比，情况依旧非常糟糕。1975 年，撒哈拉以南非洲国家 25% 的人口能够获得安全饮用水。1979 年，大多数撒哈拉以南非洲国家的人口平均预期寿命依然不到 50 岁。例如，半干旱地区的低收入国家的人口平均预期寿命为 43 岁，而撒哈拉以南非洲国家的人口平均预期寿命也仅为 47 岁。但此时，工业化国家的人口平均预期寿命为 74 岁。

四　20 世纪 60 年代和 70 年代的经济政策

独立后的撒哈拉以南非洲各国政府急于追求工业化和重组殖民经济以摆脱对初级商品的出口依赖。这些国家试图推行进口替代工业化政策来促进当地制造业的发展。因此，各国政府开始创建国有企业生产工业品，以支持经济的工业化。这些工业政策基本上是内向型的。克瓦米·恩克鲁玛（Kwame Nkrumah）对加纳的快速工业化有浓厚兴趣，这在他作为黄金海岸独立前殖民地总理和政府事务主管时所制定的发展计划中得到了最好的体现。威廉·斯蒂尔（William Steel，1972a）引用了恩克鲁玛在一次演讲中提到的利用发展计划来促进经济发展："我们的第一个发展计划（1952—1957 年）集中在通信、公共工程、教育和基础服务等领域。它为我们的工业化运动铺平了道路。工业化将是我们第二个发展计划（1959—1964 年）的基调，我们将创建大量不同规模的工厂以生产数百种不同的产品。"斯蒂尔（1972b）认为，恩克鲁玛将进口替代工业化道路视为摆脱对前殖民国家商品供应依赖的一种手段，同时也是促进经济多元化、创建一批训练有素的劳动力队伍和确保资本积累以进一步扩大工业化规模的手段。

斯蒂尔（1972b）指出，加纳工业发展战略有四大支柱：（1）在国内生产以前需要进口的消费品；（2）不以原材料的形式出口初级商品，增加附加值；（3）提升国内建筑材料工业的能力；（4）发展电气、电子和机械工业以作为后续工业扩张的基石。恩克鲁玛建造的阿科松博水电大坝[①]、特马的深海港，以及 1961 年启动的加纳核反应堆项目[②]，都是为了加快工业化进程。短期信贷是上述项目和其他许多项目的主要资金来源（Steel，1972a），到 1966 年恩克鲁玛政府在军事政变中被推翻时，该国已处于财政崩溃的边缘，其信贷负担高达 8 亿美元。因此，糟糕的政策选择使该国极易受到外部冲击。巨大的债务偿还压力催生了进口限制和以留存外汇为主的关税制度。在推行工业化政策的同时，对社会服务和公共基础设施的投资也在增加。就加纳而言，国家很明显缺乏为所有支出提供资金的财政资源，而且还采取了使现状进一步恶化的政策组合。这一现象在撒哈拉以南非洲许多新独立的国家都有发生，仅程度不一而已。

经济学教授安·塞德曼（Ann Seidman）于 1962—1974 年在加纳、坦桑尼亚和赞比亚等国的高校任教，他于 1977 年 9 月 15 日在美国众议员非洲问题小组委员会前表示："非洲新独立的国家无一例外地宣称它们希望实现工业化，以便为其人民创造更多的生产性就业机会和更高的生活标准。从历史上看，殖民地的发展方向是出口欧洲工厂所需原材料和进口工业制成品。殖民政府的支出被用于建设基础设施——铁路、公路、港口——以促进原材料的出口。殖民政策不鼓励本土制造业的发展，从而为欧洲工厂生产的货物保留非洲市场。非洲原材料生产所创造的大部分可投资剩余都被那些拥有矿场与庄园和主导外贸的寡头垄断殖民公司以利润、利息和股份分红等形式转移至国外。基本没有留下可用于投资新行业的资本。"塞德曼教授还讲述了赞比亚增加铜矿（其主要出口商品）出口以刺激制造业投资，并吸引

[①]　沃尔塔河项目由世界银行、美国和英国提供的 4.32 亿英镑贷款建造（Godwin Arku，2009）。

[②]　恩克鲁玛于 1964 年 11 月 25 日在阿克拉附近的夸本尼亚为加纳原子反应堆中心建设奠基时的讲话，首次发表于 *Ghana Review International*，No. 120，2007。

跨国公司设立工厂生产进口替代工业品的失败尝试。这一政策的失败是因为无法吸引足够数量的外国公司。但即便如此，小范围内的工业化依然存在，以啤酒和香烟为代表的少量消费品占赞比亚这一时期工业生产的40%（Seidman，1977）。

赞比亚工业政策的失败[①]与20世纪60—70年代撒哈拉以南非洲其他国家的失败相似。但南非在吸引跨国公司方面比较成功，因为种族隔离政策使这些公司能够以极为低廉的价格获得劳动力。总而言之，大多数撒哈拉以南非洲国家的领导人都没有听取非裔诺贝尔经济学奖获得者刘易斯的呼吁。这位著名的经济学家认为进口替代工业化与农业生产间的平衡非常重要。不过，他于20世纪50年代末向恩克鲁玛政府提出的一个建议却被坚持了下来。[②]

除了工业部门存在明显的干预政策，许多国家的农业部门也在很大程度上受政府控制。世界银行在1994年的一份报告中[③]指出，28个国家对主要农产品的销售实施了"大量的"限制性政策。同一份报告指出，国家垄断机构负责国家主要农产品的国内采购和出口。在讨论独立后采取上述宏观政策框架的背后动机时，奥古斯丁·夸西·福苏（Augustine Kwasi Fosu）认为，独立时的普遍状况在很大程度上影响了非洲各国政府的政策选择。福苏（2008）指出了一些影响上述政策选择的因素[④]：（1）当时占主导地位的国际范式，即资本主义与社会主义；（2）第一批领导人的个人经历；（3）国内的民族、语言与宗教争端；（4）殖民者遗留的初始制度；（5）政府在实现社会对经济发展的时间偏好方面的角色。例如，福苏认为大多数早期领导人被社会主义所吸引的原因有很多，其中包括希望拥有强大的国家，确保资

---

① Seidman（1974）；关于加纳的经验讨论，参见 Steel（1972a）。

② 1953年，刘易斯受邀至加纳为经济发展提供建议，当时恩克鲁玛是政府事务主管。他的报告《工业化和黄金海岸》（*Industrialisation and the Gold Coast*）记录了他对低收入国家经济发展的看法。

③ World Bank（1994），详见第三章关于改革前的管制程度的讨论。

④ 其他研究者都不同程度地认为，这些因素中的一个或多个影响了独立后领导人的政策选择。

源的公平再分配。最后，经济中的私营部门也非常薄弱，在多数情况下，重要的私营部门甚至不存在（Fosu，2008）。政治上保守的领导人更倾向于资本主义，并让市场在经济管理中发挥更大的作用，而激进派和自由派领导人则倾向于更大的政府规模、更强的国家控制与更多的干预途径。肯尼亚的乔莫·肯雅塔（Jomo Kenyata）、博茨瓦纳的塞雷茨·卡马（Seretse Khama）和多哥的西尔瓦努斯·奥林匹奥（Sylvanus Olympio）是倾向于市场派的领导人代表，而加纳的恩克鲁玛、坦桑尼亚的朱利叶斯·尼雷尔（Julius Nyerere）、马里的莫迪博·凯塔（Modibo Keita）和赞比亚的肯尼思·卡翁达（Kenneth Kaunda）则是在政策取向上更为左倾的早期领导人。激进派领导人更受社会追捧，因为民众认为这些领导人更贴近他们的现实情况。因此，这些左翼领导人通过控制经济获取垄断[①]与买方垄断[②]租金，进而用于再分配。约翰·贝茨（John Bates）的专著与《贝格报告》于同年（1981 年）出版，该专著对指明发展中国家的国家干预与政府加强控制所带来的危害做了大量研究。

独立后的第一批领导人耗费了很多资源用于加强社会凝聚力，这是因为大多数因被殖民而汇聚的族群在历史上并不必然是一个有凝聚力的群体。因此，新的领导人必须确保政府的政策有助于创造一种新的民族认同。正如福苏（2008）所说，群体间的相互对立在许多情况下都被认为是不利于经济增长的。对于身份相互对立这一问题，理查德·桑德布鲁克和朱迪思·巴克（Richard Sandbrook 和 Judith Barker，1985）认为，后殖民时代的非洲国家是人为创建的，"殖民主义不仅把异质的族群置于同一领土内，还在无意中强化了族群意识。殖民国家以文化—语言边界为基础划定行政边界并创设地方政府，这又进一步强化了族群特征"。

非洲国家在独立时都有一套平行的制度体系：殖民政府和在殖民

---

①　进口替代产业中大部分是国营的，并且有保护主义政策保障其不受进口与外国竞争的影响。

②　通过受国家控制的商品营销委员会。

政府默许下管理本地行政事务的酋长制度，大多数英国的非洲殖民地尤为如此。在殖民化过程中，酋长制度的重要性虽然随时间的推移而减弱，但从未被完全铲除。随着新任领导人试图创建一个没有部落之争的民族国家，酋长制度被进一步边缘化。撒哈拉以南非洲国家在独立初期实现国家发展的压力非常大，无法满足民众期望往往会导致那些具有资本主义倾向的政府被撤换，而那些政府都认为应该由市场对资源进行分配与再分配。在政治上，这些领导人中有相当一部分很快下台，不过也有例外，如博茨瓦纳的塞雷茨·卡马和马拉维的卡穆祖·班达（Kamuzu Banda）。

第三节　危机时期：1976—1990 年

对于撒哈拉以南非洲国家独立后不久便发生的经济危机必须从两种角度进行审视，分别为导致这一危机的外部环境与内部挑战。为说明 20 世纪 80 年代非洲经济危机的严重性，有必要首先了解一下当时的世界经济状况。通过引用雷金纳德·格林（Reginald Green）1983 年的文章和其他相关文献，可为理解 20 世纪 80 年代初的世界经济状况提供一个深度简介。

在当前全球经济衰退的背景下，所有欠发达国家，尤其是撒哈拉以南非洲地区的前景令人忧虑（World Bank，1981）。

1981 年，拉丁美洲和加勒比地区国家 40 年来首次出现人均 GDP 大幅下降的情况（World Bank，1982）。

经合组织国家在 1980—1982 年经历的深度衰退造成了不利于发展中国家的外部环境——原因是衰退对利率、贸易量和商品价格有影响……（UNCTAD，1990）。

20 世纪 80 年代初的经济衰退并没有一个响亮的名字，且当时几乎一半的美国人都太年轻，因此对它没有任何真正的记忆。但它很可怕……（Leonhart，2009）。

一　外部环境

面对 1973 年和 1979 年石油价格冲击引发的高通货膨胀，发达国家通过大幅提高利率，并采取紧缩的货币政策来稳定宏观经济。例如，伦敦银行同业拆借利率[①]在 1980—1982 年年均增长 15%，这一数字是 1975—1977 年增长水平的两倍多。美国当时也奉行紧缩的货币政策以应对不断增长的通货膨胀，由此提高了其利率。美国当时面临着国际收支赤字、越南战争失败、失业率高企，以及第二次世界大战后为刺激增长和促进就业采取凯恩斯主义宏观经济政策所带来的糟糕结果（Mohan 等，2000）。

发达经济体普遍上升的利率导致撒哈拉以南非洲国家的利息偿还率相应上升，不利的国际商品市场条件致使这些国家变得更为贫穷（UNCTAD，1990）。例如，撒哈拉以南非洲国家 1971 年的平均名义贷款利率为 4.2%，但借贷成本到 1981 年就增加了一倍多，利率高达 10.1%（Nyerere，1985）。英联邦的《利弗报告》（Lever，1984）指出，1981—1982 年名义利率甚至超过了 20%。

撒哈拉以南非洲经历了高利率和贸易条件恶化，以及收入下降的双重打击。20 世纪 80 年代的坦桑尼亚总统朱利叶斯·尼雷尔讲述了坦桑尼亚国家购买力被削弱的经历："以坦桑尼亚 1980—1984 年的贸易条件指数为例。如果以 1980 年为基准年，1984 年的进口价格已上升到 115.2，出口价格则上升到 103.2。而 1982 年的情况更糟，进口价格为 117.4，出口价格为 95.4。"实际上这意味着资源已被转移至以英国和其他发达国家为代表的贸易伙伴手中。对于单一商品出口国，如出口铜的赞比亚，这种转移更多。发展中国家的初级出口商品价格下降很可能导致可用于发展和消费的资源受损，甚至其获得的援助也无法弥补这一损失（Nyerere，1985）。事实上，这种情况并不罕见。表 9.5 说明了部分撒哈拉以南非洲国家在 1970—1980 年贸易条

---

① 伦敦银行同业拆借利率（London Inter-bank Offered Rate，LIBOR）是设在伦敦的主要国际银行相互拆借资金时收取的平均利率。

件指数恶化的具体情况。

表9.5　　　　　8 个撒哈拉以南非洲国家石油进口额和出口额与
GDP 的比值[a]（中位数）

项目	1970 年	1978 年	1980 年
石油净进口额与非燃料出口额的比值	4.4	12.5	23.2
石油净进口额与 GDP 的比值	1.3	3.0	5.9

注：a 埃塞俄比亚、加纳、肯尼亚、马达加斯加、塞内加尔、苏丹、坦桑尼亚和赞比亚的平均比值。

资料来源：World Bank（1981）。

二　内部挑战

在过去一个世纪里，非洲遭受的旱灾比世界上任何其他地区都要多（Masih 等，2014）。20 世纪 70 年代和 80 年代非洲遭受了严重的旱灾，同时也是经济困难时期，[①] 鉴于当地经济以农业为主，旱灾的影响非常明显。许多西非国家在 1968—1973 年都经历了旱灾，特别是那些与撒哈拉沙漠相接的萨赫勒国家。那一次旱灾对人口的影响极为严重，以至于被国际社会称为"萨赫勒大旱灾"（ODA，1987）。10 年后，非洲东部的苏丹和埃塞俄比亚也经历了一场极为可怕的旱灾。1983—1985 年的旱灾致使非洲东部地区约 50 万人丧生，即使是位于非洲之角的索马里也未能幸免。肯尼亚于 1984 年经历了严重的旱灾，据专家分析，相较于 20 世纪 70 年代的萨赫勒大旱灾，肯尼亚的旱灾更为严重（ODA，1987）。此次旱灾也影响了博茨瓦纳与莫桑比克等部分南部非洲国家。1983—1984 年，加纳、多哥、布基纳法索和马里等部分西非国家也发生了旱灾（Kasei 等，2010）。1983 年的旱灾破坏性非常大，导致加纳水电大坝的水源——阿科松博盆地出现自 1965 年建成以来的最低流量，

---

　　① 在 20 世纪 80 年代，20 多个国家遭受了不同程度的旱灾，参见 Masih 等（2014）和 World Bank（1989b）。根据 Masih 等（2014），非洲大陆在过去 100 年里记录的旱灾比世界上任何其他地区都多。

严重地影响了电力生产。

严酷的外部经济条件和高人口增长率、旱灾，以及糟糕的经济与社会政策选择所造成的内部困难，致使撒哈拉以南非洲国家除寻求外国贷款维持生存以外别无选择。值得注意的是，20 世纪 60 年代与 70 年代最初签订的借贷合同旨在为发展提供资金，建设自殖民时期起便非常缺乏的物质与社会基础设施。然而此后的债务积累，特别是 20 世纪 70 年代中期之后，则主要是为了应对外部经济冲击造成的宏观经济失衡（Nyerere，1985）。

包括非洲国家在内的第三世界国家通过借贷来缓解经济压力。例如，撒哈拉以南非洲国家 1972 年的债务总额为 60 亿美元，但到 1978 年已经膨胀到 210 亿美元（World Bank，1979）。到 1984 年，外债存量为 1320 亿美元，而 20 世纪 80 年代末的外债存量则高达 1500 亿美元（World Bank，1989a）。第三世界，特别是撒哈拉以南非洲国家的债务危机引发了非洲大陆政治领导人、学者和政策制定者的广泛讨论。[1]

在 1973 年石油危机之前，美国已经让美元脱离了金本位制并允许其汇率浮动，从而使美元价值可以上下波动。与美元挂钩的主要发达国家的货币也开始"浮动"，进而导致这些货币的汇率不稳定。在 1973 年 10 月石油危机前的几个月，发达国家经济已处于衰退边缘，而石油价格的上涨又加速了这一衰退的到来，这一情况直到 1975 年才有所缓解（Frank，1984）。撒哈拉以南非洲国家因国际经济环境困难而面临国际收支平衡挑战，这促使他们向国际金融机构和布雷顿森林机构寻求贷款。发达国家的银行拥有巨额可贷资金，这些资金又大多来自石油生产商在 20 世纪 70 年代石油价格上涨时赚取的丰厚回报，而且他们非常愿意向第三世界国家借贷以获得丰厚的利润。此外，1979—1983 年的第二次世界经济衰退导致对撒哈拉以南非洲国家初级商品需求减少，而商品价格的崩溃进一步导致了对贷款的需求（Frank，1984）。

经合组织国家的经济复苏对多数撒哈拉以南非洲国家来说并没有帮

---

[1]　例如，参见 Ndiaye（1990）、Mengisteab 和 Logan（1991）有关非洲发展银行行长巴巴卡尔·恩迪亚耶（Babacar Ndiaye）的观点。

助。例如，虽然 20 世纪 80 年代中期利率大幅下降，但发展中国家的贸易条件指数急剧恶化（Frank，1984）。国际货币基金组织将非洲经济受到的贸易条件冲击描述为"残忍的"（Helleiner，1983）。联合国贸易和发展会议（UNCTAD）也指出，1987 年非石油商品价格已跌至 20 世纪 30 年代以来的最低水平，这进一步证明了当时国际经济环境的恶劣（Helleiner，1983）。在债务危机期间，格里·K. 赫莱纳（Gerry K. Helleiner）教授于 1983 年写道："在中长期宏观经济危机中，撒哈拉以南非洲经历经济萧条与衰退已经成为常态。1979—1993 年的经济冲击致使最弱小的国家陷入近乎崩溃的状态，即使最强大的国家也陷入了重大的经济与政治困境。"强调外部因素对发展中国家的重要性很有必要，因为有时评论家或学者试图孤立地看待 20 世纪 70 年代和 80 年代的非洲危机，似乎经济衰退的原因完全在国内。尼雷尔总统（1985）非常深刻地说明了这一点，他认为："第三世界现在因自身的贫困而被指责。国际机构与政治评论家对每个国家进行独立分析。它的问题被认为是实行了社会主义、腐败、人民懒惰，以及其他类似的所谓的国家属性。但是，几乎所有第三世界国家，当然也包括那些最不发达的国家，都身处相同困境的事实在很大程度上被忽略了。"

撒哈拉以南非洲国家对少数初级商品的过度依赖导致该地区容易受到发达国家需求的冲击，因为正是发达国家构成了这些商品的主要市场。而经合组织国家强大的农业补贴政策和保护主义系统使殖民时期的安排得以延续，并确保非洲国家继续为原宗主国市场生产未加工的初级商品。工业化国家一直存在关税与非关税制度，其中便包括一整套保护主义的框架，这使得撒哈拉以南非洲国家和其他发展中国家的加工农产品极难出口至这些市场。简单地说，关税会随着加工程度的提高而增加，这种现象被称为关税升级。农产品作为撒哈拉以南非洲经济的支柱，其关税故意比工业产品的关税高得多（OECD，2003）。经合组织的一份出版物中表示，欧洲部分农产品的关税峰值有时高达 200%，平均关税为 60%。除了限制性关税壁垒，这些国家还通过向国内农民提供补贴扭曲其商品市场。在很大程度上，这些暗中存在的贸易政策确保了撒哈拉以南非洲国家继续从事未经加工的农产品贸易（OECD，2003），进而阻碍了该地区出口商品的多样化和附加值的提升（Killick，1992）。

在 20 世纪 70—80 年代，撒哈拉以南非洲是世界上人口增长最快的地区之一。其 20 世纪 60 年代的年均人口增长率为 2.5%，70 年代增至 2.7%，80 年代增至 2.9%。当然，各国的人口增长率有很大的差异。尽管如此，经济危机并没有影响该地区的人口数量。例如，在 20 世纪 70 年代，撒哈拉以南非洲的年均人口增长率为西欧的 5.4 倍，而到 80 年代则几乎是西欧的 10 倍（见表 9.6）。高人口增长率对福利的负面影响非常直观。例如，在资源固定的情况下，人口的无序增长将导致个人可获得的平均资源相应减少。因此，20 世纪 60—70 年代的高人口增长率经常被认为是当时经济衰退和发展成果不佳的原因之一也不无道理。然而，基利克（1992）认为，虽然我们不能把 20 世纪 70—80 年代的困难过多地归咎于人口增长所带来的挑战，但"它使得在极其困难的条件下取得进展更为艰难，并且还放大了政策错误和其他阻碍所带来的不利影响"。1961 年，撒哈拉以南非洲的平均人口密度为 10 人/平方千米，尼日利亚的人口密度最高，为 51 人/平方千米，不过大多数国家的人口密度都低于 20 人/平方千米。1970 年非洲的平均人口密度增至 16 人/平方千米，1989 年更是增至 21 人/平方千米。这确实是令人震惊的是人口扩张速度。

表 9.6　　　　　　　　　1960—2016 年人口增长率　　　　　　　　　单位：%

地区	1960—1969 年	1970—1979 年	1980—1989 年	1990—1999 年	2000—2009 年	2010—2016 年	1960—2016 年
撒哈拉以南非洲	2.5	2.7	2.9	2.5	2.4	2.5	2.6
东亚	2.0	2.1	1.8	1.5	1.1	0.9	1.6
东欧	1.2	0.9	0.7	0.1	0.1	0.1	0.5
拉丁美洲	2.8	2.4	2.1	1.6	1.3	1.0	1.9

续表

地区	1960—1969 年	1970—1979 年	1980—1989 年	1990—1999 年	2000—2009 年	2010—2016 年	1960—2016 年
西亚	2.8	3.0	3.3	2.4	2.1	1.8	2.6
西部分支*	1.4	1.1	1.0	1.2	1.0	0.9	1.1
西欧	0.8	0.5	0.3	0.4	0.5	0.4	0.5
全球	1.9	1.9	1.7	1.5	1.2	1.1	1.6

注：*美国、加拿大、澳大利亚和新西兰。

资料来源：笔者根据 Feenstra 等（2015）的数据计算得出。

虽然外部因素和内部行政约束被认为是导致 20 世纪 70—80 年代经济危机的原因，但也有人认为国内政策的失误导致了危机的发生。例如，1981 年世界银行非洲战略审查小组认为，《伯格报告》指出了政府在四个政策与行政领域的失败。有趣的是，《伯格报告》的核心观点为，撒哈拉以南非洲国家的危机基本上由其自身造成，主要责任应归咎于当地政治家。乔万尼·阿瑞吉（Giovanni Arrighi）教授将世界银行当时的评估描述为纯粹的"内部主义"，即非洲大陆所面临的经济问题是由内部因素造成的，很少或根本不受外部因素的影响。世界银行认为，非洲的危机主要是因为其在以下几方面存在不足：（1）贸易和汇率政策；（2）经济决策；（3）公共部门的组织和管理；（4）政府规模。

大多数国家独立后的贸易和汇率政策，特别是 20 世纪 60—70 年代这一时期的政策无法为农业部门提供有吸引力的激励措施以刺激生产和出口。仅这一项政策失误便对撒哈拉以南非洲国家产生了巨大的影响，因为农业是经济的基石。它雇用了大部分人口，提供了几乎所有的外汇收入，并在国内生产总值中占有很大比例。因此，这一经济"金鹅"在无意中便被扼杀了。在早期，国内汇率被严重高估的情况并不多见。这主要是因为与其贸易伙伴相比，国内的通货膨胀水平较高。通过考察部分国家的实际汇率指数①能够展现被高估的程度。汇

---

① 实际汇率指数是官方汇率除以国内消费价格平减指数与美国消费平减指数的比率。该指数下降表示汇率升值。汇率升值将使一个国家的出口价格竞争力下降。

率被高估会导致一个国家的出口竞争力下降，因此高估的汇率会对出口部门会产生抑制作用，也会对出口贸易造成负面影响。[①] 这一情况在西非国家更为严重，尤其是在加纳和尼日利亚（见表 9.7）。

表 9.7　1973—1983 年部分撒哈拉以南非洲国家的实际汇率指数

国家	1973—1975 年	1978—1980 年	1981—1983 年
喀麦隆	75	58	80
科特迪瓦	81	56	74
埃塞俄比亚	93	64	67
加纳	89	23	8
肯尼亚	88	69	86
马拉维	94	85	94
马里	68	50	66
尼日尔	80	56	74
尼日利亚	76	43	41
塞内加尔	71	60	85
塞拉利昂	100	90	73
苏丹	76	58	74
坦桑尼亚	85	69	51
赞比亚	90	79	86
所有撒哈拉以南非洲国家	84	62	69

资料来源：World Bank（1986）。

殖民时代遗留下来的商品营销委员会（Clarence-Smith，1995）在独立后依然存在，所有生产主要出口农产品的小农户都会被这些委员会课以重税。这些半官方机构垄断了出口商品的销售，但支付给农民的价格往往远低于国际市场价格。[②] 因此，农业部门被视作为快速工

---

　　① 克利弗（Cleaver，1987）讨论了 20 世纪 70 年代汇率过度贬值对撒哈拉以南非洲国家农业生产和出口的影响；参见 Oyejide（1986）对这一时期尼日利亚农业贸易和汇率政策的讨论。

　　② 鲍尔（Bauer，1963）对商品营销委员会的弊端进行了详细讨论。

业化提供资金的现金牛。同时，旨在促进工业化的进口替代和相关保护主义政策也受到了指责。

基利克认为，导致经济下滑的原因是多方面的。不同于世界银行，基利克（1992）指出了五个因素。除了世界银行确定的内部因素，他还加入了外部因素的影响，包括历史与社会结构的负担、家产制国家的倾向以及撒哈拉以南非洲的快速人口增长。关于历史和社会结构的负担这一点，基利克（1992）相当深刻地指出："独立后的政治制度……不是无根的历史孤儿。"

注定失败的经济管理和不合适的贸易与汇率政策，共同导致了严重的财政挑战。虽然这方面的可靠数据很少，但一些更为宽泛的指标表明，20 世纪 70 年代存在严重的宏观经济挑战。例如，经常账户的情况严重恶化，撒哈拉以南非洲大多数国家的国内储蓄总额急剧下降。但必须强调的是，危机年代的财政挑战不能完全归咎于错误的政策选择（Killick，1992）。事实上，在某些情况下错误的国内政策选择使国家容易受到外部冲击。

世界银行强调，整个非洲大陆面临的治理挑战是导致撒哈拉以南非洲发展失败的重要原因。它将这一问题描述为"治理危机"。世界银行（1989b）认为："非洲一连串发展问题的背后是治理危机。治理是指行使政治权力来管理一个国家的事务。由于缺乏制衡力量，许多国家的政府官员仅服务于自己的利益而不必担心被追究责任。面对系统性失败，全能的国家无法对此负责，反而是个人为了自卫建立起私人关系网络进行应对。如此一来，政治就变得私人化，而庇护制就成了维持权力的关键。领导层拥有广泛的自由裁量权，但失去了合法性。信息受管制，而那些非政府组织不是被收编就是被解散。"世界银行（1989b）进一步指出："这种环境无法支撑一个有活力的经济。更糟糕的是，国家会变得强制与专断。"撒哈拉以南非洲国家在不同程度上都被描述为对其经济进行了掠夺。前加纳银行行长、经济学家乔纳森·弗林蓬 – 安萨（Jonathan H. Frimpong-Ansah，1991）将独立后不久的非洲国家描述为一个"吸血鬼国家"。桑德布鲁克和巴克

（1985）通过关注"个人统治"的出现以强调治理危机，并表明治理核心在于对政府领导人的忠诚以及"恩庇—侍从关系与强制力"的发展。

第四节　危机的解决方法

到 20 世纪 70 年代末，全球金融危机明显地造成了世界经济的不平衡。发达国家和发展中国家，如撒哈拉以南非洲国家，必须在新的现实基础上调整经济以重建新的平衡。由于其初始经济与社会条件较差，撒哈拉以南非洲国家经济的结构性弱点被 20 世纪 70 年代中期以来的外部冲击放大，并在 20 世纪 80 年代初变得更加严重。为应对这些经济挑战，不同地区提出了不同的计划，而非洲也有自己的立场。

各种复苏计划的重点之所以不同，主要在于各方对问题的诊断结论不同。阿瑞吉（2002）对不同建议的主要原则做了一个有趣但简短的概述。以世界银行和国际货币基金组织为首的国际金融机构认为"内部"因素是导致经济困难的原因。这些机构将责任完全归咎于撒哈拉以南非洲国家政府，并认为除其他因素以外，消灭农业生产的激励且侵占主要商品出口的错误政策是导致经济崩溃的原因。国际金融机构认为，推行保护主义政策、在某些经济部门实行价格管制、强有力的国家控制和过大的政府规模是反增长与反发展的。这些观点在很有影响力的《伯格报告》得到了体现。贝茨于 1981 年发表的关于撒哈拉以南非洲市场的研究为世界银行和国际货币基金组织的推断提供了额外支持，即糟糕的内部政策是造成经济困难的原因。贝茨认为，独立后的政府没有废除榨取生产者农业剩余等有利于宗主国的殖民政策，反而继续沿用。撒哈拉以南非洲国家独立后的第一批政府将榨取的剩余重新分配给新的受益者，包括它们自己和新的城市精英。但在这一过程中它们破坏了生产的积极性，致使农民处于不利地位。

因此，世界银行和国际货币基金组织对撒哈拉以南非洲国家经济问题提供的解决方案是实施良好的政策。不仅没有考虑这些国家的历史包袱、社会挑战、糟糕的初始经济与制度禀赋，也没有考虑不利于该地区的严酷外部因素。他们认为，内部政策改革就能解决这一问题。贝茨的解决方案是市场需要在经济发展过程中保持不受约束的地位，所以应该允许小规模农业生产者和农民在市场中充分受益。这一以市场为主导的经济发展路径与国际金融机构的立场基本一致。阿瑞吉将国际金融机构和贝茨提出的解决方案分别描述为"内部主义"和"国家最小化"路径。

非洲各国政府自行制定的《拉各斯行动计划》[①]（OAU，1981）体现了一种不同的判断，并强调外部因素在破坏非洲经济方面的重要作用。在报告序言的第一段中，非洲国家领导人宣布了他们的计划："与世界其他大陆相比，非洲对未能兑现全球发展战略的影响有更为强烈的感受。事实上，接连制定的战略不但没有使非洲大陆的经济状况得到改善，反而使其停滞不前，并且比其他地区更易受到发达国家经济与社会危机的影响。因此在过去20年里，非洲既没有获得较高的增长率，也没能在任何重要的福利指数上有显著增长。面对这一情况，需要决意采取措施以重构整个大陆的经济基础，我们将采取主要基于集体自力更生这一具有深远意义的区域发展路径。"

《拉各斯行动计划》是"蒙罗维亚经济发展战略"和关于国家与集体在经济和社会发展中自力更生指导方针的《蒙罗维亚承诺宣言》的后续实施计划，目的是建立新的经济秩序（Adedeji，1984）。这些文件于1979年7月由各个独立的非洲国家决议通过，其目标是创建一个新的国际经济秩序。该宣言的主旨是将非洲从世界经济秩序的边缘地带拉出，将其重新放入更有利的位置。《蒙罗维亚承诺宣言》还主张加强非洲国家之间的合作，建立当地的工业基地以实现经济一体化，并与富裕的北方国家建立公平公正的关系。阿瑞吉认为，非洲的

---

① 在非洲统一组织（Organisation of African Union，OAU）的一次会议上，即1980年在尼日利亚拉各斯举行的第一次领导人经济峰会上，非洲各国元首决议通过了该计划以作为对非洲大陆经济发展危机的本土回应。该计划由阿德巴约·阿德杰迪（Adebayo Adejedi）教授领导的非洲经济学家小组制定。阿德杰迪教授时任联合国非洲经济委员会的执行主任，联合国非洲经济委员会是一个支持非洲经济发展的联合国组织。

立场显然与依附理论有关。该理论认为，资源正从位于"边缘"的弱国与穷国流向位于"核心"的强国与富国，从而使这些国家更为富裕。① 因此，非洲被鼓励自力更生并进行内向型发展，通过调动国家资源以建立自身能力，并加强国家内部一体化与经济合作，最终加快经济发展。

每个旨在解决经济危机的建议都表明，必须进行经济调整，但方法的差异在于其所建议的调整机制不同。非洲统一组织和联合国非洲经济委员会（United Nations Economic Commission for Africa，UNECA）呼吁进行自力更生，并摆脱殖民与新殖民主义政策。但是，非洲中心主义路径没能真正实施，这不仅是因为没有人认真地去尝试，也是因为没有资源支持。

迅速恶化的经济形势和缺乏应对挑战的资源迫使这些国家放弃了非洲本土机构提倡的本土解决方案，转而寻求主要多边金融机构（由发达国家主导的世界银行与国际货币基金组织）的支持。世界银行和国际货币基金组织提出一套经济调整方案，并表示可以提供资源以帮助恢复增长和促进经济发展。经济调整势在必行，因为各国都需要调整经济结构以反映新的全球现实（Jaycox，1989）。各国经济面临重大压力，甚至在基本需求与社会经济服务的供应方面遇到了极大的困难（Jaycox，1989）。如果说有哪个国家在不遗余力地推动结构调整方案的制定，那毫无疑问就是美国。② 在世界银行和国际货币基金组织以及非洲开发银行、亚洲开发银行、美洲开发银行等区域性发展金融机构中，美国在制订调整方案过程中所发挥的主导作用是有据可查的（Welch 和 Oringer，1998）。20 世纪 80 年代初，发展中国家的债务负担导致它们很容易受到来自国际金融机构

---

① 对该理论的回顾参见 Ceuva 等（1976）。

② 美国一直以来都是世界银行和国际货币基金组织的最大股东，并且拥有任命世界银行行长的特权。因此，美国政府对这两个世界上最重要的国际金融机构的意识形态和政策方向有巨大影响这一说法不无道理。参见 Pereira（2013）、Stiglitz 和 Tsuda（2007）、Gwin（1997）和 Kapur 等（1997）关于美国的角色和世界银行战略方向的讨论。

的压力，这使得许多发展中国家除采取国际金融机构的结构调整方案外别无选择。

　　世界银行对于如何最好地解决 20 世纪 70 年代非洲大陆社会与经济挑战的立场在其 1981 年 8 月的一份报告中得到了很好的体现，该报告后来被称为《伯格报告》。该报告试图将非洲决策者的注意力重新集中至生产，而不是政治整合与人力资源发展等基础能力的提升上。世界银行的核心提议与以下三项政策行动有关：（1）更合适的贸易与汇率政策；（2）提高公共部门的资源使用效率；（3）改善农业政策。采用和实施这些政策往往是贷款机构的条件，其目的在于解决经济体所面临的挑战，特别是在国际收支平衡①和国内预算赤字等方面的挑战。更重要的是，一个国家采取国际货币基金组织的方案是其在危机时期获取其他主要发展资金来源的前提条件。因此，那些不愿意签署国际货币基金组织和世界银行方案的国家在事实上就被排除在国际金融市场之外。

　　不同国家面临的挑战不同，以及它们对调整方案的承诺不一，因此有一整套方案可供不同国家选择。这些方案包括：出口波动补偿贷款（Compensatory Financing Facility，CFF）；补偿与应急贷款（Compensatory and Contingency Financing Facility，CCFF）；结构调整贷款（Structural Adjustment Facility，SAF）；以及加强结构调整贷款（Enhanced SAF，ESAF）。1980—1991 年，几乎所有的撒哈拉以南非洲国家都采用了国际货币基金组织提供的方案，只有博茨瓦纳和吉布提没有采用（Riddell，1992）。世界银行和国际货币基金组织的政策条件在政策界和学术界引起了巨大争议，并延续至今。这些政策在非洲和其他发展中国家所产生的社会成本令人震惊（Riddell，1992）。

一　贸易与汇率政策

农业生产和出口的崩溃主要归咎于错误的贸易与汇率政策，这些

---

　　①　当塞拉利昂 1985 年决议通过调整方案时，其外汇储备仅相当于 4 天的进口额。通常来说，外汇储备应为 3 个月的进口额，参见 Hoogvelt（1987）。

政策打击了农民的生产积极性，因此减少了经济作物的出口量。扭曲的汇率也不利于其他以初级商品出口为基础的部门生产，比如采矿业。具体来说，需要对补贴、粮食价格、贸易保护主义制度以及汇率管控等政策进行改革。所要求的政策变更包括：修正许多国家存在的汇率高估情况；增加对所有出口产品，尤其是农产品的价格激励；降低或在多数情况下取消对工业部门的保护；将对经济的控制降至最低限度（World Bank，1981）。

根据世界银行与国际货币基金组织的观点，虽然并不是所有非洲国家的贸易与汇率政策都存在严重错误，但有明显迹象表明存在普遍不足。例如，表 9.7 为非洲国家货币汇率的高估程度提供了一定的洞察。在 1963—1978 年的 19 个非洲国家样本中，有 18 个国家的汇率存在大幅上升[①]。对于前文提及的 3 个国家，其汇率的增长均超过100%。这种情况意味着汇率并没有反映外汇的稀缺性，这一错位造成了外汇短缺，进而鼓励了黑市行为。政策上的补救措施往往是国内货币贬值。这样做的目的是降低本国货币对于进口商品的相对价值，进而提高出口商品的竞争力。结果是，进口商品会变得更昂贵，而出口商品则变得更便宜。

这种休克疗法对贫困人口产生了灾难性后果。J. 贝利·里德尔（J. B. Riddell，1992）生动地描述了货币贬值政策对塞拉利昂普通民众的影响，他讲述了 1986 年塞拉利昂实施货币贬值政策后基本商品与食品价格经历的剧烈变化："一块肥皂从 0.50 利昂涨到 2.00 利昂；一束火柴从 1.50 利昂涨到 4.00 利昂……鸡肉则从 20.00 利昂涨到80.00 利昂。"胡格维尔特（1987）记录了当地居民面对价格突然上涨时的绝望，里德尔（1992）引用如下："It was … as if "tief" had come in the night, all de money done."这是当地语言——皮钦英语，大意为这几乎就像是在夜幕降临后被盗贼抢劫了所有的财产。

---

① 汇率上升时就会升值。

二 经济决策

公共部门的经济决策能力太弱（World Bank，1981）。大多数政府机构缺乏必要的人力资源和有效利用公共资源的手段，例如，规划部门和财政部门的资源和人员配备都很匮乏。但考虑到大多数国家独立时的人力资源禀赋，这一情况是可以理解的。世界银行和国际货币基金组织的政策建议旨在加强程序和制度建设，尤其是在筹备发展项目、评估各部委中负责经济职能的主要政府机构提出的费用申请以及制定经济政策等方面。

项目评估是确定资助项目优先次序的重要步骤。但许多国家除了缺乏训练有素的人力资源进行有意义的项目评估，还缺乏基本数据库和基线研究为这些评估提供信息支持。由于缺乏有效的制度建设，撒哈拉以南非洲国家的财政部门往往没有足够的财政和预算工具，机构负担过重。政府也缺乏政策分析能力，但这些能通过技术支持和培训来获得。

经济进步或发展的核心是国家的私营部门和公共部门对资源的有效利用（World Bank，1981）。除了实体部门和金融部门需有效运作，组织结构还需要效率，管理部门的运作也要不断地调整与改进。在撒哈拉以南非洲的许多经济体中农业是最重要的部门，世界银行支持小型农户的发展是因为缺乏具有管理大规模农场经验的经理人，做得好的也仅为合作社。另外，建议让私营部门越来越多地参与国有企业的管理。自独立以来，这些国有企业非但没有创造盈余为政府在发展方面的举措提供助力，反而不断消耗公共财政。因此，对国有企业的改革被列为优先事项。

世界银行也对政府规模的大小表示严重关切。世界银行关心的是那些原本可用于其他生产部门获取利润的资源会被不恰当地使用。现实情况是，大多数独立后的政府都希望加快经济发展，因此制定了鼓励国家直接参与制造业、贸易、采矿业与农业等生产活动的政策。但出于某些原因，这些国有企业没能实现盈利。更令人担忧的是，从初级商品出口，尤其是从农业中榨取的剩余被用于支持效率低下和正在亏损的国有企业。在基础公共服务方面，这些政策建议政府向用户收取服务成本。这意味着人们必须为政府提供的教育和医疗服务支付费用（World Bank，1981）。这些政策建议认为相较于大量的农村居民，只有一小部分人口，即享有特权的城市居民能获得社会服务。此外，政府运行的成本太高，必须削减。

三　农业政策改革

20 世纪 80 年代，农业对于非洲经济至关重要。数据显示，农业占该地区 GDP 的 1/3—1/2 以上（World Bank，1981）。但世界银行依然认为这一数据被低估了。因此，农业部门作为经济增长最为重要的驱动力，在 20 世纪 70—80 年代的糟糕表现是该地区经济增长不佳的原因。根据世界银行的推论，如果农业问题被解决，经济问题自然就解决了。其对农业部门的改革建议如下：（1）小农户必须成为以增长为导向的农村发展的重点；（2）建立正确的激励结构以吸引或激发小农户的兴趣和技能。这与小型农户所处的整体政策环境——定价、营销和投入品的供应、灌溉、农业研究和推广等有关。

1980—1988 年，大量的撒哈拉以南非洲国家，确切地说有 33 个国家同意接受备用安排贷款①，并有 12 个国家签署协议获得了国际货币基金组织的扩展基金贷款②。此外还有 15 个国家从世界银行获得了结构调整贷款③（ECA，1989）。

根据 20 世纪 80 年代和 90 年代初期出版的各期《国际货币基金

---

① 备用安排贷款（Stand-By Arrangement，SBA）是短期贷款，期限通常为 12—24 个月，目的是帮助各国解决融资需求，帮助实施有利于从金融危机中迅速恢复和促进可持续增长的政策。

② 扩展基金贷款（Extended Fund Facility，EFF）——成立于 1974 年，为受益人提供长期信贷，并为旨在纠正结构性失衡的长期政策方案提供资源。扩展基金贷款有具体的限制条件，以确保旨在解决经济弱点的长期体制改革顺利实施。

③ 结构调整贷款（Structural Adjustment Loans，SAL）和部门调整贷款（Sectoral Adjustment Loans，SECAL）——由世界银行提供（SAF 由国际货币基金组织提供），旨在支持相关政策和制度改革方案，并通过促进结构改革以支持中期国际收支平衡和经济持续增长。

组织调查》，里德尔制定了一份1980—1991年参与国际货币基金组织相关方案的撒哈拉以南非洲国家名单（见表9.8）。虽然世界银行与国际货币基金组织有各自的方案，① 但它们在方案设计上相互密切配合，致使如果其中一个机构对某一国家存有顾虑，这个国家就无法获得另一个机构的贷款。更重要的是，国际上所有的主要资金源往往会从布雷顿森林机构那里得到相关指示。只有博茨瓦纳、塞舌尔等少数几个国家幸免于20世纪80年代席卷非洲的结构调整和稳定化改革。

表9.8　　　　　　　撒哈拉以南非洲国家的稳定和结构调整方案　　　　单位：个

国家	与国际货币基金组织合作				与世界银行合作			总数	首次采取方案的年份
	SBA	SAF	ESAF	EFF	SAL	ERP	SECAL		
贝宁		1			1		1	3	1989
布隆迪	1	1			2		1	5	1986
喀麦隆		1			1			2	1988
中非共和国	6	1			2		1	10	1980
乍得		1					3	4	1987
刚果共和国	2				1			3	1986
科特迪瓦	5			1	3		3	12	1981
刚果民主共和国	6	1					2	10	1981
赤道几内亚	2							4	1980
埃塞俄比亚	1							1	1981
加蓬	2			1			1	4	1980
冈比亚	1	1	1					3	1982
加纳	3	1	1		2	1	4	13	1983

① 出口波动补偿贷款——提供资金以缓解短期进出口价格冲击的影响。该贷款始于1963年；补偿与应急贷款——于1988年取代出口波动补偿贷款，旨在为严重的意外情况提供额外资金。该贷款的申请资格与国际开发协会的标准一样，仅针对贫困国家。补偿与应急贷款存在一套明确的政策承诺作为条件。虽然结构调整贷款往往只能为相关国家的政策改革提供一小部分资金，但它对从巴黎俱乐部等捐赠者和其他金融机构获得额外资金方面至关重要；加强结构调整贷款——始于1987年12月，申请资格与获得国际开发协会贷款的资格相同。其目的在于加强和维持国际收支平衡和经济增长。但是，与其他贷款一样，这些数额更大的贷款仍只是临时解决方案（Boughton，2001）。

国家	与国际货币基金组织合作				与世界银行合作			总数	首次采取方案的年份
	SBA	SAF	ESAF	EFF	SAL	ERP	SECAL		
几内亚	3	1			2		1	7	1982
几内亚比绍					1	1		2	1981
肯尼亚	6	1	1		2		3	13	1980
莱索托		1						1	1988
利比里亚	5							5	1980
马达加斯加	7	1	1				2	11	1980
马拉维	3		1	1	3		2	10	1980
马里	4	1					3	8	1982
毛里塔尼亚	5	1	1		1		3	11	1980
毛里求斯	5				8		1	14	1980
莫桑比克		1	1			3		5	1987
尼日尔	4	1	1				1	8	1983
尼日利亚	2						3	5	1983
圣多美与普林希比共和国		1			1	1		3	1985
塞内加尔	6	1	1	1	4		2	15	1980
塞拉利昂	3	1		1				5	1981
索马里	5	1					2	8	1980
苏丹	3			1				4	1982
坦桑尼亚	2	1					2	5	1980
多哥	7	1	1		3			12	1981
乌干达	4	1	1			2		8	1980
赞比亚	3		1			1		5	1981
津巴布韦	2							2	1981
总计	108	24	11	9	39	9	41	241	

注：ERP 为经济复苏计划（Economic Recovery Programme）。

资料来源：Cornia 等（1992）。

四 对结构调整方案的评估

对于世界银行和国际货币基金组织所支持的结构调整方案的评估，在进行有意义的讨论时必须强调该方案的总体目标。1989 年，在撒哈拉以南非洲国家实施了结构调整方案后，维托里奥·科博和帕特里西奥·罗哈斯（Vittorio Cobo 和 Patricio Rojas，1991）在一份评估各国实施结构调整方案表现的报告中指出，该方案的目标是"恢复经济的可持续增长"和"在减贫方面取得持续进展"。因此有理由认为，必须根据可持续的经济增长和减贫这两个标准来判断各国在调整方案中的表现。然而，这份同时也为减贫确立目标的世界银行报告中，并没有在对国家表现和有效性的评估中加入贫困水平的指标。相反，科博与罗哈斯使用了四个宏观经济指标作为评估标准：增长率、国内储蓄与 GDP 的比值、投资与 GDP 的比值、出口与 GDP 的比值。当回归模型中加入成功的方案外决定因素后，作者得出的结论是：调整贷款计划确实在 20 世纪 80 年代早期，特别是 1985—1988 年提高了 GDP、储蓄和出口的增长率，但投资却下降到 20 世纪 70 年代的水平。我们不能给予该评估太多价值，因为它只关注了一个很短的观察窗口，更为重要的是它没有考虑到调整计划的另一方面，即减贫。在一项十年后的研究中，大卫·多尔和雅各布·斯文森（David Dollar 和 Jakob Svensson，2000）发现，决定结构调整方案这一政策性改革成败的是国内的政治经济因素，而受世界银行控制的变量都无法决定方案的成败。

联合国非洲经济委员会对世界银行所支持的结构调整方案提出了强有力的挑战，同时制定了一套不同的调整方案。联合国非洲经济委员会认为，结构调整方案不仅未能实现预期目标，反而对接受该方案的国家造成了不利的经济、金融与社会影响。根据世界银行[①]自己的

———————

① 例如，世界银行（1989b）利用前后对比分析框架得出的结论是，在实施结构调整方案之后，投资反而出现恶化：年均增长率从 2.7% 下降到 1.8%；预算赤字从 6.5% 升至 7.5%，债务偿还占出口的比例从 17.5% 大幅增加到 23.4%。不过，在预算赤字、经常账户平衡和私人消费方面还是略有改善。

审查和非洲的社会经济指标，可得出的结论是该方案并不完全成功。然而，在世界银行和国际货币基金组织的其他出版物中，与这两个机构相关的研究者[①]声称，结构调整方案已经改善了经济可持续增长的关键指标。在实施结构调整方案的非洲国家，方案对弱势群体产生了巨大的社会影响，甚至联合国儿童基金会（UNICEF）和其他利益相关者都呼吁实施"以人为本的调整"（Andria 等，1987；Stewart，1988）。1991 年，G. J. 易卜拉欣（G. J. Ebrahim）在《儿科杂志》（*Journal of Pediatrics*）的一篇社论中写道："结构调整这一个从经济学借来的短语已经影响了发展中国家数百万人的生活。对国家领导人来说，它引发了粮食暴动、公共服务崩溃以及难以忍受的经济负担等噩梦；而对普通人来说，它意味着勒紧裤腰带、降低生活水平，甚至过早衰老与死亡。"从本质上来讲，世界银行和国际货币基金组织支持的结构调整方案产生了巨大的社会成本和分配成本，尤其是对人口中的弱势群体而言，这一点无可辩驳。这是因为政府不得不减少卫生、教育和其他社会服务的支出以达到国际货币基金组织设定的财政政策目标。至少也可以说，实施这些政策往往使贫困和弱势群体的生活更为悲惨。杰弗里·D. 萨克斯（Jeffrey D. Sachs，1989）和基利克（1984）也是国际货币基金组织结构调整方案的激烈批评者。

联合国非洲经济委员会（1989）在其报告中提出了应对撒哈拉以南非洲经济国家发展挑战的替代方案，即《非洲社会经济复苏结构调整方案替代框架》（*African Alternative Framework to Structural Adjustment Programmes for Socioeconomic Recovery*，AAF-SAP）。联合国非洲经济委员会对于引发危机的原因与世界银行和国际货币基金组织的看法截然不同，因此提出了一系列更深入的措施来应对挑战。其报告的第三章对结构调整方案进行了细致的评估。联合国非洲经济委员会认为，判断结构调整方案的成败必须基于经济、金融和社会三个方面进行考察。在经济方面，联合国非洲经济委员会考虑了以下几方面的影响：

[①]　例如，参见 Jaycox（1989）。

产出表现、贸易自由化对国内生产与消费的影响、结构调整方案对储蓄与投资的影响、储蓄与投资之间的差距。联合国非洲经济委员会确定的其他经济因素还包括结构调整方案对出口规模的影响，以及出口增长是否会转化为更高的出口收入。在金融方面重点关注的是短期宏观经济指标，如通货膨胀、汇率与贸易政策的互补性，以及结构调整方案实施后投资流量的可持续性。社会成本方面的考量包括国内民众对结构调整方案的政治与社会接受程度，以及结构调整方案对教育、健康、营养与就业等的影响。人类发展的必要性被认为是结构转型的关键。对结构调整方案社会方面的评估还需要考虑其分配效应，即人口中弱势群体（老人、儿童、妇女和穷人）的生活水平。结构调整方案在经济和财政方面的成功最多可以说是零散的（World Bank and UNDP，1989；World Bank，1988），但其社会影响显然是灾难性的。

联合国非洲经济委员会的替代方案试图刺激经济复苏和社会经济转型以维持长期的经济增长和发展，而不是过度依赖外部因素。显然，世界银行和国际货币基金组织的方案是临时性的，而且其完全忽视了非洲特有的社会经济结构和发展目标。其前提假设是，只要释放竞争性市场的力量，促进发展资源的有效分配，就可以解决该地区的发展挑战。但联合国非洲经济委员会（1989）认为："促进稳定和结构调整的传统路径无法实现经济复苏和社会经济转型。这是因为促进稳定和结构调整方案所依据的传统模型几乎只强调国内与国际竞争性市场的力量。这一模型在本质上就不适用于非洲，因为非洲的特点是生产结构薄弱且处于不完全的市场之中。此外，方案注重实现内部和外部的财政平衡，却忽视了对经济增长和社会经济转型都很重要的基本结构因素。"

联合国非洲经济委员会的替代方案主旨是确保：（1）提升非洲的生产能力和投资生产率，并使其多样化；（2）改善要素收入分配模式与水平，进而影响生产的动态与模式、扩大国内市场的有效规模，以及缓解大规模贫困；（3）调整支出模式以满足基本需求——粮食自给、减少对进口的依赖、使生产与消费模式同步，以及谨慎的债务管理。因此，联合国非洲经济委员会（1989）提出了一些政策工具，以促进实现替代框架的目标。

此后，随着越来越多的数据出现，有证据表明世界银行和国际货币基金组织的方案并不像这两个机构所宣称的那样成功。[①] 这些方案实际上抑制了经济增长并且伤害了贫困人口，受益的是占据有利位置的一小部分富人（Vreeland，2003）。对于国际金融机构在 20 世纪 70—80 年代实施的目标明确的政策方案是否成功目前尚无定论。然而，在近 30 年后，该地区大多数实施结构调整方案的国家仍然面临严重的经济发展挑战。必须指出的是，在结构调整方案实施期间，该方案在包括非洲在内的发展中国家以及发达国家的学术界和政策制定层都引发了激烈的辩论。强烈的反对意见有时甚至导致实施结构调整方案的相关国家发生暴力抗议活动。[②]

第五节　后结构调整时期：1990—2015 年

在经历 20 世纪 80 年代的艰难岁月后，许多国家的经济增长在接下来的 10 年中得到了恢复。相较于动荡的 20 世纪 80 年代，20 世纪 90 年代的全球经济挑战大幅减少。虽然有 1997 年亚洲金融危机，但其影响远没有 10 年前的全球金融与经济冲击那么大。在政治方面，20 世纪 90 年代出现了柏林墙的倒塌东欧剧变和苏联解体。1991 年，苏联解体；同年，印度开始对经济进行全面改革。冷战结束后，美国和俄罗斯这两个超级大国为争夺附属国而挑起争端，但都已无法像以前那样继续下去。1991 年，欧共体 12 个成员国签署了《马斯特里赫特条约》，该条约对世界经济产生了重大影响。7 年后，11 个欧洲国家开始采用欧元单一货币，并建立了更广泛的经济合作，欧洲在经济上变得更加一体化。

---

① 例如，参见 Pape（1999）。
② 弗里兰（Vreeland，2003）记录了埃及、加纳、印度尼西亚和牙买加发生的反国际货币基金组织暴乱。

世界贸易组织于1995年成立。1994年，加拿大、美国与墨西哥之间签订了北美自由贸易协定。作为全球化的进一步推动力，蒂姆·伯内特－李（Tim Bernet-Lee）于1991年创建了第一个在线网站，仅10年后，使用互联网的全球人数飙升至3亿人（WTO，2008）。

因此，20世纪90年代有一种资本主义在炫耀胜利的感觉，在吹捧市场作用的同时，国家的作用则被降到了经济发展政策的边缘。因此，为推动经济增长和发展，人们把精力集中在确保价格机制能够有效支持市场机构等方面。而国家规模的缩小也导致国家从直接参与经济生产的部门中撤出。所以，努力进行私有化是为了减轻国家在所有经济活动中的负担，并将国家的重点放在提供公共服务和保障私营部门生产商品与服务环境的监管上。

20世纪90年代，重振全球化对改善撒哈拉以南非洲国家的局势并没有帮助，它们的命运仍然与初级商品的出口价格联系在一起。始于20世纪70年代中期的初级商品价格下滑趋势一直持续到20世纪90年代末，这一现象与持续了一个多世纪的初级商品价格循环下降趋势一致。尽管偶尔会有繁荣和萧条，但自1900年以来初级商品的价格就一直在下降（World Bank，2009）。评估结构调整后的非洲发展应该以这些全球经济与政治趋势为背景。

平均而言，尽管非洲在过去10年进行了改革，但其经济在20世纪90年代依然以每年0.2%的速度在萎缩。在20世纪90年代，全球经济表现唯一变差的地区是正在进行经济转型的东欧国家，它们经历了从管控经济到市场经济的转变。在许多情况下，人均GDP低于20世纪60年代和70年代的水平。虽然撒哈拉以南非洲地区的总体表现较为糟糕，但各国之间存在相当大的差别。1980—1999年，大多数进行结构调整改革的国家的人均GDP相较于1980年都有所下降，而1980年恰好是大多数国家刚开始进行改革的时期。尼日利亚是所有撒哈拉以南非洲国家中表现最差的国家之一。1980—1999年，尼日利亚的人均GDP减少了36%（见表9.9），这一结果与20世纪90年代末经历了长期内乱的塞拉利昂与刚果民主共和国等国的情况相当，而刚果民主共和国是一个长期处于暴政与掠夺循环的国家。另一个经历了长期内战的西非国家是利比里亚，该国的人均 GDP 也下降了 78%。成功的经济体包括毛里求斯，它的平均收入在这一时期内翻了一番。对于加纳等人均 GDP 没有减少的国家来说，改革的进展也非常缓慢，人均 GDP 仅有微弱的增长。因此，至少就人均 GDP 而言，大多数国家在经历了 20 年的改革后表现更糟。

表 9.9　部分撒哈拉以南非洲国家的人均 GDP 变化（1980—1999 年）

国家	1980 年人均 GDP（2010 年固定美元）	1999 年人均 GDP（2010 年固定美元）	1980—1999 年的变化（%）
利比里亚	1461	322	−78.0
刚果民主共和国	845	320	−62.1
塞拉利昂	488	293	−40.0
尼日利亚	1957	1253	−36.0
尼日尔	517	339	−34.5
马达加斯加	622	424	−31.9
科特迪瓦	1995	1397	−30.0
赞比亚	1284	929	−27.7
多哥	683	535	−21.7
中非共和国	546	431	−20.9
撒哈拉以南非洲	1451	1154	−20.5
布隆迪	280	235	−16.2
科摩罗	873	746	−14.6
喀麦隆	1323	1152	−12.9
加蓬	12140	10593	−12.7
毛里塔尼亚	1144	1033	−9.7
冈比亚	548	518	−5.5
肯尼亚	898	851	−5.2
马拉维	407	390	−4.2
塞内加尔	886	871	−1.7
刚果共和国	2248	2261	0.6

续表

国家	1980 年人均 GDP（2010 年固定美元）	1999 年人均 GDP（2010 年固定美元）	1980—1999 年的变化（%）
加纳	901	958	6.3
布基纳法索	478	514	7.6
津巴布韦	1175	1318	12.2
贝宁	594	676	13.8
乍得	411	484	17.9
苏丹	807	970	20.2
马里	447	570	27.3
莫桑比克	190	259	36.1
毛里求斯	2265	5150	127.4

资料来源：World Bank（2018）。

　　整个撒哈拉以南非洲地区普遍存在去工业化现象，独立后政府进行的工业化尝试到 20 世纪 90 年代末已经完全停止。工业和制造业对国家产出的贡献大幅削减，出口初级商品反而成为国家的努力方向，但初级商品的价格除了偶尔波动都在下降。例如，在 1980 年结构调整计划改革开始时（World Bank，2001），实体经济投资平均占 GDP 的 24%，但到 1998 年已降至 18%，这恰好是该改革刚结束。储蓄也出现了下降，国内储蓄总额占 GDP 的比例从 1980 年的 26% 下降到 1998 年的 15%。出口占 GDP 的比例也从 1980 年的 33% 下降到 1998 年的 30%。这些结果的出现与作为结构调整方案一部分的市场和价格改革是相悖的。旨在改变初级商品，尤其是农业原材料生产结构的努力到 1998 年却出现了非常大的逆转。工业产值占 GDP 的比例从 1980 年的 39% 下降到 1998 年的 34%。20 世纪 90 年代，撒哈拉以南非洲地区随之而来的去工业化与东南亚国家工业化的稳步发展形成了鲜明的对比。例如，在这一时期，东南亚国家的工业增加值占 GDP 的比例从 38% 猛增至 48%。

　　在历经十年的紧缩政策和公共社会投资削减后，社会经济，特别是医疗保健与教育领域等人力资本发展领域受到大幅冲击且不断恶化，殖民时代后的首届政府在社会服务方面取得的初步成就在很大程度上出现了倒退。

实际收入的恢复到 1999 年之后才开始。该地区中等收入水平的石油出口国在这方面处于领先地位。例如，赤道几内亚的收入累计增加了 100 多倍，尼日利亚增加了 6 倍，刚果共和国增加了两倍多。其他矿产丰富的国家，如赞比亚，也有惊人的增长。1991—2010 年，大多数撒哈拉以南非洲国家的实际 GDP 增长率都有显著增长。但经济经历负增长的国家也有津巴布韦等国（见图 9.1）。就整个地区而言，2000—2009 年，实际人均 GDP 增长率为年均 2.6%（见表 9.1）。商品价格的超级周期在此次经济复苏中的作用不容忽视。促进新增长趋势的因素包括整个撒哈拉以南非洲地区政治稳定的改善，以及近年来大量外国直接投资的流入等。西方媒体对撒哈拉以南非洲国家在独立 60 年后出现新的增长这一叙事广为推崇，甚至还包括部分曾将非洲斥为"绝望大陆"的媒体。[①]

2008 年国际金融危机和随之而来的商品价格暴跌对撒哈拉以南非洲国家的经济是一次负面冲击；然而，与 20 世纪 70 年代的冲击不同，这一次的影响没有那么严重。即使在 2008 年，当外部经济环境不那么有利的时候，撒哈拉以南非洲国家的经济仍然保持了 5.4% 的增长。世界银行认为，这是 40 年来该地区的经济首次连续五年以每年 5% 以上的速度增长（World Bank，2009）。至少在过去 20 年里其经济增长速度比世界上其他地区都更快。这种增长在整个地区都很普遍，并不仅限于资源丰富的国家或石油出口国。值得注意的是，21 世纪头十年的经济增长主要由实体经济投资的大幅增长所支撑。尽管有这些投资，但该地区仍然受到包括发电能力与公路、铁路、港口和码头等交通设施在内的经济基础设施投资不足的阻碍。

---

① 《经济学人》在 2000 年 3 月 13 日的一期刊物上将非洲描述为一个没有希望的大陆；然而到 2011 年，《经济学人》在 12 月 3 日的出版物上转变了先前的立场，认为"跟随亚洲的脚步，非洲将会有真正的机会"。这一转变仅发生在十年间。

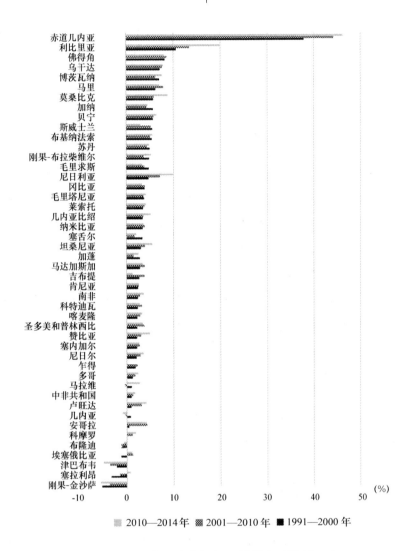

图 9.1　1991—2014 年平均实际 GDP 增长率（按 2011 年
购买力平价美元计算）

资料来源：PWT 9.1。

一　债务管理

撒哈拉以南非洲国家 20 世纪 90 年代的债务情况甚至比其独立后
在 20 世纪 70 年代经历的第一次经济危机还要糟糕。1971 年，该地区
的总体债务负担为 90 亿美元，约占 GNP 的 14%，但到 1985 年已猛

增至 1070 亿美元，占 GNP 的 56%。到 1997 年年底，债务总额高达 2200 亿美元，占 GNP 的 68%。虽然总体债务情况很糟糕，但该地区小国与欠发达国家的情况更为糟糕。仅通过观察外债与出口额之比便能看出情况已经极其严重。例如，1985 年该地区一半的国家（即 47 个国家中有 24 个）的名义债务与出口比超过 250%，另外 20 个国家则至少为 20%（IMF，1999）。其中大部分的债务来自多边与双边机构，只有南非例外，该国的债务大部分来自私人债权方。在这一时期，官方援助，特别是以优惠利率提供的赠款和贷款，约占该地区 1985—1994 年平均 GNP 的 6%。尽管很大一部分是优惠性质的债务，但巨额数量和低迷的经济增长意味着这些国家的财政空间非常小，甚至到了寸步难行的程度。这一时期有大量的外国援助流向该地区。然而，外国援助并不一定是出于受援国的需要。更多的时候，援助受到援助方自身利益的驱动，而且在很大程度上是由它们各自的地缘政治和战略需要决定的。[1] 因此，大多数援助对受援国民众的命运几乎没有影响也就不足为奇了。国际货币基金组织（1999）承认政策改革未能带来明显的经济复苏与增长，它认为"经济稳定和相关的改革往往不足以创造一个有利于增长的经济与制度环境，而且在某些情况下还受到政治不稳定的破坏"。

国际金融机构试图减轻发展中国家不可持续的债务负担，特别是对于撒哈拉以南非洲国家来说，很大一部分债务实际上是在 20 年的稳定与调整方案中积累的。同样，对发展失败的普遍感知[2]也使人们需要找到能刺激撒哈拉以南非洲国家和其他发展中国家经济增长的方法，因为这些国家虽然历经多年的政策改革和紧缩政策，但仍未能取得强劲且可持续的经济增长。1996 年，世界银行和国际货币基金组织

---

[1] 参见 Ocran、Senadza 和 Ossei – Asibey（forthcoming）对于提供援助的理由，以及为什么外国援助对推动经济发展，特别是推动撒哈拉以南非洲国家的经济发展毫无用处等的相关讨论。

[2] 对于正在实施结构调整方案国家中的弱势群体，他们遭受的贫困与痛苦进一步加剧。国际非政府组织和发达国家的公民社会共同向国际金融机构施压，要求对这一现象作出回应。

发起重债穷国（Heavily Indebted Poor Country，HIPC）减债计划，其目的是帮助符合条件的重债穷国将债务负担降至可控水平。[①] 1999年，名为"加强的重债穷国"（Enhanced HIPC）减债计划获得通过。这两个重债穷国计划尝试通过关注卫生和教育等人力资本的发展来解决早期调整计划中的分配缺陷，进而促进共同增长。其具体做法是取消一个国家的债务，但规定将这些原本需要用来偿还债务的资源用于指定的教育和卫生方面的开支。截至2015年，有资格获得重债穷国债务减免的36个国家中有30个位于撒哈拉以南非洲，以债务减免的形式提供的援助高达760亿美元（IMF，2018）。虽然撒哈拉以南非洲国家的经济增长已经反弹，尤其是在20世纪90年代后半期，但很难将这一复苏完全归功于重债穷国减债计划。

　　21世纪头十年末期，一些撒哈拉以南非洲国家为进入国际资本市场以寻求额外资源，开始发行主权债券。除南非外，2010年只有3个撒哈拉以南非洲国家[②]发行主权债券。但4年后，已经有10个国家通过进入国际债券市场来筹集资金。2014年，除南非外，12个撒哈拉以南非洲国家的债务中包含了来自资本市场的债务（见图9.2），而且债券在公共债务和公共担保债务总额中的比例越来越大。2011年，除南非外的撒哈拉以南非洲国家只发行了10亿美元的债券，仅次年这一数字就几乎翻了一番，到2014年，6个国家在市场上的发行债券总额超过了60亿美元（World Bank，2018）。这对撒哈拉以南非洲国家的经济来说是新事物，因为迄今为止这些国家主要还是从多边和双边机构，以及有限的商业银行和私人债权方那里借款。全球化和来自世界富裕地区资本流的增加有利于那些能够获取这些资源的撒哈拉以南非洲国家。因此当涉及中长期资金来源时，除了世界银行和国际货

---

　　① 首先，各国必须有资格获得强化的结构调整贷款和国际开发协会的支持；其次，它们必须在国际货币基金组织与世界银行之前提供的调整方案中表现良好。在获得债务减免计划的全部收益后，外债负担必须是可持续的。符合条件的国家还必须制定减贫战略，并与当地利益相关者进行广泛磋商。有关重债穷国减债计划的益处，参见Claessen等（1997）、Boote和Thugge（1999）、IMF（2018）。

　　② 加蓬、加纳和塞内加尔。

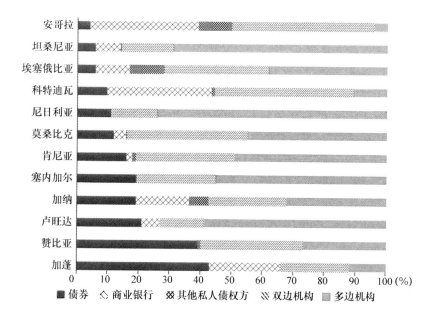

图 9.2 2014 年部分撒哈拉以南非洲国家公共债务和公共担保债务总额
资料来源：World Bank（2018）。

币基金组织，非洲国家现在还有其他的选择。

第六节 挑战依然存在

2000 年后的撒哈拉以南非洲经济显然不同于 20 世纪 70 年代，治理和社会经济指标都有了改善。该地区的许多国家在 20 世纪 90 年代引入多党民主制，而武装冲突在 1993—2014 年大幅减少。特别是自20 世纪 90 年代中期以来，政治治理也有明显的改善。经济自由化促进了大多数国家持续而稳定的经济增长，该地区的平均收入从 1960年的 800 美元增至 2013 年的 1800 美元。[①] 基于此，许多著名经济学家，如福苏认为，非洲的经济与发展成果似乎已经好转。但他接着提

---

① 在测量收入的购买力平价时，以 2005 年作为实际价值的基准年，参见 Fosu（2013）。

出了复苏是否会持续的问题，即"……目前的趋势是否可持续"。尽管最近经济增长强劲，但经济发展的步伐并没有达到预期，且依然存在严重的挑战。挑战之一是高人口增长率，这使得政府在有限的资源下难以提供充足的经济与社会服务。例如，在 37 个撒哈拉以南非洲国家样本中，只有 6 个国家在 1960—2014 年的实际人均 GDP 增长超过了人口增长。同期，科特迪瓦的人口增长了 5 倍多，而毛里求斯的人口增长不到一倍。在这 37 个国家中，32 个国家的人口增长超过了 200%。中非共和国、刚果民主共和国、尼日尔和几内亚这 4 个国家的人口增长超过了 200%，但同期的平均收入在下降（见图 9.3）。考虑到高人口增长率，采取谨慎而有力的人口控制政策能够加速撒哈拉以南非洲国家的人口转型，从而保障经济增长的长期效益，并确保政府能够为其民众提供足够的服务。

在基本服务供给方面也同样存在问题。毛里求斯是撒哈拉以南非洲地区唯一一个能够全民提供饮用水的国家。还有 11 个国家能够为 70% 及以上的人口提供饮用水。在厄立特里亚，只有不到 20% 的人口能够获得饮用水。即使在安哥拉和赤道几内亚等石油丰富的中等收入国家，饮用水的供给情况也很差（见图 9.4）。毛里求斯和塞舌尔这两个岛国 97% 的人口都能用上电；非洲大陆的加蓬和岛国佛得角 90% 的人口可以用电；南非以 86% 的通电率排在第四位；排在第五位的是加纳，该国有 76% 的人可以用电。在 2014 年考察的 48 个撒哈拉以南非洲国家中，14 个国家的通电率低于 20%，大多数国家（48 个国家中有 32 个）仅能为不到 1/2 的人口提供电力服务（见图 9.5）。

虽然在教育方面取得了长足进步，但撒哈拉以南非洲国家仍然受到人力资本存量水平非常低的掣肘。11 个撒哈拉以南非洲国家超过一半的人口为文盲，但也有 11 个撒哈拉以南非洲国家的识字率超过 80%。几内亚是非洲大陆上识字率最低的国家，该国在 2015 年仅 30% 的人口识字（见图 9.6）。尽管如此，需要注意的是，该地区就识字率而言已经有了长足的进步。正如前文所讨论的，如果我们考虑撒哈拉以南非洲国家独立后的初始情况，可以发现撒哈拉以南非洲国家在 1960 年的平均识字率为 16%，而撒哈拉以南非洲半干旱地区的

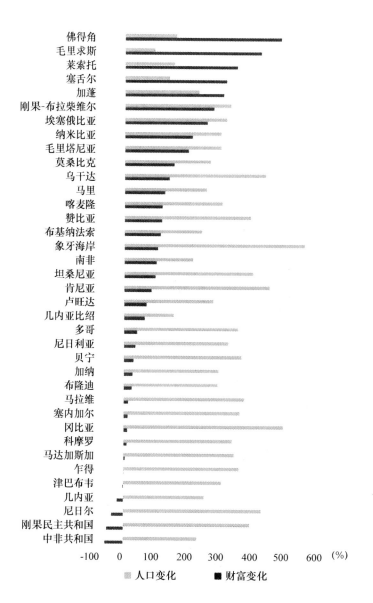

图 9.3　1960—2014 年实际人均 GDP 和人口的变化

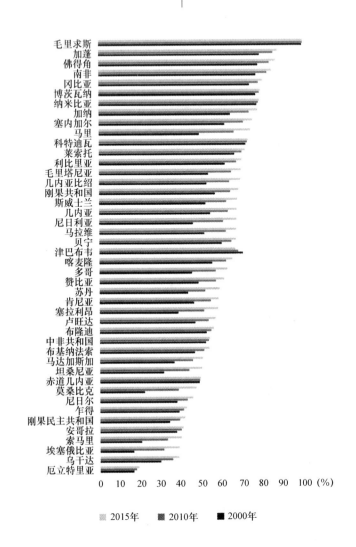

图 9.4　可获得基本饮用水服务的人口占比

资料来源：World Bank，WDI online database。

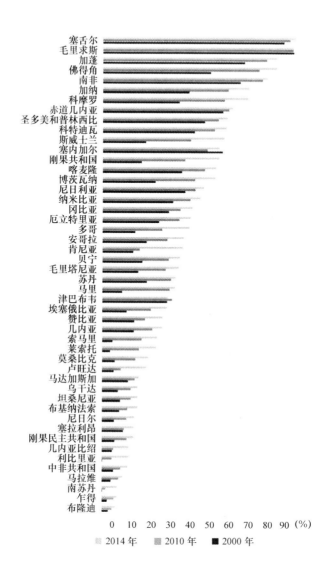

图 9.5　2000 年、2010 年与 2014 年的电力可及性

资料来源：World Bank，WDI online database。

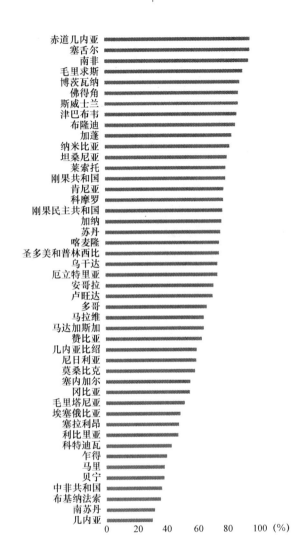

图 9.6　2015 年识字率

资料来源：World Bank，WDI online database。

平均识字率仅为 3%。塞拉利昂 1960 年的人口预期寿命不足 30 岁，但到 2015 年已增至 50 岁。总体来说，大多数国家（48 个国家中有 32 个）的人口预期寿命超过 60 岁（见图 9.7）。虽然一些关键的健康

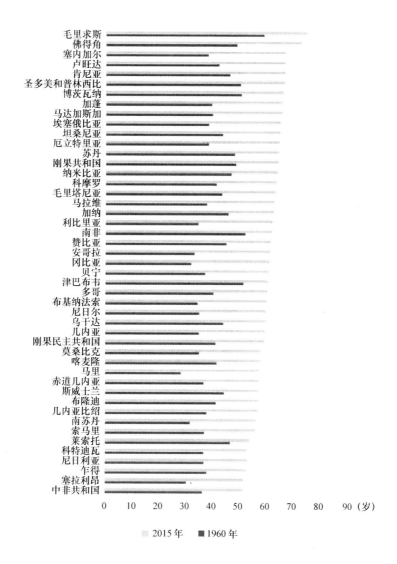

毛里求斯
佛得角
塞内加尔
卢旺达
肯尼亚
圣多美和普林西比
博茨瓦纳
加蓬
马达加斯加
埃塞俄比亚
坦桑尼亚
厄立特里亚
苏丹
刚果共和国
纳米比亚
科摩罗
毛里塔尼亚
马拉维
加纳
利比里亚
南非
赞比亚
安哥拉
冈比亚
贝宁
津巴布韦
多哥
布基纳法索
尼日尔
乌干达
几内亚
刚果民主共和国
莫桑比克
喀麦隆
马里
赤道几内亚
斯威士兰
布隆迪
几内亚比绍
南苏丹
索马里
莱索托
科特迪瓦
尼日利亚
乍得
塞拉利昂
中非共和国

0 10 20 30 40 50 60 70 80 90 (岁)

▨ 2015 年　■ 1960 年

图 9.7　1960 年和 2015 年的预期寿命

资料来源：World Bank，WDI online database。

259

指标与独立时的情况相比有了明显的改善，但总体水平仍然很低（见表9.10）。总之，大部分撒哈拉以南非洲国家的社会经济指标与1960年相比有了很大的提高，但显然，要改善该地区的生活还有很多工作要做。

表9.10　　　　　1960—2010年撒哈拉以南非洲国家

每位医生对应的人口数　　　　　单位：人

国家	1960 年	1970 年	1980 年	1990 年	2004 年	2010 年
安哥拉	14910	8598	—	23753	14925	—
贝宁	25135	29070	16949	19802	25641	16949
博茨瓦纳	24000	15528	8163	—	2571	2976
布基纳法索	90784	97087	54945	—	18519	21739
布隆迪	98033	58480	—	17212	38462	—
佛得角	13067	12136	5666	—	2028	1681
喀麦隆	29587	29412	—	12136	5650	12048
中非共和国	49484	44053	23364	26042	12048	—
乍得	72952	61728	—	—	27778	—
刚果民主共和国	68758	28329	—	15129	9346	—
刚果共和国	16746	9940	—	3622	4505	10526
科特迪瓦	30724	15528	—	11403	8547	6944
赤道几内亚	6000	11641	—	3555	3968	—
埃塞俄比亚	113855	86207	88496	—	37037	45455
冈比亚	23467	24450	—	—	8403	26316
加纳	21505	12903	—	—	6452	10417
几内亚	27509	50761	—	7446	9615	10000
几内亚比绍	22280	19417	7067	—	7634	22222
肯尼亚	10877	8000	—	22173	—	5650
利比里亚	12987	12594	—	—	31250	43478
马达加斯加	8727	10288	—	8354	6369	5102
马拉维	36381	76336	—	45662	47619	52632
马里	69048	44053	25445	19455	11905	11765
毛里塔尼亚	41292	17953	—	15949	9804	7692

续表

国家	1960 年	1970 年	1980 年	1990 年	2004 年	2010 年
毛里求斯	4648	4172	1920	1233	933	832
莫桑比克	23243	18868	39216	82109	40000	21277
尼日尔	90914	60241	—	54348	43478	52632
尼日利亚	58316	19841	8850	—	—	2532
卢旺达	130571	60241	31447	—	20408	18182
塞内加尔	22764	15798	—	18215	18519	16949
塞拉利昂	21142	17825	17301	—	29412	41667
索马里	42090	27248	21692	—	—	28571
苏丹	33878	14641	9099	—	4132	3571
斯威士兰	9588	8058	—	9276	6410	—
坦桑尼亚	18223	22883	—	—	—	125000
多哥	47625	28736	18116	—	22222	18868
乌干达	13558	9217	—	—	12346	8547
英国	1250	1111	769	625	—	371
赞比亚	9348	13643	13228	10917	7813	16667
津巴布韦	4948	6192	6215	7937	6173	15152

资料来源：World Bank（2018）。

二　非正规经济和国内资源调动

非正规经济在撒哈拉以南非洲国家的经济中占有相当大的比例，但该部门往往被忽视，因此很少，甚至根本没有得到政策制定者的关注。例如，国际货币基金组织在一项 2017 年的研究中认为，非正规经济对该地区 GDP 的贡献为 25%—65%，同时占非农业就业的 30%—90%。值得注意的是，近 20 年的高速经济增长与经济结构转型无关，因为农业依然是提供就业的主导部门。然而，伴随而来的则是服务价值链低端部门（尤其是贸易等部门）与非正规部门就业的增加（AFDB，2016），这些部门的生产力往往很低，回报也有限。尽管经济中的非正规部门占比正在降低，但如果能通过专门制定政策来加速这一进程，将对经济增长与发展起到巨大的助力作用（Economist，2017）。

第七节　结论

总而言之，独立的喜悦很快变成了沮丧，因为许多国家在 20 世纪 70 年代石油价格震荡引发国际经济危机后陷入了经济困境。独立后的第一批非洲领导人采取的错误政策对整个地区的经济崩溃负有一定的责任。撒哈拉以南非洲国家内部的经济挑战增加了这些经济体在面对外部冲击时的脆弱性。同时，不公平的国际经济与政治秩序也不利于撒哈拉以南非洲国家的经济发展。总体来说，独立后的非洲国家在 20 世纪 60 年代和 70 年代获得的经济盈余大多被用于执行不力的进口替代工业化政策，以及统治精英和城市阶层的炫耀性消费。无论是左派学者还是右派学者都普遍认同这一观点。[①] 部分学者进一步认为，统治精英在危机时期不仅没能帮助解决问题，反而成了问题的一部分。这些学者指出，"无论他们的意识形态倾向如何，（统治精英）更有可能成为问题的一部分，而不是撒哈拉以南非洲不发达状况的解决方案"（Arrighi，2002）。20 世纪 80 年代的特点是全球金融与经济失衡，主要国际金融机构，如世界银行和国际货币基金组织的口号是"调整"。它们在要求市场发挥更大的作用的同时，也推行旨在进行结构调整的紧缩措施。近年来，撒哈拉以南非洲虽然实施了更为明智的经济政策，但某些短板似乎被忽视了，其中一个就是高人口增长率的问题。在 1960—2014 年，除 5 个国家外，其他所有撒哈拉以南非洲国家的人口增长经常超过经济增长。除非各国政府认识到非洲大陆必须像东亚国家一样快速进行人口结构转型，否则即使经济增长率很高，也几乎不可能提高广大民众的生活质量。

大部分外汇收入依靠少数原材料的出口是另一个需要面对的挑战。首要任务应该是制定可分阶段实施的"明智的"产业政策，既能在初期通过轻工业促进初级出口商品增加值的提升，又能吸纳低技术水平的失业人口。

[①]　贝茨是一位政治经济学家和以市场为主导经济发展模式的坚定支持者，而阿瑞吉和桑德布鲁克则是左倾的政治经济学家。

第 十 章

开拓非洲发展新道路的经验与建议

第一节 引言

根据大多数早期帝国主义和欧洲中心主义历史学家的说法，在欧洲探险家到达非洲大陆之前，非洲没有历史，更不用说经济史了。这些研究者导致非洲是一个完全笼罩在神秘之中的"黑暗大陆"这种观念不断延续。直到 20 世纪 50 年代，西方大学学术机构与非洲学者开始大量寻找证据以否定有关非洲的错误叙事时，历史学术研究中的霸权主义才成功受到挑战。现在，人们普遍承认非洲在第一批欧洲人登陆几百年前就已经拥有相对完善的政治制度和机构。[1] 阿拉伯世界的学者与旅行家留存的考古和文字资料为这一论断提供了充分的证据。

非洲的中世纪历史表明，非洲大陆并不总是贫穷的。其中值得一提的便是非洲国王曼萨·穆萨一世的朝圣之旅。作为有史以来最富有的人之一，曼萨·穆萨一世带着大量财富前往麦加朝圣，这使他在旅途沿线的民众中享有盛誉。此外，人们也知道在非洲西部，即今天的西非地区，撒哈拉沙漠并没有阻碍贸易，反而存在活跃的跨撒哈拉贸易，大量的商品和黄金在其中流通。在西非的早期王国中，甚至还有繁荣的阿拉伯移民区。非洲大陆东部的桑给巴尔地区也有与阿拉伯人

---

[1] 例如，可参考 Godwin（1957）。

交往的记录。在非洲南部，有证据表明在13世纪前后存在大津巴布韦王国，大津巴布韦王国的遗迹留存至今。

虽然奴隶制自古以来都是社会的一部分，但跨大西洋奴隶贸易极为特殊。跨大西洋奴隶贸易数量之大、系统性之强、持续时间之长，对非洲人民在文化、制度与经济等各个方面都造成了难以磨灭的伤害。在超过300年的时间里，跨大西洋经济完全建立在来自非洲的被奴役的男人和女人的劳动基础之上。正是他们的奴隶劳动支撑着美洲和欧洲的农业和矿产经济。这时期大规模的资本积累主要来自美洲种植园和矿区内的廉价奴隶劳动所产生的剩余。工业革命在作为整体的奴隶资本和奴隶经济中获得了巨大利益。因此，当19世纪废除奴隶贸易时，英国城市出现经济崩溃与财富流失也就不奇怪了。英国废除奴隶制的影响非常大，以至于政府不得不对英国奴隶主进行补偿[①]，例如，该补偿金额占1834年英国政府年度支出的40%。伦敦大学学院的尼克·德雷珀（Nick Draper）对英国奴隶主的赔偿问题做了大量研究，他表示，英国在维多利亚时代有多达1/5的富人是通过奴隶经济获得全部或部分财富的。

在废除奴隶贸易后不久，主要的欧洲国家就决定瓜分非洲，进而通过新的合法贸易形式对非洲进行剥削。因此，在1885年的柏林会议中，非洲被英国、法国、比利时、德国、葡萄牙、意大利和西班牙瓜分。第一次世界大战后，德国和意大利等战败国的殖民地财产在国联的支持下被战胜国占领。75年来，大多数非洲国家都受到某个欧洲大国的压制。殖民有三种形式：定居殖民、非定居殖民和特许殖民。所有殖民形式的共同点是土地大规模转让、劳动力和资源开发以及建立剥削机构。今天，在一些非洲国家依然存在的商品营销委员会便是殖民时期剥削机构的遗产。同样，大多数非洲国家存在双重经济，即正规经济和非正规经济，这主要也是殖民主义经济政策的结果。按照殖民时期流行的经济思想，非洲的殖民经济政策不鼓励殖民地存在任

---

① 为管理这一过程，1834年成立了奴隶赔偿委员会（Slave Compensation Commission），参见 Manning（2013）。

何形式的工业化。这是为了确保殖民地成为倾销市场和原材料的来源地，并且在经济上永远依赖宗主国。

非洲国家独立后的初始社会经济资本（通常被称为初始条件）不利于经济发展。例如，当大多数非洲国家在20世纪60年代获得独立时，这些国家的人力资本水平很低，政治制度也较为脆弱。社会经济制度也大多是反经济发展的。最重要的是，非洲各国的人口增长率非常高，这一现象长期不利于经济发展，但即使在独立多年后依然没有引起注意。坦率地说，当非洲国家在20世纪60年代获得独立时，它们实现经济发展的能力已经受到了严重损害。而第二次世界大战后世界上出现的资本主义与社会主义意识形态之争导致这一不利初始条件进一步复杂化。因此，对于那些曾表达过任何左倾政治意识形态的新独立国家，资本主义控制的世界经济秩序都不会对其提供支持。与此同时，大多数新独立的非洲国家已经遭受了西方几个世纪的剥削，并且为政治独立进行了艰苦的斗争，它们自然也不认为西方会是重要的战略伙伴。因此，尼雷尔领导的坦桑尼亚选择名为乌贾马的社会主义发展模式并不奇怪。乌贾马是以村为单位的合作社制度，这种村庄集体主义旨在确保自给自足，并构成了坦桑尼亚独立后的经济发展基础（Jennings，2002）。在20世纪70年代的非洲经济发展论述中，依附理论对世界边缘国家实现经济发展必要性的描述具有很大的影响力。

尽管有理由认为，塑造全球商品与服务市场的国际经济秩序对经济发展，特别是对于世界边缘地区的经济发展有显著影响，但意识形态是否一致的问题也很重要。20世纪70年代原油价格冲击对世界经济的影响，以及该事件对新独立非洲国家的经济所产生的远超预期的破坏性影响便是具体例证。从1980年开始，经济危机使许多非洲国家的经济陷入混乱。这些国家在国内资源不断减少的情况下面临巨大的偿债成本，迫使其不得不向西方主导的国际金融机构寻求帮助，但国际金融机构坚持要求这些国家只有进行经济机构改革才能获得金融援助。需要指出的是，如果没有布雷顿森林机构的批准，其他国际金融机构或西方国家政府都不会提供任何金融援助。最终，在20世纪

80 年代，有 36 个非洲国家承诺接受世界银行和国际货币基金组织提出的 240 项稳定和结构调整方案。

稳定和结构调整方案以新古典主义宏观经济原则为基础，也就是人们常说的新自由主义。布雷顿森林机构提出的政策建议核心是，非洲国家必须允许价格机制决定资源分配，进而实现可持续的经济增长。因此，政府在促进经济发展中的地位被降低，而市场的地位则被提升。但是，资源再分配和对社会弱势群体的支持等其他必要条件都被严重忽视了。在世界银行和国际货币基金组织对非洲发展问题的分析中，非洲的历史遗产几乎被完全忽视。首先，它们认为，非洲的后殖民工业化战略从农民生产者那里榨取了过多的剩余。正是这种扭曲的价格机制对农民进行了过度剥削，也严重阻碍了非洲大陆的发展，必须马上制止。在世界银行和国际货币基金组织看来，国际经济关系等外部力量是次要的，只要这些国家能调整好国内的价格机制，其他所有问题就会解决。

在世界银行和国际货币基金组织为非洲的经济危机提出应对措施之前，非洲统一组织选择支持另一套不同的方案以解决危机。面对无法提供帮助且不利于自身的国际经济秩序，1980 年 4 月启动的《拉各斯行动计划》将实现非洲经济的自给自足置于优先地位。由联合国非洲经济委员会起草的《拉各斯行动计划》与成为世界银行和国际货币基金组织政策建议基础的《伯格报告》形成了鲜明对比。

《拉各斯行动计划》序言的第一段意味深长。它试图为非洲经济发展陷入困境的原因提供一个背景，并寻求制定一条新的发展道路。为此，该计划（OAU，1981）宣称："与世界其他大陆相比，非洲对未能兑现全球发展战略的影响有更为强烈的感受。事实上，接连制定的战略不但没有使非洲大陆经济状况得到改善，反而使其停滞不前，并且比其他地区更易受到发达国家经济与社会危机的影响。因此在过去 20 年里，非洲既没有获得较高的增长率，也没能在任何重要的福利指数上有显著增长。面对这一情况，需要决意采取措施以重构整个大陆的经济基础，我们将采取主要基于集体自力更生这一具有深远意义的区域发展路径。"为进一步实现"集体自力更生"与"能自我维持的发展和经济增长"等目标，有提议表示非洲应该建立一种内向型区域关系，并部分脱离国际经济体系。为此，《拉各斯行动计划》建议在 2000 年之前建立一个非洲经济共同体，这一设想①至今仍未实现。《拉各斯行动计划》的主要特点之一是强调粮食生产的自给自足，但世界银行和国际货币基金组织的相关建议与这一观点大相径庭。这两个国际金融机构认为政策重心应该放在比较优势之上，因为推动粮食生产的自给自足是出于意识形态的要求，而没有合理的经济基础（Founou-Tchuigoua，1990）。

根本上来说，《拉各斯行动计划》提出的是以国家为主导的内向型发展战略，而《伯格报告》提出的则是以市场为主导的外向型发展战略。但最后，世界银行和国际货币基金组织拥有资源和全球经济大国的支持，而非洲统一组织却没有办法为其提案中设想的战略提供资金。在经历了 20 年的经济调整和稳定性改革后，非洲国家在改革前夕所面临的大部分挑战至今依然存在。然而，非洲增长经验的叙事在过去的 15 年里已经发生了变化。虽然对经济增长变化的原因存在不同观点，但人们普遍认为，持续了 10 多年的商品超级周期是此次经济增长的部分原因（Beny 和 Cook，2009；Ndulo 和 O'Connell，2007）。各经济体的私人消费被认为是近期增长的另一个重要决定性因素。令人吃惊的是，在过去 10 年，世界增长最快的 10 个经济体中有 6 个位于非洲大陆（UNECA，2016）。联合国非洲经济委员会（2016）指出了一些有助于解释非洲新增长动力的重要原因，包括非洲暴力冲突的减少、技术的创新，特别是信息通信技术领域的创新、冷战结束后政治环境的改善以及种族隔离制度的崩溃等。

因此，需要关注的问题是，非洲有哪些政策选择可以实现长期的产出持续增长和经济发展。在本章的剩余部分，笔者试图通过借鉴非

---

① 作为非洲统一组织的继承组织，非洲联盟于 2018 年 7 月宣布建立一个涵盖非洲大陆所有 55 个国家的非洲大陆自由贸易区，但具体协议尚待非洲大陆所有政府批准。这被认为是非洲联盟通往成熟经济共同体道路上的第一步。

洲过去与近期的经济历史、经济增长的相关文献，以及东亚经济体成功的发展经验来回答这个问题。回答的出发点是市场原教旨主义无益于非洲经济发展。东亚经济的腾飞充分证明了这一事实。这不仅是联合国非洲经济委员会着重强调的观点，也是笔者在本书中强烈支持的观点。

第二节　经验

一　东亚发展的经验

总体来说，东亚的经济发展奇迹具有一些共同点。然而，仅确认这些特征而不去思考这些成功是如何实现的便过于简单化了。这些成功战略也可以指导非洲建立自己的战略。但首先，我们要回顾一下本书第三章的案例研究中总结出来的促进经济成功或经济奇迹的主要特征。这些是在中国香港、中国台湾、新加坡、韩国以及中国等所有国家或地区中都能观察到的共同特征。这些国家或地区的四个主要特征是：高储蓄率、高人力资本积累、开放贸易，以及稳定的宏观经济。另一个被大多数欧洲中心主义和主流经济学家所忽视的要点是，拥有一个积极的或干预主义的政府。还有一个值得注意的现象是，东亚认识到工业化是经济快速增长和发展的根本。基于这一点，它们通过制定深思熟虑的计划和战略逐步发展工业能力，同时在工业化的每一个阶段辅以相应的人力资本发展。这些都是宝贵的经验。

从根本上说，包括中国在内的东亚经济体都是通过将市场和计划进行细微且复杂的结合而获得了今天的成功。在这些国家和地区的经济发展进程中，政府的作用往往被低估了（Kirkpatrick，2014）。当涉及计划时，唯一的例外是香港。这也是可以理解的。一个国家或地区的经验不能脱离其经济历史。香港自古以来就主要是一个提供贸易服务的转口经济体，且在这一领域已经拥有相当大的实力和比较优势；因此，围绕这一方向制定经济增长战略是很自然的。但撒哈拉以南的非洲地区难以跟随这一发展战略。不过，韩国、中国台湾、新加坡和中国的经历提供了有用的经验，通过对这些经验的调整与再利用能促进非洲未来的增长。

对于东亚的成功经济体来说，每个国家或地区采取改革和战略的顺序是不同的。例如，韩国和中国台湾在早期阶段采用了进口替代工业化战略，而中国香港则一直实行极端自由化的经济管理制度。同样，韩国和中国台湾都将农业改革和粮食自给自足作为其经济发展进程的第一阶段。这是值得注意的。

当这些国家或地区面临严重的失业问题时，劳动密集型工业化战略被证明是成功的，这一战略优先考虑对技术水平要求相对较低，且有能力吸收大量失业者的轻型制造业。工业化对经济发展的作用极为重要。在大多数情况下，非洲国家都将初级商品出口作为其经济的主要支柱。但非洲国家亟须向工业化进行战略转移，即从轻工业逐步向化工与重工业发展。自殖民时期以来，非洲国家一直受困于商品依赖的经济结构中，并且在快速工业化转向方面的尝试严重不足，甚至基本没有进行尝试。

二 非洲的历史

从历史上看，非洲并没有获得一手好牌。几百年前奴隶贸易所带来的破坏性影响仍然挥之不去。非洲大陆不仅错过了与欧洲发展合法贸易的可能性，还错过了工业革命和国际贸易所带来的技术转移效应。奴隶贸易后的长期殖民化也对非洲大陆的发展产生了额外的阻碍。这种阻碍在以发展为导向的制度演变中尤为严重。独立后的非洲国家在为经济发展进行物质和人力资本积累等方面受到了极大的限制。这些国家在这一过程中做出了错误的政策选择，即使其中部分政策目标是好的，但由于执行不力，往往产生了不好的结果。对于经济二元结构（正规经济和非正规经济），必须了解其历史发展才能有效推动非正规经济进入主流经济。

三 增长的事实

经济学理论提供了广泛的政策选择范围。在一个极端，我们有新古典主义式的政策选择，认为价格机制本身就足以确保资源在任何特定的经济中都能得到有效的配置。换句话说，如果市场在追求资源配置方面不受约束，发展型国家的所有需求都可以得到满足。然而众所周知的是，我们不一定有完全竞争的市场，特别是对于公共产品来说。偏离完全竞争市场这一理想状态在发展中国家尤为严重。关于理性预期的论点也是一个充满争议的假设。我们实际拥有的仅仅是一种有限理性，即个人的决策受到有限信息和认知能力的限制，以及做出特定决策的时间限制。

我们需要的是一个民主的发展型国家，不仅要用胡萝卜和大棒刺激市场，还要积极参与经济中，以确保稳定和强劲的增长直至经济腾飞。在大多数亚洲国家与地区的发展经验中，他们从一开始并没有完全自由化的经济。全面自由化是在取得不可逆的发展后，且国内经济已经准备好与世界其他国家竞争时才开始的。

与亚洲国家与地区不同的是，大多数发展中国家，特别是非洲国家，一开始就背负着沉重的债务负担，而且人力资本和物质资本的初始条件很差，这些因素导致这些国家丧失了对外国直接投资的吸引力。在非洲独立后，一个恶性循环开始了：在造成了上述糟糕状况后，西方跨国公司和商业团体发现一旦非洲寻求自立，在非洲开展合法且不受限制的商业活动就不再具有吸引力了。

第三节　持续增长和发展的建议

通过借鉴历史和 21 世纪成功国家或地区的经验可以发现，非洲国家不可能仅仅依靠市场和价格机制来实现快速的经济增长和发展。需要采取的是一种切合实际的混合方法，在利用市场有效配置的同时，利用计划解决短板问题，并积极参与那些市场不能也不愿意参与但能促进发展的关键经济领域。尽管西方世界和工业化国家能快速指出市场的优越性，但一旦涉及其自身的经济行为时，他们并不完全诚实。例如，欧盟、美国和日本对自身农业市场的长期保护充分说明其对于市场在经济的作用存在双重标准。值得一提的是，大多数撒哈拉以南非洲国家都是初级商品生产国，可以从发达国家更开放的农业市场中获得巨大的利益。双重标准更为明显的是，当发达国家不断鼓励和恩惠非洲国家对各种进口商品开放市场时，非洲国家却被这些大经济体的农业市场拒之门外。通过设置多种关税和非关税壁垒，发达国家以非常隐秘的方式保护本国农业市场（Svenungsson，2016；Bestbier，2016；Tralac，2010；OECD，2005）。欧盟的共同农业政策是欧洲试图保护其农民免受包括非洲在内的发展中国家农产品出口商竞争的一个例证。日本也有一个错综复杂的关税和非关税壁垒体系来保护其国内农业免受竞争。以 2011 年为例，日本对大米进口征收的关税为 800%。

非洲必须确保其在与国际伙伴就贸易问题交涉时保持共同的立场。如果没有形成一个共同且统一的贸易政策立场，单个国家就不可能获得有实际意义的让步。非洲国家的贸易谈判人员经常从他们本应在各种国际贸易组织中进行谈判的发达国家那里获得技术援助。这更像是一场闹剧，而且更为重要的是，非洲国家要明白这些协议的重要性，并且通过行动来证明它们的立场。

从古至今，各国都在追求符合其国家利益的行动。现在，非洲是时候要认识到这一基本原则的重要性，并且需要意识到其处于竞争激烈的世界中。虽然重商主义意识形态在多年前就已经失去了吸引力，但大多数发达国家仍然实施着隐蔽的重商主义政策。这就是为什么美国和英国不会向他们认为不友好的国家出售武器和部分技术。在追求经济发展的议程中，非洲必须在某种程度上更加自我中心主义。在不一定疏远国际伙伴的情况下，非洲国家需要以合理的方式遏制那些能够无障碍进入本国市场进而损害本国人民和企业的极端自由主义政策。在回顾了本书各章之后，一些值得考虑的具体建议如下。

一　遏制人口快速增长

非洲经济发展的重要障碍之一是整个大陆人口的快速增长，仅有少数国家例外。例如，1960—2014 年，除佛得角、毛里求斯、莱索托、塞舌尔和加蓬 5 个国家以外，撒哈拉以南非洲国家的人口增长都超过了经济增长。就经济增长而言，20 个表现较差的非洲国家在过去 54 年间的平均收入几乎没有翻倍，但其中 5 个国家的人口规模扩大了 4—5 倍。科特迪瓦 2014 年的人口是 1960 年的 5 倍多，但其平均收入与 1960 年的水平相比几乎没有翻番。尼日尔、刚果民主共和国和中非共和国的平均收入出现下滑，但人口规模却增加了。

重要的是，非洲国家应将人口增长问题视为经济发展的一个重要前提条件。政府必须制定人口政策和战略来应对这一挑战，并且应该有意识地努力控制人口增长。高生育率和低死亡率并不能加速实现人口结构的转型。事实上，除非人口的快速增长得到遏制，否则所有确保长期经济增长和发展的努力都将受到严重影响。

大卫·布鲁姆和乔斯林·芬利（David Bloom 和 Jocelyn Finlay，2008）的研究证明，东亚经济体的经济增长奇迹部分是因为这些国家实现了从高生育率向低生育率的快速过渡。因此，一个加快非洲人口结构转型的具体计划至关重要。在非洲当前的发展决策中，人口控制并没有占据重要位置。如果没有一个切实可行的人口控制计划和战略来遏制高人口增长率，为实现经济发展所做的一切努力都不会有什么结果。东亚经济体的经验表明，快速的人口结构转型是这些经济体实现经济增长奇迹的关键。事实上，有人认为中国的经济奇迹主要受益于快速的人口结构转型。

二 为资本形成创造国内剩余

虽然对长期可持续经济增长的驱动力存在不同的观点，但对于资本积累在经济增长过程中的关键性作用，文献都持一致观点。在案例分析中，每一个成功的东亚经济体都拥有高储蓄和高投资水平，这说明资本在经济增长和发展中具有关键作用。因此，不仅理论和经验证据表明储蓄和投资对长期可持续经济增长非常重要，而且东亚的发展现象突出了这一重要事实。资本需要为经济中的投资提供资金以产生可用于消费和储蓄的经济产出，然后这些经济产出又可作为资本进行积累，进而实现持续资本积累的良性循环。所以很明显，非洲国家必须进行资本积累以维持长期的经济增长。但当前面临的问题是，对于像非洲这样资本匮乏的经济体，我们应该从哪里开始？东亚成功经济体的经验表明，应该有能够创造国内资本的方法。虽然贷款和援助等外国资本可能有助于资本形成，但这不能成为长期可持续经济增长所需的主要资本积累驱动力。

发展型国家可以利用国家垄断进行资本积累。在非洲大陆的许多国家，电力等公共设施、港口（空港和海港），以及许多关键服务都是由国有企业提供的。如果这些企业盈利，那就是一个潜在的促进资本形成的资源。但在许多情况下，这些机构反而成为国家预算的负担和消耗。以新加坡为例，其国有企业在促进发展的资本积累中发挥了重要作用（Cheng-Han 等，2015）。这些公司通常被称为政联公司（Government-Linked Companies，GLC），这为非洲提供了重要的经验。政联公司由政府控股的投资公司淡马锡（Temasek）部分或全部持有。2011 年，淡马锡公司占新加坡经济产出的 20%（Kirkpatrick，2014）。多年来，淡马锡公司的财务表现多次优于新加坡的市场平均水平。这证明政联公司的管理非常好。

另外，创造长期资本以促进总体资本形成的重要战略是设立中央养老基金，并且用法律规定所有的工人都需缴费。中国的国有企业是另一例证，政府可以利用对生产性企业的所有权作为资本积累的工具。因此，为促进经济发展，非洲国家必须确定筹集资本的国内来源。外国资本只应被视为一种补充，而不是资本的主要来源。

三 促进非正规经济向主流经济转型

非洲经济的历史为非洲国家经济结构存在二重性提供了深入的洞察。非洲庞大的非正规经济需要获得政策制定者和发展规划者的关注。非正规部门应该被纳入主流经济，除了获得制度上的支持，还应该同正规经济部门一样享有其他的所有支持。非正规部门拥有巨大的潜力，必须加以利用来促进经济发展。这要求投入更多的努力以进一步了解该部门存在的挑战和具有的潜力，并制定相应的政策。如果因为缺乏了解而忽视一个重要的经济部门，那将非常可惜。对于促进税收和就业，一个融入主流的非正规经济将拥有巨大潜力。

非洲的非正规经济的规模差异很大（Medina 等，2017）。不同国家的非正规经济规模各不相同，毛里求斯、南非和纳米比亚等国的非正规经济占比较低，仅占 GDP 的 25%，但有的国家超过了官方估计的 GDP 的一半。例如，尼日利亚拥有世界上最大的非正规经济，其规模高达 GDP 的 65%。虽然自 20 世纪 60 年代获得独立以来，非洲国家的非正规经济规模有所下降，但下降的速度非常缓慢。通过集中努力促进非正规部门的商业活动向正规部门快速过渡，可为非洲大陆的经济发展做出巨大贡献。旨在提高非正规部门生产力的政策不仅能够增加其对经济的贡献能力，还能加速其向主流经济的过渡。

四　工业化和工业政策

非洲独立后的第一代领导人明白工业化在经济发展过程中的关键作用。恩克鲁玛等领导人曾实行过进口替代工业化政策，通过汲取农业剩余并将其投入设想中的更有生产力的制造业，最终促进资本形成总额的增长。加纳的第一个七年发展计划便将制造业视为重要支柱，但由于在工业化进程中出现了严重错误，在 20 世纪 70 年代出现经济危机后，布雷顿森林机构将停止工业化作为向这些国家提供财政援助的条件之一。在这一过程中，许多国有企业被私有化。对于在 20 世纪 80 年代采取稳定和结构调整政策的大多数非洲国家，国有企业的私有化再一次出现。

联合国非洲经济委员会于 2013 年撰写了一份题为"非洲的工业政策转型"的报告，再次强调了工业政策在发展进程中的关键作用。联合国非洲经济委员会认为，没有任何国家的发展能缺少工业化的长足进步，并再次指出，如果想要发展经济，非洲就必须更加认真地关注工业化问题。通过制定可行的工业政策，将制造业转变为经济发展的引擎，可以最终实现工业化目标。

联合国副秘书长卡洛斯·洛佩斯（Carlos Lopez）在为这份有关工业化的报告撰写引言时指出，"当非洲国家准备好在未来的全球经济中占有一席之地时，我相信我们真正有机会通过工业化进程促进经济转型，这不仅需要利用非洲大陆丰富的自然资源，增加其附加值，同时也要支持新兴工业的发展"。通过借鉴历史，他进一步论证到："从18世纪的英国到最近韩国、中国台湾或新加坡等的成功经验，历史证据表明积极的工业政策对推进国家经济发展至关重要。如果国家没有起到引导发展的作用，中国令人瞩目的崛起就不可能出现，这一现象引发了极大的关注，并存在大量的文献研究。"

非洲实现工业化是有可能的，且必须实现。非洲需要在追求工业化的过程中坚持自己的立场。任何发达国家及其相关机构都没有能力与意愿在这条道路上帮助非洲，特别是一心想要推行"美国优先"保护主义政策的新任美国政府。事实上，富裕的发达国家一直都在保护其经济薄弱部门，欧盟的共同农业政策就是例证。因此，重要的是非洲国家应毫无顾忌地推进联合国非洲经济委员会所谓的"聪明的保护主义"措施——关税、补贴、外国直接投资和非贸易相关的政策，这些措施不属于世界贸易组织规则和其他支持工业化的多边协议范畴之内。除了韩国、中国台湾、新加坡和中国的经验，越南近期在重工业领域的成功，特别是在造船业方面的成功，也很有启发意义。越南对创建和支持造船业实施的干预政策帮助其在12年内成为世界上第七大造船国。一个积极的政府有能力处理经济中的协调失灵，而市场则没有这一能力。

五 宏观经济的稳定性

稳定的宏观经济是快速和持续经济增长的必要条件。而且就价格稳定而言，这一点尤其正确。一个低通货膨胀的环境非常重要。正如东亚的成功案例表明，这些国家或地区在高速增长的年代里一直保持着稳定的价格。甚至直到今天，新加坡、中国台湾、中国香港和中国的通货膨胀水平仍然非常低。虽然韩国在维持低通胀水平方面没有像其他国家或地区那样成功，但也处于合理的低通胀水平。因此，非洲国家在任何时候都必须确保对宏观经济的谨慎管理，以创造一个有利于经济增长和发展的宏观经济环境。

最后，笔者想重申联合国非洲经济委员会的观点。联合国非洲经济委员会认为非洲国家必须鼓起勇气摒弃传统理念，将命运掌握在自己手中。在过去50年，成功的都是那些能够摒弃传统理念、努力将自身从欠发达国家提升至工业化水平的国家。这些都是值得思考的实践经验。

参考文献

Abbâs F. , *Le jeune Algérien*, Paris: Éditions de la Jeune Parque, 1931.

Abramovitz M. , "Catching Up, Forging Ahead, and Falling Behind", *The Journal of Economic History*, Vol. 46, No. 2, 1986.

Abramovitz M. , *Thinking About Growth and Other Essays on Economic Growth and Welfare*, Cambridge: Cambridge University Press, 1989.

Addison T. , Mavrotas G. , and McGillivray M. , "Aid to Africa: An Unfinished Agenda", *Journal of International Development*, Vol. 17, 2005.

Adedeji A. , "The Lagos Plan of Action and the Monrovia Declaration for African Development—5 Years on", A Paper Presented at the ECA/Dalhousie Illinois Conference on the Lagos Plan of Action and Africa's Future International Relations: Projections and Implications for Policy Makers, Halifax Nova Scotia, Canada, 1984.

AFDB, *African Development Report 2015—Growth, Poverty and Inequality Nexus: Overcoming Barriers of Sustainable Development*, Abidjan, Cote d' Ivoire: African Development Bank, 2016.

Again P. , and How P. , "A Growth Model of Growth Through Creative Destruction", *Econometrica*, Vol. 62, No. 2, 1992.

Ahiakpor J. C. W. , "The Success and Failure of Dependency Theory, the Experience of Ghana", *International Organisation*, Vol. 39, No. 3, 1985.

Akpan M. B. , "Liberia and Ethiopia, 1880 – 1914: The Survival of Two

African States", in Boahen A. A. (ed), *General History of Africa: Africa Under Colonial Domination 1880 – 1935*, Vol. VII, Paris: United Nations Educational, Scientific and Cultural Organisation, 1985.

Andre Gunder Frank, "The Development of Underdevelopment", *Monthly Review*, Vol. 18, No. 4, 1966.

Andrews C. M., "Anglo-French Commercial Rivalry, 1700 – 1750", *American Historical Review (April)*, 1915.

Andria G. A., Jolly R. and Stewart F., *Adjustment with a Human Face: Protecting the Vulnerable and Promoting Growth*, Vol. 1, Oxford: Clarendon Press, 1987.

Arku G., "The Economics of Housing Projects in Ghana, 1922 – 1966", *Planning Perspectives*, Vol. 24, No. 3, 2009.

Arndt H. W., "Economic Development: A Semantic History", *Economic Development and Cultural Change*, Vol. 29, No. 3, 1981.

Arrighi G., "The African Crisis: World Systematic and Regional Aspects", *The New Left Review*, Vol. 15, 2002.

Ash B. C., "Forced Labour in Colonial West Africa", *History Compass*, Vol. 4, No. 3, 2006.

Austen R. A., "Economic Activity in French West Africa: Commentary", *Proceedings of the French Colonial Historical Society*, Vol. 2, 1977.

Austin G., "African Economic Development and Colonial Legacies", *International Development Policy/ Revue Internationale de Politique de développement*, Vol. 1, 2010.

Barro R. J., "Economic Growth in a Cross-Section of Studies", *Quarterly Journal of Economics*, Vol. 106, No. 2, 1991.

Bates R. H., *Markets and States in Tropical Africa: The Political Basis of Agriculture Policy*, Berkeley: University of California Press, 1981.

Bathily A. and Meillassoux C., "Relations Between the Different Regions of Africa", in Elfasi M (ed) and Hrbek I (assist ed), *General History of*

Africa: Africa from the Seventh to the Eleventh Century, Vol. Ⅲ, UNESCO, San Francisco, CA: Heineman, 1988.

Bauer P. T. , *Vicious Cycle of Poverty*, Weltwirtschaftliches Archiv, Bd. 95, 1965.

Bauer P. T. , *West African Trade* (Reissue), London and Routledge: Kegan Paul, 1963.

Beckert S. , *Empire of Cotton: A Global History*, New York: Vintage Books, A Division of Penguin Random House, 2014.

Beny L. N. and Cook L. D. , "Metals or Management? Explaining Africa's Recent Economic Growth Spurt", *American Economic Review*, No. 2, 2009.

Berg E. J. , "The Economic Basis of Political Choice in French West Africa", *The American Political Science Review*, Vol. 54, No. 2, 1960.

Berque A. , "Un Mystique Moderniste: Le Cheikh Benalioua", *Revue Africaine*, Vol. LXXIX, 1936.

Bestbier R. H. , *Factor's Influencing the Trade Patterns of South Africa's Fresh Apple Exports, with a Focus on Non-tariff Barriers*, Unpublished Masters Research Thesis Submitted to the University of Stellenbosch, South Africa, 2016.

Betts R. F. , "Methods and Institutions of European Domination, Revised by Assiwaju M. ", in Boahen A. A. (ed), *General History of Africa: Africa Under Colonial Domination 1880 – 1935*, Vol. Ⅶ, Paris: United Nations Educational, Scientific and Cultural Organisation, 1985.

Block M. , *Feudal Society*, Ⅱ, translated by Manyon L. A. , London: Routledge and W. W. Norton, 1965.

Bloom E. B. and Finlay J. E. , "Demographic Change and Economic Development in Asia", *PDGA Working Paper*, No. 41, Programme for Global Demography and Ageing, Harvard University, 2008.

Boahen A. A. , "Africa and the Colonial Challenge", in Boahen A. A. (ed),

General History of Africa: *Africa Under Colonial Domination 1880 – 1935*, Vol. Ⅶ, Paris: United Nations Educational, Scientific and Cultural Organisation, 1985.

Bock K. E. , "Theories of Progress and Evolution", in Cahnnman W. J. and Boskoff A. (eds), *Sociology and History*, New York: The Free Press, 1964.

Bolt J. , Inklaar R. , de Jong H. and van Zanden J. L. , "Rebasing Maddison's New Income Comparisons and the Shape of Long-Run Economic Development, Maddison Project Database", *Maddison Project Working Paper*, No. 10, 2018.

Bonvill E. W. , *The Golden Trade of the Moors*, Oxford: Oxford University Press, 1968.

Boote A. R. and Thugge K. , *Debt Relief for Low Income Countries*: *The HIPC Initiative*, Pamphlet Series No. 51, IMF, Washington, DC, 1999.

Boughton J. M. , *Silent Revolution*: *IMF 1979 – 89*, Washington, DC: International Monetary Fund, 2001.

Bowles, Paul, "Adam Smith and the Natural Progress of Opulence", *Economica*, New Series, Vol. 53, No. 209, 1985.

Brett E. A. , *Colonialism and Underdevelopment in East Africa*, New York: Nok Publishers, 1973.

Bruce Mazlish, "The Idea of Progress", *Daedalus*, Vol. 92, No. 3, 1963.

Cahyadi G. , Kursten B. , Weiss M. and Yang G. *Singapore's Economic Transformation*, Singapore Metropolitan Economic Strategy Report, Global Urban Development: Prague, Czech Republic, 2004.

Cairns T. , *Barbarians*, *Christians and Muslims*, Cambridge: Cambridge University Press, 1971.

Catherine Coquery-Vidrovitch C. , "Economic Development in French West Africa", in Konczacki Z. A. and Konczacki J. M. (eds), *Economic His-*

tory of Tropical Africa, Vol. 2: The Colonial Period, London, NJ: Frank Cass Books, 1977.

Catherine Coquery-Vidrovitch C., "The Colonial Economy of the Former French, Belgian and Portuguese Zones, 1914 – 35", in Boahen A. A. (ed), General History of Africa: Africa Under Colonial Domination 1880 – 1935, Vol. Ⅶ, Paris: United Nations Educational, Scientific and Cultural Organisation, 1985.

Catherine Coquery-Vidrovitch C., "The Upper-Sangha in the Time of the Concession Companies", in Eves H. R., Hardin R. and Rupp S. (eds), Resource Use in the Tri-National Sangha River Region of Equatorial Africa: Histories, Knowledge Forms and Institutions, Bulletin 102, New Haven: Yale University Press, 1998.

Ceratto S., "Savings and Economic Growth in Neoclassical Theory: A Critical Survey", Cambridge Journal of Economics, Vol. 23, 1999.

Ceuva A., Villamil J and Fortin C., "A Summary of the Theory and Problems of Dependency Theory", Latin American Perspectives, Vol. 3, No. 4, 1976.

Chang D. W., "US Aid and Economic Progress in Taiwan", Asian Survey, Vol. 5, No. 3, 1965.

Chan S. and Clark C., "Economic Development in Taiwan: Escaping the State-Market Dichotomy", Environment and Planning C: Government Policy, Vol. 12, 1994.

Chase-Dunn C., and Grimes P., "World-Systems Analysis", Annual Review of Sociology, Vol. 21, 1995.

Chenery, H. B., and Syrquin, M., Patterns of Development, 1950 – 1970, Oxford University Press, 1975.

Chenery, H. B., Comparative Advantage and Development Policy, Cowles Foundation Discussion Papers 106, Cowles Foundation for Research in Economics, Yale University, 1960.

Chenery H. B. , Taylor L. , "Development Patterns: Among Countries and Over Time", *The Review of Economics and Statistics*, Vol. 50, No. 4, 1968.

Cheng-Han T. , Puchnial D. W. , and Varottil U. , "State Owned Enterprises in Singapore, Historical Insights into a Potential Model for Reform", *Working Paper 2005/03*, National University of Singapore, 2015.

Cissoko S. M. , "The Songhay from the 12th to the 16th Century", in Dianne D. T. (ed), *General History of Africa IV: Africa from the Twelfth to the Sixteenth Century*, UNESCO, San Francisco, CA: Heineman, 1984.

Claessen S. , Detragaiche E. , Kanpur R. and Wickham P. , "HIPC Debt: A Review of the Issues", *Journal of African Economies*, Vol. 6, No. 2, 1997.

Clarence-Smith W. , "Cocoa Plantations in the Third World, 1879 – 1914", in Harris J. , Hunter J and Lewis C. (eds), *The New Institutional Economics and Third World Development*, London: Routledge, 1995.

Cleaver K. , "The Impact of Price and Exchange Rate Policies on Agriculture in Sub-Saharan Africa", *Staff Working Paper 723*, World Bank, Washington, 1987.

Cobo V. and Rajas P. , "World Bank-Supported Adjustment Programs: Country Performance and Effectiveness", *Working Papers WPS 623*, World Bank, Washington, DC, 1991.

Collins R. , "A Comparative Approach to Political Sociology", in Reinhard Bendix, et al. (eds), *State and Society: A Reader in Political Sociology*, Boston: Little, Brown, 1968.

Commission for Africa, "Our Common Interest", *Report for the Commission for Africa*, March, 2005.

Connah G. , *African Civilisations—An Archaeological Perspective*, 3rd ed. , New York: Cambridge University Press, 2016.

Cornia G. A. , van der Hoeven R. and Mkandiweri T. , *Africa's Recovery in the 1990s: From Stagnation to Adjustment and Development*, UNICEF, International Child Development Centre, Florence, Italy, 1992.

Coulborn R. , *Feudalism in History*, Princeton: Princeton University Press, 1956.

Crowder M. , *West Africa Under Colonial Rule*, London: Hutchinson, 1968.

Cunningham W. , *The Growth of English Industry and Commerce in Modern Times* (6*th edition*), Cambridge, England: Augustus M. Kelley, 1925.

Curtin P. D. , *The Atlantic Slave Trade: A Census*, Madison: University of Wisconsin Press, 1969.

Curtis P. D. , "The Slave Trade and the Atlantic Basin: International Perspectives", in Huggins Nikilson M. and Fox D. M. (eds), *Key Issues in the Afro-American Experience*, Vol. 1, New York: Harcourt Brace Jovanovich, 1971.

Daenell E. , "The Policy of the German Hanseatic League Respecting the Mercantile Marine", *The American Historical Review*, Vol. 15, No. 5, 1909.

Dalgaard C. , Hansen H. , and Tarp F. , "On the Empirics of Foreign Aid and Growth", *Economic Journal*, Vol. 114, No. 496, 2004.

Darluf S. N. , Kourtellos A. , and Tan C. M. , "Are Any Growth Theories Robust?", *Economic Journal*, Vol. 118, No. 527, 2008.

Davis R. , "English Foreign Trade, 1700 – 1774", *Economic History Review*, 2nd Series, Vol. XV, 1962.

Davis R. H. C. , *A History of Medieval Europe: From Constantine to Saint Louis*, London: Pearson Education Limited, 1957.

De Blij H. D. and Muller P. *Geography: Realms, Regions and Concepts*, Hoboken, NJ: Wiley, 2003.

De la Fuente A. , "The Empirics of Growth and Convergence: A Selective Review", *Journal of Economic Dynamics and Control*, Vol. 21, 1997.

Dequench David, "The Demarcation between 'Old' and 'New' Institutional Economics: Recent Complications", *Journal of Economics Issues*, Vol. XXVI, No. 2, 2002.

Dernberger R. F. , "Radical Ideology and Economic Development in China: The Cultural Revolution and Its Impact on the Economy", *Asian Survey*, Vol. 12, No. 12, 1972.

Devisse J. , La question d' Audagust, in Robert D. and Devisse J. (eds), *Tegdaoust I. Recherches sur Aoudaghost*, 1970.

Devisse J. , "Trade and Trade Routes in West Africa", in El Fasi M. (ed), *General History of Africa, Vol. III : Africa from the Seventh to the Eleventh Century*, UNESCO, San Francisco, CA: Heineman, 1988.

Dietz J. L. , "Dependence Theory: A Review Article", *Journal of Economic Issues*, Vol. 14, 1980.

Dixon R. , "Trevor Swan on Equilibrium Growth with Technical Progress", *Economic Record*, Vol. 79, No. 247, 2003.

Dollar D. and Svensson J. , "What Explains the Success or Failure of Structural Adjustment Programmes?", *The Economic Journal*, Vol. 110, 2000.

Domar E. D. , "Capital Expansion, Rate of Growth, and Employment", *Economica*, Vol. 14, No. 2, 1946.

Domar E. D. , "Expansion and Employment", *The American Economic Review*, Vol. 37, No. 1, 1947.

Dunbar E. E. , "Commercial Slavery", *The Mexican Papers*, Vol. 1, No. 5, 1861.

Durlauf S. N. , and Quah D. T. , "Chapter 4: The New Empirics of Economic Growth", in Taylor J. B. and Woodford M. (eds), *Handbook of Macroeconomics*, Vol. 1, Part A, Elsevier, Amsterdam, 1999.

Durlauf S. N. , Kourtellos A. , and Tan C. M. , *Empirics of Growth and Development*, Discussion Papers Series, Department of Economics, Tufts

University 0520, Department of Economics, Tufts University, 2005.

Easterly W. , and Levine R. , "Africa's Growth Tragedy: Policies and Eth-Nic Divisions", *The Quarterly Journal of Economics*, Vol. 112, 1997.

Easterly W. , and Levine R. , "It's Not Factor Accumulation: Stylized Facts About and Growth Models", *World Economic Review*, Vol. 15, No. 2, 2001.

Easterly W. , "Reliving the 1950s: The Big Push, Poverty Traps and Take-offs in Economic Development", *Journal of Economic Growth*, Vol. 11, No. 4, 2006.

ECA, *African Alternative Framework to Structural AdjustmentProgramme for Socioeconomic Recovery*, Economic Commission for Africa, Addis Ababa, Ethiopia, 1989.

Economic Planning Unit, *State of Singapore First Development Plan, 1961 – 1964: Review of Progress for the First Three Years, 1961 – 1963s.* Singapore: Economic Planning Unit, Prime Minister's Office, 1964.

Economist, "Africa's Informal Economy Is Receding Faster than Latin America's", *The Economist*, May 13, 2017.

EDB, *Singapore Business Environment: Singapore Today*, Singapore Economic Development Board, Singapore Government, 2016.

Ehrenkreutz A. S. , "Numismatico-Statistical Reflections on the Annual Gold Coinage Production of the Tulunid Mint in Egypt", *Journal of the Economic and Social History of the Orient*, Vol. 20, 1977.

Elliot L. , and Wintour P. , "Big Push to Woo the US to Africa Plan", *The Guardian*, https://www.theguardian.com/politics/2005/feb/02/uk.hearafrica05.

Eltis D. and Jennings L. C. , "Trade Between Western Africa and the Atlantic World in the Pre-Colonial Era", *American History Review*, Vol. XLIII, No. 4, 1988.

Eltis D. and Richardson D. , *Atlas of the Transatlantic Slave Trade*, New Haven, CT: Yale University Press, 2010.

Eltis D. , "The Export of Slaves from Africa, 1821 – 1843", *Journal of Economic History*, Vol. 37, No. 2, 1977.

Ezenwe U. , "The African Debt Crisis and the Challenge of Development", *Intereconomics*, Vol. 28, No. 1, 1993.

Fage J. D. , *A History of Africa*, London: HarperCollins, 1978.

Fall B. , *Social History in French West Africa: Forced Labour, Labor Market, Women and Politics*, South-South Exchange Programme for Research on the History of Development (SEPHIS) and the Centre for Studies in Social Sciences, Calcutta (CSSSC), Amsterdam/India, 2002.

Feenstra R. C. , Inklaar R. and Timmer M. P. , "The Next Generation of the Penn World Table", *American Economic Review*, Vol. 105, No. 10, 2015.

Fernandes V. , French transi. de Cenival P. and Monod T. , *Description de la côte d ' Afrique de Ceuta au Sénégal* (Paris: Larose; Publications du Comité d' études historiques et scientifiques de l' Afrique occidentale française, 6), 1938.

Field A. J. , "The Problem with Neoclassical Institutional Economics: A Critique with Special Reference to the North/Thomas of Pre-1500 Europe", *Explorations in Economic History*, Vol. 18, No. 2, 1981.

Fieldhouse D. K. , *Colonialism 1870 – 1945: An Introduction*, London: Weidenfeld & Nicol, 1981.

Fisher A. G. B. and Fisher H. J. , *Slavery and Muslim Society in Africa*, London: C Hurst, 1970.

Fosu A. K. , "Anti-Growth Syndromes", in Ndulu B. J. , O'Connel S. A. , Bates R. H. , Collier P. and Soludo, C. C. (eds), *Africa: A Synthesis of Case Studies, in the Political Economy of Economic Growth in Africa, 1960 – 2000*, Cambridge: Cambridge University Press, 2008.

Fosu A. K. , "Governance and Development in SSA: A Concise Review, Global Development Review", *Working Paper Series, 2017 – 08*, Global

Development Institute, The University of Manchester, 2013.

Founou-Tchuigoua B. , "Food Self-Sufficiency, the Crisis of the Collective Ideology", in Amara H. A. and Founou-Tchuigoua B. (eds), *African Agriculture*: *The critical Choices*, Atlantic Highlands: United Nations University, 1990.

Francois Crouzet, "Wars, Blockade, and Economic Change in Europe, 1792–1815", *Journal of Economic History*, Vol. XXXIV, No. 4, 1964.

Frank A. G. , "World Economic Crisis and the Third World in Mid-1980s", *Economic and Political Weekly*, Vol. 19, No. 9, 1984.

Frankel M. , "The Production Function in Allocation and Growth: A Synthesis", *American Economic Review*, Vol. 52, No. 5, 1962.

Frankel S. H. , *Capital Investment in Africa*, London: Oxford University Press, 1938.

Frimpong-Ansah J. H. , *The Vampire State in Africa*: *The Political Economy of Decline in Ghana*, London, Trenton, New York and James Currey: Africa World Press, 1991.

Furniss E. S. , *The Theory of the Balance of Trade in England*: *A Study in Mercantilism*, Boston and New York: Houghton Mifflin Company, 1920.

Gleditsch K. S. and Ward M. D. , "A Revised List of Independent States", *International Interactions*, Vol. 25, 1999.

Godwin A. J. H. , "The Medieval Empire of Ghana", *The South African Archaeological Bulletin*, Vol. 12, No. 47, 1957.

Godwin A. J. H. , "The Medieval Empire of Ghana", *The South African Archaeological Bulletin*, Vol. 12, No. 47, 1957.

Gomanee K. , Girma S. , and Morrissey O. , "Aid and Growth in Sub-Saharan Africa: Accounting for Transmission Mechanisms", *Journal of International Development*, Vol. 17, No. 8, 2005.

Gordon W. , "Institutionalism and Dependency", *Journal of Economic Issues*, Vol. 16, 1982.

Goucher C. L. , Le Guin C. A. and Walton L. A. , *In the Balance: Themes in Global History*, Vol. I, New York: McGrawHill, 1998.

Gray K. , "US Aid and Uneven Development in East Asia", *The Annals of American Academy Political and Social Science*, Vol. 658, Aid and Institution Building in Fragile States: Findings from Comparative Cases, 2014.

Green R. H. , " 'Things Fall Apart' : The World Economy in the 1980s", *Third World Quarterly*, Vol. 5, No. 1, 1983.

Grossman G. M. , and Helpman E. , "Endogenous Innovation and the Theory of Growth", *Journal of Economic Perspectives*, Vol. 8, 1994.

Gueye M. and Boahen A. A. , "African Initiatives and Resistance to Colonial Rule, 1880 – 1914", in Boahen A. A. (ed), *General History of Africa: Africa Under Colonial Domination 1880 – 1935*, Vol. VII, Paris: United Nations Educational, Scientific and Cultural Organisation, 1985.

Gwin C. , "U. S. Relations with the World Bank, 1945 – 1992", in Kapur D. , Lewis J. P. and Webb R. (eds), *The World Bank: Its First Half Century*, Vol. 2 (Perspectives), Washington, DC: Brookings Institution's Press, 1997.

Harrison G. S. , "The Hanseatic League in Historical Interpretation", *The Historian*, Vol. 33, No. 3, 1971.

Harrod R. F. , "An Essay in Dynamic Theory", *Economic Journal*, Vol. 49, No. 193, 1939.

Harrod R. F. , *Towards a Dynamic Economics*, London: Macmillan & Co. Helpman E, 1948.

Hawthorne W. , *Planting Rice and Harvesting Slaves: Transformations Along the Guinea-Bissau Coast, 1400 – 1900*, Portsmouth, NH: Heinemann, 2003.

Hawthorne W. , "The Production of Slaves Where There Was No State: The Guinea-Bissau Region, 1450 – 1815", *Slavery & Abolition*, Vol. 20, 1999.

Hayes C. J. H. , *A Generation of Materialism, 1871 – 1900*, London and

New York: Harper & Row, 1941.

Heckscher E. F. , *Mercantilism*, authorised translation by Mandel Shapiro, Vol. 2, London: George Allen & Unwin, 1935.

Heckscher E. F. , *Mercantilism*, with a new introduction by Lars Magnusson, Vol. 1, New York: Routledge, 1994.

Helleiner G. K. , "The IMF and Africa in the 1980s", *Africa Development/ Afrique et Développement*, Vol. 8, No. 3, 1983.

Henry C. M. , "The Notion of Economic Development and in Historical Perspective and Its Relevance to Ex-colonial States", *Social and Economic Studies*, Vol. 40, No. 3, 1991.

Herlihy D. , *The History of Feudalism*, London: Macmillan, 1970.

Hobsbawm E. J. , *Industry and Empire: From 1750 to the Present Day*, Harmondsworth: Penguin Books, 1976.

Hochschild A. , *King Leopold's Ghost: A Story of Greed, Terror, and Heroism in Colonial Africa*, New York: Houghton Mifflin Company, 1998.

Hodgson G. M. , "What is the Essence of Institutionalism Economics?", *Journal of Economic Issues*, Vol. XXXIV, No. 2, 2000.

Hoff K. , and Stiglitz J. E. , "Modern Economic Theory and Development", in Meier G. M. and Stiglitz J. E. (eds), *Frontiers of Development: The Future in Perspective*, Washington, DC: The World Bank/Oxford University Press, 2000.

Hoff K. , "Beyond Rosenstein-Rodan: The Modern Theory of Coordination Problems in Development", *Annual World Bank Conference on Development Economics 2000*, Washington, DC: The World Bank, 2000.

Hoogvelt A. , "The Crime of Conditionality: Open Letter to the Managing Director of the International Monetary Fund (IMF)", *Review of African Political Economy (Sheffield)*, Vol. 38, 1987.

Hrbek I. , "Africa in the Context of World History", in El Fasi M. and Hrbek I. (eds), *General History of Africa, Vol III: Africa from the Seventh to the Eleventh Century*, UNESCO, San Francisco, CA: Heineman, 1988.

Hseuh, T., "Hong Kong's Model of Economic Development", *International Journal of Sociology*, Vol. 9, No. 3, 1979.

Huff W. G., "What Is the Singapore Model of Economic Development?" *Cambridge Journal of Economics*, Vol. 19, 1995.

Hynes W. G., *The Economics of Empire*, London: Longman, 1979.

Ibrahim H. A., "African Resistance in the North-East Africa", in Boahen A. A. (ed), *General History of Africa: Africa Under Colonial Domination 1880 – 1935*, Vol. Ⅶ, Paris: United Nations Educational, Scientific and Cultural Organisation, 1985.

IMF, *Debt Relief Under Heavily Indebted Poor Country (HIPC) Initiative*, IMF Fact Sheet, Washington, DC: International Monetary Fund, 2018.

IMF, *Regional Economic Outlook: Sub Saharan Africa, Restarting the Growth Engine*, Washington, DC: International Monetary Fund, 2017.

IMF, *World Economic Outlook*, Washington, DC: International Monetary Fund, 1999.

Inikori J. E., "Africa in World History: The Export Slave Trade from Africa and the Emergence of the Atlantic Economic Order", in Ogot B. A. (ed), *General History of Africa: Africa from the Sixteenth Century to the Eighteenth Century*, Vol. V, Paris: United Nations Educational, Scientific and Cultural Organisation, 1992.

Inikori J. E. (ed), *Forced Migration: The Impact of the Export Slave Trade on African Societies*, London and New York: Hutchinson University Library for Africa and Africana Publishing Company, 1982.

Inikori J. E., "Measuring the Atlantic Slave Trade: An Assessment of Curtin and Anstey", *Journal of African History*, Vol. ⅩⅦ, No. 2, 1976.

Inikori J. E., "The African Slave Trade, from the Fifteenth to the Nineteenth Centuries", Reports and Papers of the Meeting of Experts Organized by UNESCO at Port – au – Prince, Haiti, 31 January to 4 February,

1978.

Inikori J. E. , "The Struggle Against the Atlantic Slave Trade", in Diouf A.
(ed) , *Fighting the Slave Trade*: *West African Strategies*, Athens, OH:
University Press, 2003.

Itandala B. , "Feudalism in East Africa", *Utafiti*, Vol. Ⅷ, No. 2, 1986.

Jaycox E. V. K. , "Structural Adjustment in Sub Saharan Africa: The World
Bank's Perspective", *A Journal of Opinion*, Vol. 18, No. 1, 1989.

Jennings M. , "Almost an Oxfam in Itself: Oxfam, Ujamaa and Develop-
ment in Tanzania", *African Affairs*, Vol. 101, No. 405, 2002.

Jones A. , "The Rise and Fall of the Manorial System: A Critical Com-
ment", *Journal of Economic History*, Vol. 32, No. 4, 1972.

Jones C. I. , and Romer P. M. , "The New Kaldor Facts: Ideas, Institu-
tions, Population and Human Capital", *America Economic Journal*: *Mac-
roeconomics*, Vol. 2, No. 1, 2010.

Kaldor N. , "Capital Accumulation and Economic Growth", in Luiz FA and
Hague D. C. (eds) , *The Theory of Capital*, New York: St Martin's
Press, 1961.

Kaniki M. H. Y. , "The Colonial Economy: The Former British Zones, in
Boahen A. A. (ed) , *General History of Africa*: *Africa Under Colonial
Domination 1880 – 1935*, Vol. Ⅶ, Paris: United Nations Educational,
Scientific and Cultural Organisation, 1985.

Kapur D. , Lewis J. P. and Webb R. C. , *The World Bank*: *Its First Half
Century*, Vol. 1 (History) , Washington, DC: Brookings Institution
Press, 1997.

Kartika D. M. , "The Big Push: Early Development Economics (1945 –
1975)", *MPRA Working Paper*, No. 72115, 2014.

Kasei R. , Diekkrüger B. and Leemhuis C. , "Drought Frequency in the
Volta Basin of West Africa", *Sustainability Science*, Vol. 5, 2010.

Kemal D. , and Klugman J. , "Revue d' Economie Politique", *Les Nouve-

aux Indicateurs De Bien-Etre, Vol. 121, No. 1, 2011.

Killick A., "Explaining Africa's Post-Independence Development Experiences", *Working Paper 60*, Overseas Development Institute, ODI, London, 1992.

Killick T. (ed), *The Quest for Economic Stabilisation: The IMF and the Third World*, London: Heinemann Educational Books, 1992.

Kim D. H., "The Initial Conditions of Economic Development in the Third World, Pacific Focus", *Inha Journal of International Studies*, Vol. 1, No. 1, 1986.

Kim E. M., "Korea's Evolving Business-Government Relationship", *WIDER Working Paper 2015/103*, United Nations University, UN-WIDER/Korea International Cooperation Agency, 2015.

Kirkpatrick G., "Managing State Assets to Achieve Development Goals: The Case of Singapore and Other Countries in the Region", A Paper Presented at the Workshop on State Owned Enterprises in the Development Process, OECD Conference Centre, Paris, 2014.

Koelle S. H., *Polyglotta Africana: Or a Comparative Vocabulary of Nearly Three Hundred Words and Phrases, in More Than One Hundred Distinct African Languages*, London: Church Missionary House, 1854.

Koenigsberger H. G. and Briggs A., *A History of Europe (1): Medieval Europe 400 – 1500*, London: Longman, 1987.

Konczacki J. M. (eds), *An Economic History of Tropical Africa*, Vol. 2: *The Colonial Period*, London, NJ: Frank Cass and Company Limited, 1977.

Koponen J., "The Partition of Africa: A Scramble for a Mirage", *The Nordic Journal of African Studies*, Vol. 2, No. 1, 1993.

Krueger A., *The Development Role of the Foreign Sector and Aid*, Cambridge, MA: Harvard University Press, 1979.

Krugman P., *Market Structure and Foreign Trade: Increasing Returns, Im-*

perfect Competition, *and the International Economy*, Cambridge, MA: MIT Press, 1985.

Kuznets S. , *Economic Growth of Nations: Total Output and Production Structure*, Cambridge, MA: Harvard University Press, 1971.

Kuznets S. , *Prize Lecture: Lecture to the Memory of Alfred Nobel*, *Modern Economic Growth: Findings and Reflections*, December 11, 1971.

Kuznets S. , "Toward A Theory of Economic Growth", in Lekachman R. (ed), *National Policy for Economic Welfare at Home and Abroad*, Garden City, NY: Doubleday, 1955.

Lall S. , "Is 'Dependence' a Useful Concept in Analysing Under-Development?", *World Development*, Vol. 3, No. 11 & 12, 1975.

Landsberg Martin. , "Export-Led Industrialisation of the Third-World: Manufacturing Imperialism", *Review of Radical Political Economics*, Vol. 11, No. 4, 1979.

Leonhart D. , "The Economy Is Bad But 1982 Was Worse", *The New York Times*, 2009, January 20.

Leung T. , "Measuring Economic Performance and Social Progress", *European Review of Economic History*, Vol. 15, No. 2, 2011.

Lever H. , *The Debt Crisis and the World Economy: Report by the Commonwealth Group of Experts*, London: Commonwealth Secretariat, 1984.

Levtzion N. , *Ancient Ghana and Mali*, London: Methuen, 1973.

Levy M. J. , *Modernization and the Structure of Societies*, Princeton, NJ: Princeton University Press, 1966.

Lewis W. A. , "Economic Development with Unlimited Supplies of Labour", *The Manchester School*, Vol. 22, No. 2, 1954.

Lewis W. A. , *Report on Industrialisation and the Gold Coast*, Accra: Government Printing Department, 1967.

Li H. , "The Chinese Model of Development and Its Implications", *World Journal of Social Science Research*, Vol. 2, No. 2, 2015.

Li K. T. , *The Evolution of Policy Behind Taiwan's Development Success*, with Introduction by Rainis G. and Fei J. C. H, 2nd edition, Singapore: World Scientific, 1995.

Liu P. K. , "Population Policy and Programs in Taiwan", *East-West Centre Working Papers: Population Series*, No. 88 – 21, 1997.

Lovejoy P. E. , "The Impact of the Atlantic Slave Trade on Africa, A Review of the Literature", *The Journal of African History*, Vol. 3, No. 2, 1989.

Lovejoy P. E. , "The Volume of the Atlantic Slave Trade: A Synthesis", *Journal of African History*, Vol. 23, 1982.

Lovejoy P. E. , *Transformations in Slavery: A History of Slavery in Africa*, 2nded, Cambridge, UK: Cambridge University Press, 2000.

Lucas R. E. , "On the Mechanics of Economic Development", *Journal of Monetary Economics*, Vol. 22, No. 3, 1988.

Maddison A. , *Contours of the World Economy, 1 – 2030 AD, Essays in Macroeconomic History*. Oxford: Oxford University Press, 2007.

Maddison Angus, "Shares of the Rich and the Rest in the World Economy: Income Divergence Between Nations, 1820 – 2030", *Asian Economic Policy Review, Japan Center for Economic Research*, Vol. 3, No. 1, 2008.

Mahadi A. , "The Aftermath of the Jih ad in the Central Sudan as a Major Factor in the Volume of the Trans-Saharan Slave Trade in the Nineteenth Century", in Savage Elizabeth (ed), *The Uncommon Market: Essays in the Economic History of the Atlantic Slave Trade*, London: Frank Cass, 1992.

Mankiw N. G. , *Brookings Papers on Economic Activity*, Ⅰ, 1995.

Manning, P. , "Contours of Slavery and Social Change in Africa", *American Historical Review*, Vol. 88, 1983.

Manning P. , "The Slave Trade in the Bight of Benin, 1640 – 1890", in Gemery H. A. and Hogendorn J. S. (eds), *The Uncommon Market: Es-*

says in the Economic History of the Atlantic Slave Trade, New York: Academic Press, 1979.

Manning S. , "Britain's Colonial Shame: Slave Owners Given Huge Pay-Outs After Abolition", *The Independent Newspaper*, UK, Sunday, 24 February, 2013.

Marx K. and Engels F. , "Manifesto of the Communist Party", *Marx and Engels Selected Works*, Vol. 1, Moscow: Progress Publishers, 1969.

Marx K. , *Capital: A Critique of Political Economy*, Vol. 1, The Process of Capital Production, Translated from the Third German Edition by Samuel More and Edward Aveling, Edited by Fredrick Engels, International Publishers, New York, 1967.

Masih I. , Maskey S. , Mussa F. E. F. and Trambauer P. , "A Review of Droughts on the African Continent: A Geospatial and Long Term Perspective", *Hydrology and Earth System Sciences*, Vol. 18, 2014.

Mayhew A. , "Contrasting Features of the Two Institutionalisms: The Social Science Context", *Review of Political Economy*, Vol 1, No. 3, 1989.

Mayhew A. , "The Beginnings of Institutionalism", *Journal of Economic Issues*, Vol. XXI, No. 3, 1987.

Mazrui A. A. , "Introduction", in Mazrui A. A. and Wondji C. (eds), *General History of Africa: Africa Since 1935*, Vol. VIII, Paris: United Nations Educational, Scientific and Cultural Organisation, 1993.

Mazrui A. A. , "Seek ye First the Political Kingdom", in Mazrui A. A. and Wondji C. (eds), *General History of Africa: Africa Since 1935*, Vol. VIII, Paris: United Nations Educational, Scientific and Cultural Organisation, 1993.

Mazrui A. , "From Darwinism to the Current Theory of Modernisation", *World Politics*, Vol. 21, No. 1, 1968.

M'Bow A. M. , Preface, in Niane D. T. (ed), *General History of Africa IV: Africa from the Twelfth to the Sixteenth Century*, UNESCO, San Francisco, CA: Heineman, 1988.

McCormick T. J. , "World Systems", *The American Journal of History*, Vol. 77, No. 1, 1990.

McCusker J. J. and Menard R. R. , *The Economy of British America*, *1607 – 1789*, Chapel Hill, NC: University of North Carolina, 1985.

Medina L. , Jonels A. , and Cangul M. , "The Informal Economy in Sub Saharan Africa, Size and Determinants", *IMF Working Paper*, WP/17/ 156, International Monetary Fund, Washington DC, 2017.

Melo de M. , Denizer C. , Gelb A. and Tenev S. , "Circumstance and Choice: The Role of Initial Conditions and Policies in Transition Economies", *The World Bank Economic Review*, Vol. 15, No. 1, 2001.

Menard C. , "Methodological Issues in New Institutional Economics", *Journal of Economic Methodology*, Vol. 8, No. 1, 2001.

Mengisteab K. and Logan B. I. , "Africa's Debt Crisis, Are Structural Adjustment Programmes Relevant?", *Africa Development/Afrique Developpment*, Vol. 16, No. 1, 1991.

Millar R. J. , *An Historical View of the English Government from the Settlement of the Saxons in Britain to the Revolution of in 1688 to Which Are Subjoined and Some Dissertations Connected to the History of the Government from the Revolution to the Present Time*, (4 Vols), London: Mawman, 1803.

Miller J. C. , "Mortality in the Atlantic Slave Trade: Statistical Evidence on Causality", *Journal of Interdisciplinary History*, Vol. XI, 1981.

Mitchener K. J. and McLean I. W. , "The Productivity of U. S. States Since 1880", *Journal of Economic Growth*, Vol. 8, 2003.

Mohan G. , Brown E. , Milward B. and William A. B. Z. , *Structural Adjustment: Theory Practice and Impacts*, London and New York: Routledge, 2000.

Moon P. T. , *Imperialism and World Politics*, London: The Macmillan Company, 1926.

More W. , *Social Change*, Englewood Cliffs, NJ: Prentice Hall, 1963.

Murphy K. , Shleifer A. , and Vishny R. W. , "Industrialization and the Big Push", *Journal of Political Economy*, Vol. 97, 1989.

Nadel S. F. , *A Black Byzantium*, *the Kingdom of Nupe in Nigeria*, London: Oxford University Press, 1942.

Nasson B. , *The War for South Africa: The Anglo-Boer War (1899 – 1902)*, Cape Town: NB Publishers, 2011.

Ndiaye B. , "Africa's Debt Burden", *African Journal of Political Economy/ Revue Africaine d' Economie Politique*, Vol. 2, No. 5, 1990.

Ndulo, B. J. and O'Connell S. A. , "Policy Plus: African Economic Growth Performance, 1960 – 2000", in *Challenges of African Growth: Opportunities, Constraints, and Strategic Decisions*, Washington, DC: World Bank, 2007.

Nelson R. R. , "A Theory of the Low-Level Equilibrium Trap in Underdeveloped Countries", *The American Economic Review*, Vol. 46, No. 5, 1956.

Niane D. T. , *General History of Africa IV: Africa from the Twelfth to the Sixteenth Century*, UNESC, San Francisco, CA: Heineman, 1984b.

Niane D. T. , "Mali and the Second Madingo Expansion", in Niane D. T. (ed), *General History of Africa IV: Africa from the Twelfth to the Sixteenth Century*, UNESCO, San Francisco, CA: Heineman, 1984a.

Nisbet R. , *Social Change and History: Aspects of the Western Theory of Development*, New York: Oxford University Press, 1969.

Nkrumah K. , *Africa Must Unite*, New York: Frederick A Praeger, 1963.

North D. and Thomas R. , "The Rise and Fall of the Manorial System: A Theoretical Model", *Journal of Economic History*, Vol. 31, No. 4, 1971.

North D. C. *The Economic Growth of the United States, 1700 – 1860*, Englewood Cliffs, NJ: Prentice-Hall, 1961.

Nunn N. , "The Long-Term Effects of African Slave Trades", *The Quarterly Journal of Economics*, Vol. 123, No. 1, 2008.

Nyerere J. K. , "Africa and the Debt Crisis", *African Affairs*, Vol. 84, No. 337, 1985.

OAU, *The Lagos Plan of Action for the Economic Development of Africa, 1980 – 2000*, Addis Ababa, Ethiopia: Organisation of African Unity, 1981.

O'Ballance E. , *The Algerian Insurrection, 1954 – 62*, London: Faber, 1967.

Ocran M. K. , Senadza B. and Ossei-Asibey E. (forthcoming), "External Aid and Economic Development, Why the Need to Look Beyond Aid", in Abor J. A. and Adjasi C. (eds) *Development Finance: Principles, Practices and New Approaches for Sustainable Growth*, Unpublished Book Manuscript.

ODA, "Coping with African Drought", *ODI Briefing Paper*, Overseas Development Institute, London, 1987.

OECD, "Analysis of Non-tariff Barriers of Concern to Developing Countries", *OECD Trade Policy Papers*, No. 16, OECD, Paris, France, 2005.

OECD, *The Doha Development Agenda: Tariffs and Trade*, OECD Policy Brief, OECD, Paris, 2003.

Oppenheimer F. , "Japan and Western Europe, A Comparative Presentation of Their Social History", *American Journal of Economics and Sociology*, Vol. 5, No. 1, 1945.

Osvaldo Sunkel, "National Development Policy and Externa Dependence in Latin America", *The Journal of Development Studies*, Vol. 6, No. 1, 1969.

Oxfam, "Africa and the Doha Round, Fighting to Keep Development Alive", *Oxfam Briefing Paper 80*, UK, 2005.

Oyejide T. A. , *Effects of Trade and Exchange Rate Policy on Agriculture in Nigeria* , Washington , DC: International Food Policy Research Institute , 1986.

Pacha N. , *Le commerce au Maghreb du A7i-XIVe siècle* , Tunis: Faculté des Lettres de Tunis , 1976.

Pack H. , "Endogenous Growth Theory: Intellectual Appeal and Empirical Short-Comings" , *Journal of Economic Perspectives* , Vol. 8 , 1994.

Paish G. , "Great Britain's Capital Investments in Individual Colonial and Foreign Countries" , *Journal of the Royal Statistical Society* , Vol. LXXIV , 1910 – 1911.

Paish G. , "Great Britain's Capital Investments in Other Lands" , *Journal of the Royal Statistical Society* , Vol. LXXI , 1909.

Pape E. , "Looking for More from Adjustment: Africa's Experience" , *PREM Notes* , No. 22 , Washington , DC , World Bank , 1999.

Park H. J. , "The East Asian Model of Economic Development and Developing Countries" , *Journal of Developing Areas* , Vol. 18 , No. 4 , 2002.

Patten S. N. , "Theories of Progress" , *The American Economic Review* , Vol. 2 , No. 1 , 1912.

Pereira J. M. M. , "The World Bank and the Political Reconstruction of AdjustmentProgrammes in the 1980s" , *Revista Brasileira de Historia* , Vol. 33 , No. 65 , 2013.

Piketty T. , Yang L. and Zacman G. , "Capital Accumulation, Private Property and Rising Inequality in China 1978 – 2015" , *NBER Working Paper Series* , National Bureau of Economic Research , Cambridge , MA: USA , 2017.

Pillay P. , *Linking Higher Education and Economic Development* , *Implications for Africa from Three Successful Systems* , Centre for Higher Education Transformation , South Africa , 2010.

Pim A. , "Capital Investment in Sub-Saharan Africa" , in Konczacki Z. A.

(eds), *Economic History of Tropical Africa Vol. 2*, *The Colonial Period*, London, NJ: Frank Cass and Company Limited, 1977.

Pincus S. , "Rethinking Mercantilism: Political Economy, the British Empire, and the Atlantic World in the Seventeenth and Eighteenth Centuries", *The William and Mary Quarterly*, Vol. 69, No. 1, 2012.

Pory J. and Brown R. (eds) *History and Description of Africa*, *Vol. III*, London: Translation, 1896.

Potter Van R. , "Bridge to the Future: The Concept of Human Progress", *Land Economics*, Vol. 38, No. 1, 1962.

Prebisch R. , "Commercial Policy in the Underdeveloped Countries", *The American Economic Review*, Vol. 49, No. 2, 1959.

Prescot E. C. , "Solow's Neoclassical Growth Model: An Influential Contribution to Economics", *The Scandinavian Journal of Economics*, Vol. 90, No. 1, 1988.

Ranis G. , "Arthur Lewis' Contribution to Development Thinking and Policy", *Centre Discussion Paper*, No. 891, Economic Centre, Yale University, 2004.

Rattray R. S. , *Ashanti*, London: Oxford University Press, 1923.

Rawley J. A. , *The Atlantic Slavery: A History*, New York: W. W. Norton, 1981.

Rebelo S. , "Long Run Policy Analysis and Long Run Growth", *Journal of Political Economy*, Vol. 99, No. 3, 1991.

Reid R. J. , *A History of Modern Africa: 1800 to the Present*, London: Willey Blackwell, 2008.

Riddell J. B. , "Things Fall Apart Again: Structural Adjustment Programmes in Sub Saharan Africa", *The Journal of Modern African Studies*, Vol. 30, No. I, 1992.

Robinson R. , "Afterthoughts", in Robinson R. and Gallagher J. with A. Denny (eds), *Africa and the Victorians*, *the Official Mind of Imperial-*

ism, London: IB Tauris, 2015.

Robinson R. , "Non-European Foundations of European Imperialism: Sketch for a Theory of Collaboration", in R. Owen and B. Sutcliffe (eds), *Studies in the Theory of Imperialism*, 1972.

Rodney W. , *How Europe Underdeveloped Africa*, Dar es Salaam: Tanzania Publishing House, 1972.

Rodney W. , "The Colonial Economy", in Boahen A. A. (ed), *General History of Africa: Africa Under Colonial Domination 1880 – 1935*, Vol. Ⅶ, Paris: United Nations Educational, Scientific and Cultural Organisation, 1985.

Rodrik D. , "Coordination Failures and Government Policy: A Model with Applications to East Asia and Eastern Europe", *Journal of International Economics*, Vol. 40, 1996.

Rodrik D. , "Industrial Policy for the Twenty-First Century", *CEPR Discussion Paper*, No. 4767, Centre for Economic Policy Research, London, 2004.

Romer P. M. , "Capital Accumulation in the Theory of Long-Run Growth", in Barro R. J. (ed), *Modern Business Cycle*, Oxford: Basil Blackwell, 1989.

Romer P. M. , "Increasing Returns and Long Run Growth", *Journal of Political Economy*, Vol. 94, No. 5, 1986.

Roscoe J. , *The Baganda: An Account of Their Nature Culture and Beliefs*, London: Macmillan, 1911.

Rosenstein-Rodan P. N. , "Problems of Industrialisation of Eastern and South Eastern Europe", *The Economic Journal*, Vol. 53, Nos 210/211, 1943.

Rosenzweig M. , "Labour Markets in Low Income Countries", in Hollis Chinery and T. N. Srinivasan (eds), *Handbook of Development Economics*, Vol. 1, Amsterdam, North Holland, 1988.

Rostow W. W. , *Stages of Economic Growth*, Cambridge: Cambridge University Press, 1960.

Rostow W. W. , "Take-off to Self-sustained Growth", *The Economic Journal*, Vol. 66, No. 261, 1956.

Rweyemanu J. , *Underdevelopment and Industrialization in Tanzania: A Study in Perverse Capitalist Industrial Development*, London and Nairobi: Oxford University Press, 1974.

Sachs J. D. , and Warner A. M. , "Natural Resource Abundance and Economic Growth", *NBER Working Papers 5398*, National Bureau of Economic, 1997.

Sachs J. D. and Warner A. M. , "Sources of Slow Growth in African Economies", *Journal of African Economies*, Vol. 6, No. 3, 1997.

Sachs J. D. , "Strengthening IMF Programs in Highly Indebted Countries", in Gwin C. and Feinberg R. E. (eds), *Pulling Together: The International Monetary Fund in a Multipolar World*, New Brunswick, NJ: Transaction Books, 1989.

Samir A. , "Underdevelopment and Dependency in Black Africa—Origins and Contemporary Forms", *The Journal of Modern Africa Studies*, Vol. 10, No. 4, 1972.

Sandbrook R. and Barker J. , *The Politics of Africa's Economic Stagnation*, London: Cambridge University Press, 1985.

Santos T. D. , "The Structure of Dependence", *The American Economic Review*, Vol. 60, No. 2, 1970.

Schmoller G. , *Mercantilism and Its Historical Significance, Illustrated Mostly from Prussian History*, New York and London: Macmillan & Co, 1896.

Schultz T. W. , *The Economic Organisation of Agriculture*, New York: McGraw-Hill Book, 1953.

Schultz T. W. , *Transforming Traditional Agriculture*, Chicago: University of

Chicago Press, 1964.

Schumpeter J. A. , *Capitalism, Socialism and Democracy with an Introduction by Richard Swedberg*, New York and London: Routledege, 2003.

Schwartz B. I. , "The Limits of Tradition Versus Modernity as Categories of Explanation: The Case of Chinese Intellectuals", *Daedalus*, Vol. 102, No. 2, 1972.

Seidman A. , "Problems of Industrialization in Africa, Testimony by Ann Seidman Before the Subcommittee on Africa, US House of Representatives", *A Journal of Opinion*, Vol. 7, No. 4, 1977.

Seidman A. , "The Distorted Growth of Import Substitution Industry: The Case of Zambia", *Journal of Modern African Studies*, Vol. 12, No. 4, 1974.

Shillington K. , *History of Africa*, 3rd ed. , London: Macmillan Education, 2012.

Shils E. , *Political Development in the New States*, The Hague: Mouton & Co, 1965.

Shultz T. P. , "Health and Schooling Investments in Africa", *Journal of Economic Growth*, Vol. 13, 1999.

Smith A. , *An Inquiry into the Nature and Causes of the Wealth of Nations*, London: George Bell and Sons, 1776.

Smith A. , *The Wealth of Nations*, *with an Introduction by Krueger A. B.* , New York: Bantam Dell, Random House, 2003.

Sokoloff K. L. and Engerman S. L. , "History Lessons: Institutions, Factor Endowments, and Paths of Development in the New World", *Journal of Economic Perspectives*, Vol. 14, 2000.

Solow R. M. , "A Contribution to the Theory of Economic Growth", *The Quarterly Journal of Economics*, Vol. 70, No. 1, 1956.

Steel W. F. , "Import Substitution and Excess Capacity in Ghana", *Oxford Economic Papers*, New Series, Vol. 24, No. 2, 1972.

Steel W. F. , *Quoting from* , *Ghana* , *Planning Commission* , *Seven Year Plan for National Reconstruction and Development 1963 – 1970* , 1972.

Steger T. , "Stylised Facts of Growth in Developing Countries" , *Discussion Paper* 08/2001 , Ernst-Moritz-Arndt University of Greiswald , 2001.

Stephenson C. , *Medieval Feudalism* , Ithaca , NY , 1942.

Stewart F. , "Adjustment with a Human Face, the Role of Food Aid" , *Food Policy* , Vol. 13 , No. 1 , 1988.

Stiglitz J. E. and Tsuda K. , "Democratizing the World Bank" , *The Brown Journal of World Affairs* , Vol. 13 , No. 2 , 2007.

Svenungsson G. , *Trade Barriers on EUs Agricultural Markets* , *Are Farmers Producing Maize and the Cocoa & Coffee Industries Protected by Tariffs*? Degree Project SLU/Department of Economics , Swedish Agricultural University , 2016.

Swan T. W. , "Economic Growth and Capital Accumulation" , *Economic Record* , Vol. 32 , No. 6 , 1956.

Tandon R. , Hans Singer. , "Doyen of Development Economics" , *Economic and Political Weekly* , Vol. 41 , No. 12 , 2006.

Teferra D. and Altbach P. G. , "African Higher Education: Challenges for the 21st Century" , *Higher Education* , Vol. 47 , No. 1 , 2004.

Temple J. , "Initial Conditions, Social Capital and Growth in Africa" , *Journal of African Economies* , Vol. 7 , No. 3 , 1998.

Terreblanche S. , *Western Empires* , *Christianity and Inequality Between the West and the Rest: 1500 – 2010* , Johannesburg: Penguin Books South Africa (Pty) Limited , 2014.

The World Bank , *The East Asian Miracle: Economic Growth and Public Policy* , The International Bank for Reconstruction and Development/The World Bank , Oxford: Oxford University Press , 1993.

The World Bank , "World Development Indicators" , https://data. worldbank. org/data-catalog/world-development-indicators.

Thomas H. , *The Slave Trade: History of the Atlantic Slave Trade, 1440 – 1870*, New York: Simon & Schuster, 1997.

Thomas L. J. , "Neoclassical Development Theory and the Prebisch Doctrine: A Synthesis", *The American Economist*, Vol. 38, No. 1, 1994.

Thomas R. G. , "ForcedLabour in British West Africa: The Case of the Northern Territories of the Gold Coast 1906 – 1927", *Journal of African History*, Vol. 14, 1973.

Thompson J. W. and Johnson E. N. , *An Introduction to Medieval Europe, 300 – 1500*, New York: W. W. Norton & Co, Inc, 1937.

Tips D. C. , "Modernisation Theory and the Comparative Theory of Societies: A Critical Perspective", *Comparative Studies in Society and History*, Vol. 15, No. 2, 1973.

Todaro M. P. , and Smith S. C. , *Economic Development (10th ed.)*, Boston: Addison Wesley, 2009.

Tralac, "Determining the Scope and Nature of Non-tariff Measures in Selected International Markets", A Report Prepared by Trade Law and Centre for Southern Africa, Stellenbosch, South Africa, 2010.

Trentmann F. , *Free Trade Nation: Commerce, Consumption, and Civil Society in Modern Britain*, New York: Oxford University Press, 2008.

Tylden G. , "The First Automatic Machine Gun Used by British Land Forces", *The Journal of Society of Army Historical Research*, Vol. 30, No. 156, 1960.

UNCTAD, *Trade and Development Report 1990*, Geneva: United Nations Conference on Trade and Development, 1990.

UNECA, *Transformative Industrial Policy for Africa*, United Nations Economic Commission for Africa, Addis Ababa, Ethiopia, 2016.

United Nations Development Programme, *Human Development for Everyone, Human Development Report 2016*, New York: UNDP, 2016.

United Nations, *Transforming Our World: The 2030 Agenda for Sustainable*

Development, 2015.

Uzoigwe G. N. , "European Partition and Conquest of Africa: An Overview", in Boahen A. A. (ed), *General History of Africa: Africa Under Colonial Domination 1880 – 1935*, Vol. Ⅶ, Paris: United Nations Educational, Scientific and Cultural Organisation, 1985.

VanOort J. , "The End is Now: Augustine on History and Escathology", *HTS Telogiese Studies/Theological Studies*, Vol. 68, No. 1, 2012.

Velasco Andres, "Dependency Theory", *Foreign Policy*, No. 133, 2002.

Vreeland J. R. , *IMF and Economic Development*, Cambridge, USA: Cambridge University Press, 2003.

Wa-Githumo M. , "The Truth About the Mau Mau Movement: The Most Popular Uprising in Kenya", *Trans African Journal of History*, Vol. 20, 1991.

Wallerstein I. , *Modern World-System I: Capitalist Agriculture and the Origins of the European World-Economy in the Sixteenth Century*, University of California Press, 2011.

Weiskel T. C. , *French Colonial Rule and the Baute Peoples, 1889 – 1911*, Oxford: Clarendon Press, 1980.

Welch C. and Oringer J. , "Structural Adjustment Programs", https: // fpif. org/structural_ adjustment_ programs/.

Wesseling H. L. , *Divide and Rule: The Partition of Africa, 1880 – 1914*, Amsterdam: Praeger, 1996.

Wesseling H. L. , *Imperialism and Colonialism: Essays on the History of European Expansion*, Westport, CT: Greenwood Press, 1997.

Whatley W. and Gillezeau R. , "The Impact of the Transatlantic Slave Trade on Ethnic Stratification in Africa", *The American Economic Review*, Vol. 101, No. 3, 2011.

Willekens F. , "Demographic Transition in Europe and the World, Planck Institute for Demographic Research", *MIDR Working Paper WP 2014 –*

004, 2014.

Williams E. , *Capitalism & Slavery*, Chapel Hill: The University of North Carolina Press, 1944.

Williamson O. E. , "The Institutions and Governance of Economic Development Reform", Proceedings of the World Bank Annual Conference on Development Economics, The International Bank for Reconstruction and Redevelopment/ The World Bank, 1995.

Woldergiorgis E. T. and Doevenspeck M. , "The Changing Role of Higher Education in Africa: A Historical Reflection", *Higher Education Studies*, Vol. 3, No. 6, 2003.

Wolf C. , "Institutions and Economic Development", *The American Economic Review*, Vol. 45, No. 5, 1955.

Wolff R. D. , *The Economics of Colonialism: Britain and Kenya, 1870 – 1930*, New Haven and London: Yale University Press, 1974.

Woolf L. S. , *Empire and Commerce in Africa*, A Study in Economic Imperialism, The University of California: Labour Research Department, 1920.

World Bank, *Accelerated Development in Sub-Saharan Africa: An Agenda for Action*, Washington, DC: International Bank for Development/The World Bank, 1981.

World Bank, *Adjustment in Africa*, Reform, Results and the Road Ahead, Washington, DC: The World Bank, 1994.

World Bank and the UNDP, *Africa's Adjustment and Growth in the 1980s*, A Joint World Bank-United Nations Development Programme Publication, International Bank for Reconstruction, Washington, DC: The World Bank, 1989.

World Bank, *Entering the 21st Century*, World Development Report 1999/ 2000, Washington, DC: The World Bank/The International Bank for Reconstruction, 2001.

World Bank, *Global Economic Prospects, Commodities at Cross-Roads*,

Washington, DC: The World Bank/The International Bank for Reconstruction and Development, 2009.

World Bank, *International Debt Statistics*, Washington, DC: World Bank, 2018.

World Bank, *Sub Saharan Africa: From Crisis to Sustainable Growth*, *A Long-Term*, Washington, DC: World Bank/The International Bank for Reconstruction, 1989.

World Bank, *World Debt Tables, 1989 – 90*, *External Debt of Developing Countries, First Supplement*, Washington, DC: The World Bank, 1989.

World Bank, *World Debt Tables Vol. 1*, *External Debt of 91 Developing Countries*, Washington, DC: The World Bank, 1979.

World Steel Association, *World Steel in Figures 2016*, Brussels: World Steel Association, 2016.

WTO, *World Trade Report: Trade in a Globalizing World*, Geneva, Switzerland: World Trade Organisation, 2008.

Zhu X., "Understanding China's Growth: Past, Present and Future", *Journal of Economic Perspectives*, Vol. 26, No. 4, 2012.

Zilibotti Fabrizio, "Endogenous Growth and Underdevelopment Traps: A Theoretical and Empirical Analysis", PhD thesis, London School of Economics and Political Science, London, 1994.

附录 缩写

African Alternative Framework to Structural Adjustment Programme and Economic Transformation（AAF-SAP）

African Development Bank（ADB）

French Equatorial Africa（AEFA）

French West Africa（AOFA）

Compensatory and Contingency Financing Facility（CCFF）

Economic Development Board（EDB）

Extended Fund Facility（EFF）

East Indian Company（EIC）

Export Oriented Industrialisation（EIO）

Economic Planning Board（EPB）

Economic Recovery Programme（ERP）

Enhanced Structural Adjustment Loan（ESAL）

Foreign Direct Investment（FDI）

General Agreements on Tariffs and Trade（GATT）

Gross Domestic Product（GDP）

Gross National Product（GNP）

Human Development Index（HDI）

Highly Indebted Poor Country（HIPC）

Hong Kong Special Administrative Area（HKSAR）

Inter-American Development Bank（IDB）

International Financial Institutions（IFIs）

International Labour Organisation（ILO）

International Monetary Fund（IMF）

Less Developed Country（LDC）

London Interbank Offered Rate（LIBOR）

League of Nations（LoN）

New Institutional Economics（NIE）

Organisation of African Unity（OAU）

Organisation for Economic Cooperation and Development（OECD）

Old Institutional Economics（OIE）

People's Action Party（PAP）

Structural Adjustment Facility（SAF）

Structural Adjustment Loan（SAL）

Structural Adjustment Programme（SAP）

Standby Arrangements（SBA）

Sectoral Adjustment Loans（SECAL）

Sub-Saharan Africa（SSA）

Total Factor Productivity（TFP）

United Nations Conference on Trade and Development（UNCTAD）

United Nations Economic Commission for Africa（UNECA）

United Nations Education and Scientific Organisation（UNESCO）

West Indian Company（WIC）

World Trade Organisation（WTO）